AF391400

Les Moutons noirs

Aimer. Lutter. S'émanciper.

Iléana Métivier

Couverture : Mylène Ormerod et Iléana Métivier

Couverture : Image de Mylène Ormerod créée avec Midjourney. Fond floral de David Zydd, libre de droit sur Pixabay. Mise en page d'Iléana Métivier.

Polices : « Precious » de Bolt Cutter Design-Industrial Strength sur Dafont ; « Imprint MT Shadow » et « Baskerville Old Face » de Gimp.

Dépôt légal : Juin 2023

ISBN : 978-2-9576813-5-8

EAN : 9782957681358

Prix TTC : 19€90

Ce livre a été publié sur KDP.

Pour ma lignée.

Quoi que tu rêves d'entreprendre,

commence-le.

L'audace a du génie, du pouvoir, de la magie.

J. W. von Goethe

Prologue – 1896

Jeanne haletait, repliée sur elle-même au milieu du champ de bataille que formaient ses draps. Madeleine, soucieuse, se pencha pour lui éponger le front. La sage-femme, elle, n'eut pas autant d'égards lorsqu'elle lâcha d'une voix sèche :

— Madame Roy, je vous accorde quarante minutes pour vous ressaisir. Lorsque je reviendrai, mettez-y du vôtre pour donner naissance à cet enfant.

La soignante n'attendit pas de réponse, pas même certaine que sa patiente l'ait entendue. Peu importe, la bonne se chargerait de lui transmettre les ordres. Après tout, la patronne achevait sa deuxième grossesse. Ce n'était pas comme si elle ignorait la souffrance que les femmes endurent pour expulser leur progéniture. Le bébé s'avérait bien positionné, mais le col de l'utérus maturait à une lenteur désespérante. Madame Roy demeurait tout simplement trop tendue.

Jetant un dernier regard à cette bourgeoise qui mordait dans son oreiller, la sage-femme claqua la porte. Intérieurement, elle exultait presque. Lorsque venait l'épreuve de la mise-bas, elles redevenaient toutes des êtres aux entrailles sanguinolentes. Les œillades hautaines, les chapeaux montés, les robes aux étoffes délicates disparaissaient. Irénée jubilait en descendant les escaliers de bois sombre jusqu'au rez-de-chaussée.

William Roy, le maître de maison, la harponna de ses iris noisette. Bel homme aux épaules larges, il arborait sa trentaine avec une assurance et un flegme tout anglais. Aujourd'hui, cependant, il perdait de sa superbe.

Il avait été mandé à son entreprise en milieu de matinée par le petit-fils de l'accoucheuse, mais tandis que le soleil s'effaçait (et en ce jour de solstice d'été, Dieu seul savait que l'astre diurne s'évanouissait tardivement à l'horizon), il n'avait toujours pas entendu sa femme pousser les cris à glacer le sang du plus brave mari. William Roy désespérait d'ouïr ces fameuses plaintes qui signifiaient que le bébé était en train de naître. En plus, cette fois-ci, Luc n'était pas là pour le soutenir...

Avec agacement, il rejeta les pensées qui le menaient à celui qu'il avait considéré comme son frère de cœur. Il se focalisa sur le couvre-chef informe de la sage-femme qui ceignait son visage rubicond. La désinvolture mêlée à une pointe de méchanceté qu'il y lut le terrifia une seconde.

— Tout va bien, jeta-t-elle avec une certaine hargne. Elle traîne, mais les deux sont en bonne forme.

Quelque chose se dénoua au fond des tripes du père. Il n'appréciait pas cette soignante, mais ses mots lui rappelèrent son excellente réputation. Il pouvait placer sa confiance dans le jugement d'Irénée.

Ils entendirent une longue lamentation étouffée. La matrone leva les yeux au ciel, exaspérée. Lorsque la porte d'entrée se referma sur elle, le patriarche se sentit soulagé, sans en comprendre la raison.

Madeleine apparut en haut des escaliers, ses joues rebondies rosies par la chaleur ou peut-être l'effort que lui demandait l'accompagnement de madame Roy dans cette mise au monde. Elle n'était parmi eux que depuis quelques mois, mais entre le secret de son arrivée, la prise en main du manoir et de leur aîné Ian, la naissance de sa propre fille en mars dernier... Mady faisait désormais partie de la maisonnée. William ne le lui avait bien sûr jamais avoué, son éducation le lui interdisait.

— Monsieur Roy…, hésita-t-elle en replaçant une mèche brune derrière son oreille, pouvez-vous prévenir la famille De Lamiton qu'elle devra garder Ian et Constance pour la nuit, s'il vous plaît ? Dites-leur que je passerai allaiter Constance d'ici une heure.

À ces mots, elle piqua un fard. William ne cilla pas en acquiesçant à ses demandes. Il n'y avait qu'une naissance, de son propre enfant, qui plus est, qui pouvait chambouler à ce point ses codes de bienséance.

Madeleine remonta en vitesse ; lui, attrapa son chapeau de feutre et son gilet (impensable de sortir sans malgré le thermomètre affichant vingt-six degrés) et quitta à son tour son domicile pour se diriger une porte plus loin chez les De Lamiton, ses voisins. Avec un peu de chance, ceux-ci, des amis, l'inviteraient pour le dîner…

— Oh ! Comme je suis soulagée qu'elle soit partie ! s'exclama Jeanne en avalant une belle gorgée d'eau fraîche.

Madeleine approuva vivement. Depuis le départ de l'accoucheuse, sa patronne semblait accueillir les contractions avec plus de sérénité, si tant est que l'on puisse employer un tel terme pour évoquer ces élancements irradiant comme un coup de tonnerre dans le bas du dos.

Néanmoins, pour être passée par là à peine trois mois plus tôt avec sa tendre Constance, Mady savait que la douleur était vécue différemment selon l'état d'esprit de la maman. Avec les soupirs d'impatience d'Irénée, Jeanne s'était peu à peu enfermée dans une bulle de souffrance et de tension. Conclusion : le travail n'avançait pas. Mais depuis quelques minutes, la parturiente arborait un faciès plus détendu. Les contractions semblaient également s'allonger pour gagner en efficacité.

— Madame, si vous l'autorisez, je peux vous aider à marcher un peu, cela peut accélérer...

— Bonne idée, coupa Jeanne en s'agrippant au bras de sa bonne à tout faire.

Avec précaution, elle esquissa quelques pas en se redressant tout à fait. La naissance de son aîné, Ian, s'était passée sans anicroche, même si elle avait cru se déchirer en deux lors de l'expulsion de ce beau bébé de 3 kilos 320. Elle sentait que ce deuxième enfant se portait bien, mais l'autre sorcière possédait le don de la nouer complètement. Ses reniflements de dédain à chaque gémissement de douleur la crispaient affreusement. S'agripper à Mady et savoir qu'elles se trouvaient seules dans la maison lui permettait d'extérioriser son tourment comme elle l'entendait. Jeanne avait été présente pour épauler son employée lors de la naissance de sa fille ; ce qu'elles partageaient désormais lui apparaissait d'une profondeur sans limites.

Ses reins se fissurèrent. Elle s'accrocha à deux mains au chambranle de la porte. Mady, spontanément, colla ses paumes contre les lombaires vibrantes de Jeanne. Lorsque la contraction s'estompa, elle entama de lents mouvements concentriques. Son employeuse soupira d'aise avant que son corps ne se prépare pour une énième vague.

— Oh !

Le liquide amniotique se déversa sur le plancher en éclaboussant le bas de la robe de Mady. La contraction qui suivit fut d'une incroyable puissance. Instinctivement, Jeanne poussa en fléchissant les jambes, toujours cramponnée au chambranle, dans le bois tendre duquel elle imprimait la marque arrondie de ses ongles. Son cri résonna longuement dans la demeure cossue.

Madeleine se laissa cinq secondes pour paniquer. L'accoucheuse n'était pas revenue. Sa patronne semblait avoir battu un record pour gommer les derniers centimètres manquants du col de son utérus.

Elle respira un bon coup, guida Jeanne jusqu'au pied de son lit, où celle-ci pourrait s'agripper au montant de fer, puis jeta un drap sur la flaque à l'entrée de la pièce.

— Massez-moi ! exigea Jeanne en s'accroupissant.

Madeleine reconnut ce timbre qui n'admettait aucune réplique, ce souffle saccadé, cette position naturelle, cette concentration animale que dégageait Jeanne. Elle glissa une serviette propre entre les cuisses de sa patronne et s'agenouilla, prête à se pencher pour évaluer l'arrivée du bébé. Elle n'en menait pas large, mais n'avait aucun doute sur son choix de rester au lieu de courir chercher la sage-femme. Jeanne accouchait et elle, Mady, incarnait l'unique aide présente sous ce toit.

Irénée fit irruption dans la chambre. Jeanne lui jeta un coup d'œil enfiévré. Mady se releva vivement pour laisser la place à l'accoucheuse et soutenir tant bien que mal Jeanne par les aisselles. Cette dernière hurla tandis que son corps se contractait dans un spasme herculéen.

— Poussez encore !

Jeanne secoua la tête en reprenant son souffle. D'un revers de manche, Madeleine épongea la sueur qui coulait dans les yeux de son employeuse.

Déjà, Jeanne se refocalisait sur cette force brute, innée, qui permettait à chaque être de donner naissance.

Le vagissement du nouveau-né suivit le relâchement de son corps. Essoufflée, elle laissa son poids reposer entre les bras de Madeleine avant de se reprendre :

— Occupez-vous de l'enfant.

Le regard que les deux femmes échangèrent valut toutes les paroles du monde. La vieille sorcière ne toucherait pas à ce merveilleux petit être. La bonne le prit délicatement pour l'envelopper dans un lange d'une blancheur immaculée.

— C'est un garçon, chuchota-t-elle, les larmes en yeux.

Elle le présenta à Jeanne, qui déposa un doux baiser sur son front fripé couvert de duvet sombre.

— Liam, annonça-t-elle en crispant à nouveau la mâchoire.

La délivrance commençait. Jeanne garda sa position accroupie, mais se retourna pour s'adosser au montant du lit afin d'être face à la sage-femme. Elle expulsa le placenta au bout de quelques minutes sans quitter son deuxième fils des yeux.

Elle ne voulait pas le prénommer comme son père et son grand-père avant lui, mais William avait été intransigeant. Il avait courbé l'échine pour son premier-né en acceptant un prénom étranger à la famille. Sa mère, en vieille Anglaise, ne s'en remettrait pas si le deuxième ne s'appelait pas William.

Irénée s'en alla sans un mot après avoir empoché son dû. Jeanne, recousue et lavée, s'installa dans son lit confortable sous une fine couverture de patchwork, un cadeau de mariage de sa belle-mère. Madeleine déposa le bébé endormi entre ses bras.

La maman lui sourit tendrement, déjà conquise par sa peau diaphane aussi veloutée qu'une pêche, son petit nez retroussé, ses minuscules doigts... Après tout, Liam, le diminutif de William, lui allait comme un gant.

Jeanne releva le visage pour aviser sa bonne presque autant éreintée qu'elle. En bas, la porte d'entrée se referma dans un clac sonore, des pas lourds résonnèrent dans les escaliers.

L'accoucheuse avait averti le maître de maison qu'il pouvait rentrer chez lui.

Madeleine n'eut pas le temps de sortir de la chambre que William ouvrait le battant du bout du pied.

Dans le creux de son bras gauche, Constance commençait à se réveiller. La moue qu'elle affichait ne laissait planer aucun doute : bientôt, elle hurlerait à pleins poumons pour réclamer sa ration de lait trop longtemps repoussée ! Madeleine attrapa délicatement sa fille, surprise par le comportement de son employeur. Il aurait normalement dû lui accorder quelques minutes pour aller récupérer les enfants, non s'en charger lui-même, mais l'émotion de la naissance, couplée à leur situation épineuse, l'avait sûrement incité à agir de façon si peu conventionnelle.

William repositionna son aîné assoupi sur son épaule, puis s'en alla dans la chambre d'en face afin de le coucher.

Jeanne invita Madeleine à s'asseoir sur le petit banc de sa coiffeuse, près d'elle. Liam émit un premier bref appel. Constance sortit tout à fait de sa léthargie pour lui répondre de la voix plus assurée de celle qui expérimente ce monde depuis déjà trois mois. D'un geste identique, les mamans déboutonnèrent leur chemise pour glisser un large mamelon entre les lèvres gourmandes de leur enfant. La poitrine pleine de Mady lui faisait presque mal : elle avait tardé à allaiter sa fille. D'ici deux jours, celle de Jeanne serait aussi gonflée que la sienne.

Les deux femmes, silencieuses, échangèrent un long regard. Bien sûr, elles ne faisaient pas partie du même milieu : l'une employait, logeait et nourrissait ; l'autre astiquait, lessivait, cuisinait... En cette soirée du 21 juin 1896, près du Havre, ces deux êtres se rapprochèrent pourtant au-delà de leur classe socio-économique. Madeleine Roussel et Jeanne Roy, malgré leurs différences, malgré les circonstances troubles de l'arrivée de Mady, scellèrent un lien tacite.

Chapitre 1 – 1897 – 1 an

Éreintée, Madeleine s'avachit sur une chaise en bois rustique de la cuisine. La chaleur du fourneau l'agressait par vagues brûlantes. Elle vida son verre de vin coupé d'eau cul sec avant de soupirer discrètement. Adélaïde Roy, la mère de William, arrivait demain d'Angleterre. Son fils irait la chercher au port du Havre pour un séjour d'un mois au manoir. Madeleine ne savait plus où donner de la tête.

Que dire de Jeanne ? La maîtresse de maison n'en menait pas large non plus. Leur situation marginale la stressait au plus haut point. Elle connaissait sa belle-mère, très à cheval sur les convenances et la voir aider Mady dans l'éducation des enfants lui vaudrait assurément quelques désobligeantes remarques. La patronne en avait fait part à Madeleine, qui s'attendait donc à traverser un mois difficile. En effet, la bonne n'envisageait que deux solutions : soit Jeanne Roy continuait de l'épauler avec les petits et essuyait les rebuffades ; soit elle jouait la comédie et laissait à Madeleine le soin de se débrouiller avec trois bambins et une maison à tenir.

Ingérable, pensa-t-elle aussitôt.

Depuis son parc, dans un coin de la cuisine, Liam jeta un hochet sur les tommettes. Constance éclata de son rire en cascade. Malgré la fatigue intense, Madeleine sourit tendrement, le cœur gonflé d'amour pour ces deux bébés. Liam applaudit de sa bêtise avant de se laisser tomber sur les fesses. Le « splotch » qui parvint aux oreilles de la bonne l'avertit de la tâche qui l'attendait.

Après la préparation de la purée, décida-t-elle en se relevant péniblement.

Cette fin d'après-midi s'annonçait caniculaire. L'été débuterait dans quelques jours et avec lui, Liam soufflerait sa première bougie. La date de visite d'Adélaïde n'avait pas été choisie au hasard.

Madeleine s'affaira : elle tisonna les bûches dans le foyer et ajouta quelques poignées de charbon (le ragoût devait cuire encore au moins une heure pour être goûtu et tendre à souhait). Elle poussa ensuite une seconde marmite afin qu'elle ne soit plus au-dessus du feu, mais juste à côté, ainsi, son contenu se maintiendrait au chaud jusqu'au moment du repas. À l'aide d'une louche, elle transvasa une pleine cuillérée de légumes dans son moulin neuf et entreprit de préparer la purée des enfants.

Elle se focalisait sur sa besogne lorsqu'une odeur particulièrement désagréable lui chatouilla les narines. Madeleine se retourna prestement pour découvrir Liam et Constance, toujours dans leur parc, le garçon cul nu. Ils s'appliquaient à repeindre chaque barreau d'excrément. À leurs gazouillements, elle aurait juré que les deux bébés communiquaient. Impossible, elle le savait bien : ils ne maîtrisaient pas le français. Pourtant, ces deux enfants semblaient échanger en permanence.

Exténuée, la domestique sentit les larmes lui monter aux yeux. Il lui restait tant à faire d'ici le repas. D'ici l'arrivée d'Adélaïde. D'ici la nuit... Et Jeanne qui ne tarderait pas à rentrer de sa visite chez le médecin avec Ian. Probablement une angine, comme d'habitude avec ce petit.

Deux perles salées roulèrent sur les joues de l'employée pour s'échouer dans l'épais tissu de son tablier. Oh, bon sang ! Et qu'est-ce qu'il faisait chaud dans cette cuisine ! Le fumet nauséabond lui retourna l'estomac. Excédée, elle brailla :

— Assez !

Ses pas lourds claquèrent sur le carrelage. S'ils n'étaient pas barbouillés de merde, elle leur aurait fichu une fessée à tous les deux !

Les deux bambins se figèrent. À son cri et à sa posture, ils devinèrent l'orage gronder. Madeleine attrapa Constance sous les aisselles et l'assit dans le baquet prévu pour le linge sale, sous la véranda. Puis ce fut au tour de Liam d'y atterrir sans ménagement. Elle y versa un seau rempli au préalable d'un peu d'eau qu'elle avait fait chauffer pour son infusion et du reste de l'eau froide qu'elle était allée chercher au puits le matin même. Voilà. Elle devait y retourner pour la vaisselle du soir... Une besogne de plus à cause de ces chérubins démoniaques. Les enfants râlèrent, mais Mady n'en eut cure, trop en colère.

Désormais entortillés dans une serviette et assis sur leur chaise haute, les deux bambins ne pipaient mot, hypnotisés par les gestes répétitifs de Madeleine qui lessivait leur parc. Constance tâtonna du côté de Liam pour attraper sa petite main potelée. Le garçon s'empressa de la lui serrer avec affection. La porte d'entrée claqua sur Jeanne qui portait tant bien que mal Ian, fiévreux. D'un regard sévère, la maîtresse embrassa la scène et, aidée de l'odeur, comprit la situation.

— Je couche Ian et je viens m'occuper des enfants, Mady.

Cette dernière tourna à peine la tête pour acquiescer. L'ambiance pesait lourd dans la maisonnée, pourtant, Liam et Constance s'étaient rarement autant amusés !

Chapitre 2 – 1908 – 12 ans

À pas feutrés, Liam quitta sa chambre. Florent dormait enfin après une matinée passée à se vider. Le cadet en avait la nausée rien qu'en y repensant. Dans leur espace privé flottait encore une odeur acide de selles liquides et de bile.

Liam jeta un dernier coup d'œil au visage pâle du benjamin de six ans et demi. La culpabilité l'étreignit brièvement : il avait contaminé ses deux frères d'une gastro-entérite aiguë. Il referma la porte en abaissant bien la poignée ; ainsi, elle n'émettait aucun bruit.

Pour la première fois en quarante-huit heures, le jeune garçon ressentait le tiraillement caractéristique de la faim. Cette sensation l'avait poussé hors de son lit superposé.

En silence pour ne pas réveiller sa mère qui faisait une sieste bien méritée ainsi que Ian qui était lui aussi couché dans sa propre chambre, il descendit les escaliers jusqu'au rez-de-chaussée. Il s'avança dans le salon vide d'occupants et avisa l'horloge comtoise tout en rondeur. Pour un début d'après-midi, la maisonnée se révélait étrangement calme.

Liam aimait cette sensation de paix. La maison vivait au ralenti. En fermant les paupières, il pouvait presque ressentir le souffle de sa famille au premier étage. Les murs l'entouraient à l'instar d'un cocon protecteur. Un léger clapotis lui parvint, puis son propre gargouillement rompit cet instant fugace de quiétude.

Il se dirigea vers la cuisine, la tête commençait à lui tourner un peu. Il devait manger maintenant.

Il contourna la table de bois épais pour s'approcher du garde-manger. Il savait que Mady avait un placard spécial

« enfant malade ». En l'ouvrant, Liam tomba sur un pot de pêches au sirop, le repas préféré de Florent. Pour lui, c'était de la compote de pomme. Il attrapa le bocal soigneusement étiqueté et reconnut l'écriture cursive de Constance.

Il se saisit d'un bol en céramique, celui avec son prénom et le dessin d'un Breton ramené d'un séjour à Quimper deux ans auparavant. D'un large coup de petite cuiller en argent, il se servit et dévora son mets.

Le sucre fit son effet et il se sentit un peu mieux. Ses oreilles ne bourdonnaient plus, il se leva sans étourdissement.

Du coin de l'œil, un mouvement attira son attention. Le léger son de l'eau qui goutte lui parvint à nouveau. Constance, sous la véranda, essorait du linge. Son amie lui tournait le dos et masquait le baquet : Liam devina sa tâche au moulinet de ses bras.

Un deuxième gargouillis le tira de son observation. Il remarqua une marmite sur le fourneau et se servit aussitôt du potage. Il trancha du pain, souleva la cloche à fromage pour se couper un généreux morceau d'angelot et se réinstalla. Si sa mère l'avait vu faire, elle lui aurait adressé une critique bien salée : il aurait dû demander à ce qu'on l'assiste. Mais Liam s'en moquait. Il recouvrait la santé, et en se débrouillant seul, il pouvait observer à loisir Constance...

Malgré la fraîcheur de ce début octobre, des mèches fines collaient sa nuque à cause de la sueur. D'un ample geste, la jeune fille secoua une taie d'oreiller avant de la suspendre sur un fil tendu sous la véranda. Liam la perdit de vue quelques secondes. Elle réapparut bientôt.

Envoûté, il l'épiait. Elle se pencha à nouveau, vers la panière en osier tressé du linge sale pour déposer un grand drap dans une bassine en bois ovale. Cette dernière, installée sur des tréteaux croisés, lui arrivait à la taille.

Constance enfonça ses mains, puis ses avant-bras dans l'eau pour malaxer le tissu. Liam la contemplait avec une sorte de fascination. Ils avaient le même âge, pourtant Consty en savait tellement plus que lui sur la vie.

Le garçon avala sa soupe avant de mordre dans son pain aux riches céréales. La petite bonne attrapa une planche à laver creusée de sillons et l'installa dans le baquet. Il vit ses biceps trembler sous l'effort.

Elle se mit alors à frotter le tissu avec vigueur, mais Liam perçut dans ses mouvements une certaine lassitude. Il ignorait tout de la difficulté physique d'une telle tâche, mais il la devinait. Consty ne rechignait jamais devant le travail et il la savait endurante, mais là, la fatigue commençait à étreindre ses muscles probablement endoloris. Liam compta deux immenses draps ainsi que les taies déjà étendus.

Toujours dos à lui, elle se massa les lombaires. Elle puisait dans son corps et l'abîmait avec des besognes non adaptées à sa douzaine d'années et à sa morphologie.

Spontanément, Liam se leva. Ce n'était pas juste. Il pensa au petit ramoneur de dix ans qui, quelques mois plus tôt, avait chuté dans la cheminée de son ami Jean. Ce dernier avait raconté à toute l'école les hurlements de bête blessée. Les éclats d'os qui transperçaient les chairs. Les chevilles en bouillie. Estropié à vie, comme son grand frère Ian.

Pire que Ian, se corrigea Liam en attrapant la carafe, un peu plus loin sur la table. *Cet enfant ne remarchera sûrement jamais.*

La loi interdisait déjà le travail des personnes de moins de treize ans. Mais la faim justifiait les moyens...

Constance transbahuta avec peine le drap de lin alourdi d'eau dans la bassine des rouleaux essoreurs. Liam ne pouvait pas la laisser faire. Il ne pouvait la regarder se meurtrir alors qu'à deux, le labeur serait moins ingrat.

Pris d'une vigueur nouvelle grâce à son repas, il poussa la porte vitrée de la véranda. L'air froid le fit frissonner dans son pyjama de coton rayé. Constance tourna vivement la tête vers lui :

— Oh ! Tu es debout. Tu te sens mieux ?

Elle grimaça en se redressant, une main sur ses reins.

— J'ai englouti la moitié du bocal de compote, avoua-t-il en pointant la pièce derrière lui.

Ils pouffèrent, complices. Voilà presque six mois qu'ils se retrouvaient secrètement dans la bibliothèque pour parler de leurs lectures. Soit cinq rendez-vous en tout. Des instants volés où ils se tutoyaient avec de plus en plus d'aisance. Où ils réapprenaient à se connaître.

— Tu aurais dû m'appeler, reprocha-t-elle, l'attention toujours fixée dans la cuisine.

Liam referma le battant et esquissa un pas en direction de Consty. Ses mots se bloquèrent dans sa gorge. Comment lui avouer qu'il avait préféré se servir seul pour pouvoir la contempler tout son soûl à son insu ?

— Je vais t'aider, répondit-il plutôt en désignant d'un bref coup de menton l'essoreuse.

Constance comprit. À ses joues subitement rosies, elle devina qu'il l'avait épiée comme elle se surprenait à le faire elle-même. Elle le trouvait beau, avec son teint d'Anglais et ses cheveux drus bruns, presque noirs. Mais ce qui la fascinait résidait en ses incroyables iris bleu océan vers la pupille qui filaient dans un dégradé d'ocre sur le pourtour. Comment pouvaient-ils contenir autant de nuances ? Cela l'avait toujours intriguée, mais plus le temps passait, plus elle grandissait, plus elle aimait ce détail anatomique.

Son ami soutenait vaillamment son observation. Ses sourcils se froncèrent légèrement alors qu'il avança d'un pas supplémentaire pour se planter à côté d'elle.

— Es-tu sûr de toi ? chuchota-t-elle avec crainte.

Madeleine pouvait rentrer d'un instant à l'autre de la quincaillerie. Un membre de la famille de Liam pouvait aussi les surprendre n'importe quand.

Le garçon acquiesça silencieusement, le corps tendu par la solennité de la scène.

Constance pressa ses lèvres ourlées l'une contre l'autre. Depuis le début de l'année, Liam avait bousculé un bon nombre de codes... En l'aidant dans son travail, il abolissait d'un geste la frontière patron-salarié. Comme s'il voulait lui prouver que sa place dans la société n'avait pas d'importance. Elle en avait pourtant. Leurs parents le leur avaient assez rabâché.

Heureuse, Constance abdiqua :

— Je tournerai la manivelle pendant que tu arrangeras le drap. Il doit rester correctement plié, sinon les bosses ne passent pas entre les rouleaux essoreurs. Compris ?

Elle se positionna et attrapa à deux mains le manche. Elle effectua un premier tour en ahanant. Le bois poli écorchait ses mains à la peau fripée par l'eau savonneuse.

Liam intégra le mouvement qui lui permettait de replacer le lé. Bien vite, la sueur perla à son front. Le lin pesait lourd, *a fortiori* pour un convalescent. En son for intérieur, il se demanda comment son amie s'était débrouillée pour les deux autres déjà étendus. Puis il s'absorba dans sa tâche, vérifiant par de fréquents coups d'œil à l'arrière des rouleaux que le tissu essoré retombait bien dans la panière prévue à cet effet. Il ne manquerait plus qu'il touche le sol et qu'il faille tout recommencer !

— Échangeons, proposa-t-il vers la moitié du labeur.

Constance, essoufflée, accepta sans broncher. Elle essuya ses paumes moites contre son tablier en grimaçant de douleur. Les Roy ne pouvaient-ils donner leur linge de lit à une lavandière ?

— Il paraît que c'est le métier pour femmes le plus difficile.

La jeune fille se morigéna aussitôt. Liam risquait de croire qu'elle le prenait pour une femmelette ! Alors qu'elle n'avait fait qu'énoncer tout haut le fil de ses pensées.

— Cela ne m'étonne pas, grogna l'enfant en activant la manivelle.

— Le pire, c'est l'hiver, confia Constance en ajustant le tissu.

Plus qu'un tiers et ils auraient fini.

— Pourquoi ?

— À cause de l'eau gelée.

Il s'arrêta pour retrousser les manches de son pyjama rayé.

Consty avisa la petite cicatrice sur son avant-bras droit, vestige de sa propre maladresse. À six ans, elle avait cassé une pile d'assiettes pendant que les garçons goûtaient dans la cuisine. Si Ian n'avait rien eu, Liam et elle avaient récolté de multiples coupures. Les plus grosses se voyaient encore.

— Pourquoi ne fais-tu pas chauffer de l'eau ?

— Au lavoir, c'est impossible. Ici, nous le faisons, mais elle refroidit trop vite de toute façon. Reprenons.

Liam obéit, dérouté par les aveux de Constance. Que d'autres souffrent à cause de leur profession (des adultes, qui plus est) lui était égal si cela pouvait éviter ce calvaire à Consty. Il en toucherait un mot à son père. Il trouverait bien un moyen de lui souffler l'idée de donner son linge à une lavandière. Au moins pour ces draps brodés qui pesaient un âne mort !

Constance déposa le bout du tissu dans la panière, puis, ensemble, ils la tirèrent sous le dernier fil disponible du côté du jardin qui s'éveillait à la saison nouvelle. Ils attrapèrent chacun un coin et sautèrent pour passer le lé par-dessus. Constance s'occupa ensuite de le lisser. Elle lâcha un soupir de contentement : ces gestes s'avéraient nettement moins difficiles à deux.

Un nuage masqua le soleil, assombrissant la pièce. La couleur écrue des draps suspendus autour d'eux leur procura pourtant une sensation de chaleur. Derrière Constance, les baquets d'eau savonneuse attendaient d'être vidés, puis rangés, pour libérer le passage vers le jardin.

Liam replaça ses manches. Au moment où sa main se relâchait contre sa hanche, il vit les doigts de Constance effleurer les siens. Son cœur rata un battement. Il releva les yeux et nota la déglutition marquée de son amie. Lorsque leurs regards s'arrimèrent, elle pressa sa paume contre la sienne.

Liam avala une grande goulée d'air. Jamais ils n'avaient franchi cette barrière physique. Se toucher, dans leur éducation, s'avérait rare. Plus pour Liam que pour Constance, mais tout de même...

— Merci.

Le souffle de Constance lui fit l'effet d'une caresse sur la joue. Immobiles, les doigts enlacés, ils désirèrent que cet instant s'étire à l'infini. Ils pouvaient lire sur leurs traits la détermination couplée à la béatitude que provoquait ce frôlement.

Soudain, un grincement retentit dans la petite pièce vitrée, puis :

— Constance ! Les courses sont dans la cave, range-les, je dois aller aux toilettes.

La jeune fille, épouvantée, rompit le contact pour se précipiter au-devant de Madeleine, heureusement restée sur le seuil.

— Oui, maman, jeta-t-elle en se plantant devant sa génitrice. Tu dois faire le tour, les bassines bloquent la sortie...

Les sanitaires se situaient dans une cabane au fond du petit parc. La porte pour y accéder, au bout du couloir du hall qui jouxtait la cuisine, s'ouvrait juste devant la véranda, presque en face de Liam. Ce qui signifiait que Madeleine le dépasserait s'il ne bougeait pas.

Le jeune garçon entendit Mady maugréer mais tourner les talons. Il se fit violence pour demeurer statique. S'il s'échappait trop rapidement d'entre les draps, la bonne n'aurait pas quitté la pièce et l'apercevrait. Mais elle avait l'air tellement pressée qu'elle risquait bien de passer devant la véranda avant qu'il n'ait le temps d'atteindre la cuisine !

— Vite ! s'exclama Constance dans un chuchotis en apparaissant.

Liam se précipita vers elle et elle le propulsa en avant. Une chaleur bienvenue l'accueillit. Son amie s'empressa de refermer la porte et de le pousser vers le couloir. Ils perçurent nettement le clac du battant qui menait au jardin. Cela s'était joué à deux secondes.

Liam ne put s'empêcher de se retourner pour adresser un ultime sourire à Consty. Cette dernière s'apprêtait à descendre à la cave qui leur servait de garde-manger. Elle le lui renvoya, étincelante. Le temps se suspendit à nouveau et sembla se déployer entre eux pour les lier.

Chapitre 3 – 1908 – 12 ans – quelques mois plus tôt

Constance passa négligemment un coup de plumeau entre les motifs spiralés du dossier de la chaise. Face à elle, posé sur la table vernie au pied central lui aussi sculpté d'arabesques, le journal de la veille trônait. La blancheur des pages ressortait avec force contre le bois sombre, comme pour attirer le regard de la petite bonne. Constance ne résista pas et déchiffra en silence :

« Thérèse Peltier[1], première femme à monter dans un avion. Une femme aviatrice ? Le ciel nous tombera sur la tête ! »

L'air se bloqua quelque part dans ses poumons. En ce début de XXe siècle, les prouesses techniques pleuvaient. Constance passait rarement un mois sans être estomaquée par un nouveau record ou une invention. Personne ne pouvait le nier : après le train qui avait révolutionné les voyages, la voiture qui gagnait en popularité et remplacerait les fiacres d'ici peu... voici que l'être humain prenait d'assaut les cieux !

Constance, la main gauche tenant toujours le plumeau en l'air, se demanda si elle oserait grimper dans un véhicule. Elle ne rêvait pas, l'occasion ne se présenterait jamais. Elle n'était pas l'une de ces filles qui entreprenaient. Cet oiseau de toile lui collait la chair de poule.

Pourtant, une part d'elle-même admirait cette dame brune au visage fin assise à côté d'un homme élégant. Son petit sourire excité, son regard fier... elle dégageait une témérité inédite, voire incongrue chez une femme. Cette simple photo

---

[1] Thérèse Peltier : aviatrice et sculptrice française. (26/09/1876 – 18/02/1926.) Source : Wikipédia.

offrit à Constance de s'identifier à une personne de son sexe non pas mère, mais aventurière. Oui, ce mot se déclinait au féminin !

Constance inspira une énorme goulée d'air. Son bras figé dans une position inconfortable la démangea de fourmillements, la ramenant ainsi dans l'instant présent.

Cette bibliothèque. Le ménage. Sa condition de servante à douze ans.

Malgré ce quotidien dur, Constance sentit une pointe de légèreté dans sa poitrine. Plus le temps passait, plus la presse lui montrait qu'une autre voie s'avérait possible. Après tout, les syndicats n'avaient-ils pas obtenu une loi sur le repos hebdomadaire ? Et maintenant, madame Peltier qui s'envolait à bord d'un avion ! La vie de Constance lui paraissait peut-être toute tracée, il ne fallait pas pour autant qu'elle oublie qu'elle lui réservait à coup sûr quelques surprises et satisfactions.

La dernière en date s'étalait donc en une sous son regard ébahi. Monsieur Dejoubert Louis devait se retourner dans sa tombe !

La jeune fille sentit sa bouche s'incurver en un sourire franc. Depuis la mort de ce grossier grand-père en début d'année, la maisonnée recouvrait peu à peu sa sérénité. L'ambiance s'apaisait. Ian n'employait plus le même ton agressif pour s'adresser à elle. Florent, qui avait commencé à suivre le chemin de son aîné, se remettait à jouer de son charme auprès d'elle pour recevoir quelques friandises en cachette. Monsieur Roy lui-même paraissait moins stressé, moins tendu. Il rentrait d'ailleurs de plus en plus tôt de son usine textile, comme s'il cherchait à profiter de sa petite famille. Quant à Liam... Une déception au goût amer envahit sa bouche : le garçon lui manquait terriblement.

Sur le seuil de la bibliothèque, Liam observait Constance depuis de longues minutes. Dos à lui, légèrement penchée sur la table qui lui servait de bureau lorsqu'il partageait encore sa chambre avec Ian, il distinguait son visage aux traits arrondis dans le reflet de la fenêtre. Elle semblait rêveuse.

Liam savait ce qu'elle lisait et imagina sans peine ce qui devait tourner dans l'esprit de la jeune fille : un jour, elle se tiendrait à la place de Thérèse Peltier.

Il n'avait aucun doute sur son courage et sa détermination. Si Constance le voulait, elle en serait capable. Voilà la leçon qu'il avait tirée de la soupière renversée sur la tête de son grand-père Louis.

Lorsqu'il observa la naissance du sourire de Constance, Liam sentit son cœur se pincer agréablement. Il ignorait depuis combien de temps il se tenait ici, son livre pressé contre son torse, mais il pourrait y demeurer une éternité supplémentaire. Il se gorgeait de la silhouette de Constance. Ses épaules menues. Son chemisier bouffant au niveau de la taille, rentré dans sa jupe sobre. Il nota qu'elle commençait à être trop petite : elle effleurait le haut de ses genoux. Cette tenue inappropriée fit rosir ses joues rebondies de garçon qui quitte lentement l'enfance.

Pour dissiper sa gêne, Liam fit un pas dans la pièce. Sa semelle claqua sur le parquet et, comme il s'y attendait, Constance sursauta. Elle se retourna dans une envolée de jupe pour accrocher son regard. Ses épaules se détendirent dans la foulée. Liam fut touché par cette marque de confiance inconsciente. La jeune fille n'aurait jamais affiché un tel soulagement devant l'aîné de la fratrie, par exemple.

Liam ferma la porte derrière lui pour murmurer loin de potentielles oreilles indiscrètes :

— Vous pouvez continuer à lire.

Constance piqua un fard en bafouillant :

— Non, je suis désolée ! J'ai du travail, cela ne se reproduira plus...

Elle s'empressa de passer le plumeau sur un siège déjà rutilant.

— Puis-je m'asseoir sur ce fauteuil ? L'avez-vous nettoyé ?

— Oui, Monsieur.

Il détestait ce mot dans sa bouche ! Avec une violence bouleversante, Liam haït les adultes sous ce toit, qui avaient contribué à leur éloignement.

Il s'avachit presque sur le vieux fauteuil à oreilles récemment rembourré et tapissé d'un tissu fleuri. Il laissa aller sa tête sur le haut dossier et étendit ses jambes sur le repose-pied assorti. Devant lui, la table ronde et ses deux sièges masquaient en partie la vaste fenêtre qui s'ouvrait sur le jardin trois étages plus bas. D'habitude, en été, il préférait lire dans sa cabane en haut du saule, mais aujourd'hui, la chaleur l'accablait.

Autour de Constance volait une multitude de particules poussiéreuses. L'intense luminosité nimbait sa chevelure d'or. Liam avait toujours aimé ses cheveux blond cendré aux larges boucles. Malheureusement, elle ne les gardait pas souvent détachés.

La jeune fille lui jeta un bref coup d'œil. Elle avait sans aucun doute perçu l'acuité de son regard. Liam ouvrit son livre pour se forcer à replonger dans l'histoire captivante de *Vendredi ou la Vie sauvage*.

Depuis cette fameuse scène de la soupière renversée sur la tête de son grand-père Louis et, par la suite, son décès, Liam ressentait le besoin accru de renouer avec Constance. Il savait qu'il avait parfois mal agi envers elle. Mais si, par le passé,

Consty et lui avaient toujours réussi à retisser leur lien malgré l'interdiction formelle de leurs parents cela n'était plus le cas aujourd'hui. Ils grandissaient. Cette maturité nouvelle chassait la candeur de l'enfance. Liam en avait pris conscience depuis peu, sans pour autant renoncer à elle. Il lui devait au moins des excuses...

La bonne époussetait le long rayonnage à sa gauche. La bibliothèque prenait un pan de mur entier. Liam se souvint de sa stupéfaction lorsqu'il avait trouvé Constance penchée ou, au contraire étirée sur la pointe des pieds, pour attraper un ouvrage et repartir avec dans sa chambre. Il avait gardé le secret, conscient que cet acte pouvait valoir une sérieuse correction à son ancienne amie. Il était néanmoins étonné qu'elle ne montre pas plus de discrétion. Puis il avait compris. Son petit frère Florent l'avait dénoncée, un soir, tandis que toute la famille jouait aux charades. Son père avait admis lui avoir donné l'autorisation d'emprunter les livres qu'elle voulait. Son ton n'avait souffert aucune remarque.

Constance lui jeta un nouveau coup d'œil. Mince ! Liam s'était encore perdu dans sa contemplation... La jeune fille ne se détourna pas.

Le cœur de Liam s'emballa. C'était la première fois qu'ils échangeaient un regard d'une telle intensité depuis... bien trop longtemps. Il prit conscience avec une brutalité sans nom du manque qu'il ressentait en permanence. D'une œillade, Constance l'avait comblé.

— Tu l'as lu ? s'entendit-il chuchoter en désignant son livre.

Les lèvres ourlées de son ancienne amie s'entrouvrirent. Les mots de Liam résonnèrent à nouveau dans ses propres oreilles.

Il l'avait tutoyée.

Il avait tutoyé Constance !

— Oui, répondit-elle dans un souffle. Presque d'une traite à dire vrai, tant je l'ai aimé.

Un sourire en coin s'épanouit sur le visage de Liam.

— Cela ne m'étonne pas de toi que tu apprécies les histoires exotiques. Qu'as-tu préféré ?

— Les paysages étrangers, confirma Constance.

Ils pouffèrent comme deux amis qui retrouvent leur complicité. Cette sensation de légèreté couplée à celle de se trouver enfin à la bonne place se révélait inédite et très, très agréable.

— Et toi ? questionna Constance en déposant son plumeau près du nécessaire de nettoyage à côté du fauteuil de Liam.

Une émotion pure grimpa dans la gorge du garçon en entendant ce tutoiement. Il sentit son teint pâle d'Anglais se colorer de rose sous le coup du plaisir.

— Je l'ignore encore, je n'en suis qu'au début.

Consty acquiesça et attrapa son seau rempli à moitié d'eau savonneuse. Elle marcha vers la fenêtre et Liam ne put s'empêcher de trouver sa démarche aérienne. Comme si elle aussi avait déposé le fardeau du manque dans ces quelques mots échangés. Liam plissa les paupières, il appréciait la sensation enivrante d'avoir retrouvé Constance. Il ne voulait pas qu'elle s'arrête.

— Qu'emporterais-tu si tu te retrouvais coincée sur une île déserte ?

Constance trempa son chiffon dans l'eau et l'essora, prenant le temps de réfléchir.

— Aucune idée ! Mais choisir ce que l'on emmène dans une telle situation s'avère… tout simplement impossible. Et toi ?

Sa curiosité sincère le piqua droit au cœur. Liam haussa pourtant les épaules pour ne pas déblatérer un mensonge. Une unique réponse lui brûlait les lèvres. Incongrue. Inadaptée. Interdite.

Toi.

Les deux adolescents échangèrent une fois de plus un long regard. En silence, ils partagèrent leur sentiment de privation issu de ces années de restrictions. Constance pardonna à Liam ses comportements parfois irrespectueux. Liam se rendit compte qu'il quittait désormais l'enfance et que, malgré toute son éducation, malgré les efforts gigantesques de sa famille pour rompre son lien avec Consty, il ne le voulait pas.

Au moment de sortir de la pièce pour aller se débarbouiller avant le dîner, le garçon offrit à son amie un livre qu'il avait lu peu de temps auparavant.

— Nous pourrons en discuter la prochaine fois…

Son chuchotis flotta entre eux. Constance opina, ses grands yeux bleu brillant de contentement.

Chapitre 4 – 1901 – 5 ans

— Non, tu ne joues pas avec nous !

Ian, qui dépassait Constance d'au moins une tête, croisa les bras sur son torse. De son regard émeraude perçant, il jaugeait la fillette de cinq ans. Oserait-elle se rebeller ?

— Pourquoi ? interrogea-t-elle en retenant tant bien que mal ses trémolos.

Liam, touché par la tristesse qu'il percevait dans sa voix, baissa les yeux. Il ne supportait pas d'être le témoin de sa peine. Debout derrière Ian, il entreprit de compter les lames du parquet de la chambre de son frère.

— Parce que tu es une fille. Les filles ne jouent pas à la guerre.

— Je suis capable de tenir un soldat de plomb ! assura l'enfant en redressant les épaules.

Liam releva la tête, un sourire en coin. Il reconnaissait bien là son amie, suave en apparence, mais qui osait s'affirmer si nécessaire. Liam, lui, n'était pas fait de ce bois-là. En particulier face à son aîné, qu'il adulait, il ne pipait mot même en cas de désaccord. Surtout en cas de désaccord. À sa décharge, Ian pouvait se montrer fort en caractère, voire un peu méchant s'il se sentait mis à l'écart, jaloux ou rabaissé. D'autre part, son statut de premier-né lui conférait une sorte de toute-puissance que Liam avait intégrée depuis longtemps.

— Tu es vraiment idiote, cracha Ian.

Il avança d'un pas et évalua Constance des pieds à la tête. Elle se perçut encore plus minuscule. Elle devina l'aura menaçante du garçon et recula.

— Cela se trouve dans ta nature, pauvre cruche, martela-t-il. Tu ne peux pas inventer une histoire de guerre. Et en plus, tu n'es qu'une enfant de bonne.

Constance ne comprenait pas les arguments de Ian. Justement, il semblait que le problème se situait ici. Peut-être avait-il raison, après tout. Peut-être qu'elle ne possédait pas les mêmes capacités d'apprentissage ou... qu'en savait-elle ? des facultés identiques à celles des garçons. Pourtant, elle en rêvait autant que Liam, de ces soldats de plomb. Ian n'avait jamais voulu les partager, prétextant qu'ils étaient trop petits. À présent que l'opportunité s'offrait à eux, Constance ne pouvait pas en profiter.

Cela provoqua un tel sentiment d'injustice que les larmes inondèrent ses joues.

— Tu vois ? En plus, tu es trop fragile pour jouer à ce genre de divertissements. Les filles pleurnichent sans cesse.

Ian avait l'ascendant, il se délectait d'injecter son venin dans cette enquiquineuse qui lui volait son frère. Constance esquissa encore un pas en arrière.

Soudain, la porte s'ouvrit. Flûte ! La peur étreignit l'aîné : il ne voulait pas se faire gronder par Mady. Elle avait dû entendre, le battant était à peine poussé... Mais cette dernière ne sembla pas capter la tension entre les enfants.

— Constance, je t'ai appelée plusieurs fois, lui reprocha-t-elle. J'ai besoin de toi en cuisine.

La lame de l'injustice s'enfonça plus profondément dans le ventre de la fillette. Pourquoi devait-elle travailler quand les garçons s'amusaient ? Pourquoi sa mère la sollicitait-elle de plus en plus souvent ? Préparation des repas, tâches ménagères diverses... La petite y était astreinte.

— Constance.

Lorsque Madeleine prenait ce ton froid, mieux valait ne pas traîner. D'un revers de manche sale, elle épongea ses larmes et sa morve. Elle croisa le regard affligé de Liam. Entre ses doigts fins, il malaxait une figurine. Constance se détourna en reniflant et suivit sa mère jusqu'à la cuisine.

Avec toute sa naïveté, elle demanda pourquoi les fillettes ne pouvaient pas jouer à faire la guerre. Madeleine la contempla une seconde, interloquée, avant de répondre :

— Tu es douce et fragile. Ian a eu raison de t'empêcher de t'amuser avec eux. Ce jeu est trop violent pour toi. Maintenant, pétris la pâte à tarte.

À genoux sur une chaise, elle retroussa ses manches. Comme Mady le lui avait appris, elle attaqua sa besogne.

Son être n'était qu'un vaste champ d'incompréhension, de tristesse et de colère. Plus que tout, l'impuissance qu'elle ressentait, mais qu'elle ne parvenait pas à identifier, la dévorait. Constance croyait sa maman, elle se construisait sur son modèle, sur son éducation. Elle finit donc par remiser ses émotions dans un coin de son cœur pour intégrer les paroles de Madeleine. Même si elle ne se sentait pas « douce et fragile », ce devait forcément être le cas. Elle était juste trop petite pour s'en apercevoir...

Liam, installé dans la chambre de son grand frère, se retourna une énième fois. Il n'aimait pas dormir dans cette pièce, côté rue, où il entendait les chevaux piaffer et les commerçants et autres livreurs démarrer leur journée. Mais sa grand-mère Adélaïde arrivait d'Angleterre le lendemain ; elle vivrait avec eux plusieurs semaines, il lui avait donc laissé son antre.

Cependant, ni les légers bruits du village ni la venue de son ancêtre n'empêchaient Liam de s'assoupir. La faute revenait aux traits chagrins de Consty, qui semblaient gravés sur sa rétine.

Il s'installa sur le côté, remonta la couverture sur ses épaules, puis la repoussa au niveau de sa taille, agacé. S'il appréhendait les arguments de Ian concernant les filles (pour ce qu'il savait à ce sujet, de toute façon...), il ne les admettait pas pour Constance. Elle n'était pas comme toutes les autres ! Comment Ian pouvait-il ne pas s'en apercevoir ? Et puis, sincèrement, pourquoi avait-il été si méchant dans ses propos ?

Consty rêvait de toucher à ces soldats de plomb... Ils les avaient évoqués des centaines de fois ! Voir son espoir lui glisser entre les doigts, si près du but ! Cela avait retourné le cœur de Liam.

La lampe à huile sur la commode, réglée au plus faible, diffusait une lueur chaude de veilleuse. Le garçonnet laissa son regard errer dans la pénombre. Il s'arrêta sur la boîte de fer blanc sous le lit bateau de Ian, face à lui. Son aîné ronflait. Et si... ?

Liam retint son souffle tandis que son rythme cardiaque accélérait. Il rassembla son courage. Il avait peur, mais Consty valait bien qu'il prenne ce risque. Liam voulait retrouver son sourire édenté, pas cette moue dure, reflet de son mal-être qu'elle avait arborée toute la soirée.

Ses pieds glissèrent jusqu'au sol, où la descente de lit en laine amortit le son. Il se leva, l'attention fixée sur son grand frère. Sur la pointe des pieds, il avança, s'accroupit, puis tira vers lui la boîte. Liam savait que la partie la plus ardue de son plan débutait : ouvrir ce coffre au trésor ferait forcément du bruit.

Il grimaça en essayant de l'entrebâiller le plus silencieusement possible. Le clac du fer blanc résonna à ses oreilles comme le carillon de l'église du village.

Ian ne bougea pas.

Liam attrapa deux soldats, les déposa précautionneusement sur la descente de lit de son frère pour pouvoir refermer la boîte et la ranger. Lorsque ce fut fait, il cacha les jouets dans sa poche de gilet, disposé sur le chevalet prévu à cet effet près de l'entrée, et se glissa sous ses couvertures.

Son dos poissait d'avoir tant sué de stress, mais le garçonnet n'avait jamais été aussi fier de lui. Il plissa les yeux de contentement en imaginant la tête de son amie, le lendemain, lorsqu'il l'entraînerait à l'écart pour s'amuser avec elle à la guerre !

Chapitre 5 – 1909 – 13 ans

Liam souffrait d'un sommeil léger. Partager sa chambre avec son petit frère de sept ans n'arrangeait pas ses cernes. La météo non plus. En ce jour de novembre 1909, il attribua son réveil à cette dernière : les gouttes de pluie tambourinaient contre les volets de bois.

Il s'accorda une minute pour s'éveiller totalement. Il s'étira comme un chat sous sa couverture de patchwork offerte par sa grand-mère Adélaïde. Il aimait ces instants suspendus entre brume nocturne et pleine conscience matinale.

Comme souvent, ses pensées dérivèrent jusqu'à Constance et, instinctivement, il tendit l'oreille pour percevoir sa présence dans la maisonnée. Le bruit du chariot que l'on tire sur les planches du parquet, au rez-de-chaussée, l'atteignit. La jeune fille s'apprêtait à dresser la table pour le petit-déjeuner, que l'on prenait ici à l'anglaise. Il imagina ses cheveux dorés, qu'il trouvait si beaux entortillés en chignon bas à la manière d'une dame. Cette coiffure qu'elle adoptait de plus en plus souvent lui offrait un petit air mature tout à fait exquis, il se l'avouait volontiers.

À moins que ce ne fût Mady qui se charge du service ce matin ? Liam l'espéra : l'omelette de Constance condensait un tas de saveurs qu'il peinait à concevoir dans un simple œuf ! Il en salivait d'avance !

Un grognement de l'autre côté de la cloison attira son attention. Ian se réveillait. Liam se redressa pour passer sa robe de chambre en laine épaisse, sortie tout droit de l'usine de son père. Chaude, confortable, luxueuse. William Roy touchait du bout du doigt son rêve de faire fortune en Angleterre grâce à la mode du luxe français réputé dans le monde entier. Liam enfila une paire de pantoufles qui affichait une allure bien misérable en comparaison du vêtement qu'il endossait.

Par temps humide, Ian souffrait de son articulation endommagée. Il n'en parlait pas, mais Liam l'avait remarqué lorsqu'ils partageaient leur chambre à l'époque où grand-père Louis vivait ici. Par un accord tacite, depuis que l'aîné avait réintégré ses quartiers après le décès de l'aïeul, le cadet venait ouvrir ses volets. Le simple fait de prendre appui sur ses jambes pour se pencher au-dehors faisait mal à Ian. Liam mettait tout en œuvre pour lui adoucir la vie, même si son caractère taciturne ne s'arrangeait pas avec l'âge.

Liam toqua deux coups brefs à la porte et tendit l'oreille.

— Entrez.

— Bonjour, grand frère, salua-t-il en refermant derrière lui. Sale temps aujourd'hui, je suis content d'être dimanche et de ne pas avoir à courir sous ces seaux d'eau et le sifflet de maître Golibet.

Basculer les cuisses hors du lit arracha une grimace à Ian. Liam, comme à son habitude, s'empressa de détourner la tête. Son frère détestait lorsqu'il remarquait une « marque de faiblesse ». Il se dirigea vers la fenêtre, l'ouvrit, fit de même avec les volets et se pencha pour les coincer à l'aide du loquet.

Son regard fut attiré par un mouvement bref vers le perron. Le laitier se tenait devant la porte de la cave située en contrebas, à droite de l'entrée principale. Les gouttes de pluie se raréfiaient et il en profitait pour ajuster son béret brunâtre. Liam reconnut Baptiste, un jeune homme de l'âge de Ian avec qui il était allé à l'école. L'avantage d'une classe unique de garçons dans un village : ils se connaissaient tous.

— Bonjour, Constance.

Liam se figea dans son mouvement de recul pour refermer la fenêtre.

— ... jour...

D'un geste hésitant, Baptiste tendit à la jeune fille les quatre bouteilles de lait frais bien d'aplomb dans leur panier de fer. Il récupéra les vides.

— Tu... tu es très belle aujourd'hui.

Les mots s'envolèrent jusqu'à Liam et le percutèrent de plein fouet.

— Referme donc cette fenêtre, il fait un froid de canard ! l'interpella Ian derrière lui.

Mais Liam, s'il entendit la requête, ne l'analysa pas. Une bile amère venait de brûler sa trachée. Il ignora le tumulte dans sa poitrine pour se refocaliser sur la scène qui se déroulait plus bas.

Baptiste se pencha en avant. Non ! Il...

— Eh ! Tu m'écoutes ?

Ian agrippa l'épaule de Liam pour le ramener en arrière et refermer la fenêtre sur le... couple ? La respiration hachée, le cadet contempla son frère, les yeux écarquillés de stupeur.

— Tu es tout pâle... Qu'as-tu donc vu dans la rue ?

— Rien ! Euh... Rien qu'un cadavre de pigeon salement amoché.

— Et cela te fait cet effet ? ricana l'aîné, ses iris verts moqueurs le scrutant.

Bien sûr que non. Ian et Liam avaient appris à chasser aux côtés de grand-père Louis. Si les premières prises lui avaient retourné l'estomac, il s'était habitué...

— Juste avant le petit-déjeuner... beurk !

Son mensonge fonctionna. Ian émit un bref bougonnement avant de désigner la sortie d'un coup de menton, le congédiant sans façon. Liam ne prit pas ombrage du peu de reconnaissance de son vis-à-vis, il en était coutumier. Seul comptait le compliment du fermier. Et ce buste penché en avant... vers les lèvres de Constance. Il ne pouvait en être autrement.

Constance referma la porte de la cave, des papillons pleins le ventre et le cerveau en compote. Lorsque Baptiste s'était incliné vers elle, elle avait un instant cru qu'il allait l'embrasser ! Mais le paysan n'était pas un rustre, il venait une fois de plus de le lui prouver. Ses derniers mots résonnaient encore à ses oreilles surchauffées par l'émotion : « Tu es très belle aujourd'hui. Comme tous les jours, à vrai dire. »

Il avait murmuré sa phrase, baissant son doux regard de la couleur des noisettes mûres. Sa pudeur avait atteint Constance en plein cœur, peut-être plus que ce compliment qu'elle sentait poindre depuis plusieurs semaines déjà. Depuis que Baptiste avait remplacé son père, alité, pour la tournée matinale.

L'adolescente inspira profondément. L'humidité de la cave la saisit et un frisson la parcourut des pieds à la tête. Elle devait remonter préparer le petit-déjeuner, vite ! Elle déposa le panier de fer sur l'étagère face aux escaliers, à gauche des produits et ustensiles ménagers, puis grimpa les marches grinçantes, le précieux liquide opalescent serré contre elle. Baptiste avait touché cette bouteille de lait...

Elle arriva dans la cuisine, un large sourire imprimé sur son visage ovale. Heureusement, sa mère dressait la table dans le coin salle à manger. Elle n'aurait pas manqué son air charmé et aurait tiré les conclusions qui s'imposaient... Constance, en grandissant, supportait de moins en moins les observations de sa génitrice. Elle aspirait à plus d'autonomie.

Dans les escaliers, elle reconnut le pas léger de la maîtresse de maison, suivi de celui précipité du petit dernier, Florent. Elle s'empressa d'attraper un saladier pour y casser cinq œufs et les arroser d'une large portion de lait. Vint la claudication de Ian, puis la foulée lourde de son patron. Elle fouetta le mélange avec vigueur de façon à bien l'aérer, puis le versa dans la poêle chaude.

Que fait Liam ? songea-t-elle en tendant l'oreille.

Son ami descendait très souvent en premier à cause de son sommeil superficiel. Penser à lui chassa l'exaltation provoquée par Baptiste.

Subitement, elle prit conscience qu'elle aurait aimé entendre ce compliment de sa bouche à lui. Plus que de celle de n'importe qui d'autre.

Sous les mots de Baptiste, elle se sentait heureuse et belle, mais... Mais imaginer Liam les prononcer lui coupait tout simplement le souffle pour la rendre incroyablement légère et euphorique. Pleine d'un bonheur acidulé et sucré à peine contenable.

Une odeur de trop cuit parvint à ses narines.

— Flûte !

Constance attrapa sa spatule et retourna l'omelette brûlée sur les bords. Celle-ci grésilla quelques secondes sur l'autre face avant qu'elle ne la dépose sur une grande assiette de porcelaine basique comparée au reste du service peint à la main.

Enfin, elle perçut les pas de Liam. Il semblait presque traîner des pieds dans les escaliers... Le cœur de Constance se comprima. Jamais Liam ne se permettrait de tels compliments à son égard. Ils avaient certes franchi quelques frontières ces derniers mois avec leurs rares rendez-vous dans la bibliothèque et son aide lors de la lessive, mais ils n'appartenaient tout simplement pas au même monde.

Constance, dans une prise de conscience aiguë, comprit la profondeur de ses sentiments pour son ami et la cruauté dont la vie pouvait faire preuve. Liam ne la contemplait pas comme Baptiste la dévorait du regard. Il tenait à elle, bien sûr, faisant fi de son éducation. Cela se révélait déjà inespéré. Elle ne pouvait ne serait-ce désirer plus... et pourtant ! Vivre ce premier émoi ouvrait son cœur. Jusqu'à présent, elle avait aimé Liam, elle n'en avait jamais douté, mais elle saisissait désormais qu'elle l'aimait très, trop profondément. Elle le voulait à la place de Baptiste, non plus comme un ami avec qui elle avait toujours tout partagé.

Madeleine arriva sur ces entrefaites, perturbant davantage sa fille. Mais la bonne, prise dans son labeur, ne remarqua pas son trouble et attrapa l'assiette en fronçant les sourcils.

— Mes excuses à la famille, lâcha Constance en se détournant pour empoigner le récipient dans lequel gonflait la pâte à pain.

— Cela ira, elle reste tout à fait mangeable.

Le clac de la porte soulagea l'adolescente brisée de tristesse. Comment pouvait-elle vivre un tel ascenseur émotionnel ? Comment assumer son attirance pour Liam ? Comment se comporter avec lui désormais ?

Dépitée, elle jeta une poignée de farine sur la vieille table de bois robuste et commença à pétrir le pâton avec hargne. Comment une classe sociale pouvait-elle décider de son avenir amoureux ? Pourquoi naître femme lui interdisait-il d'entreprendre quoi que ce soit auprès d'un homme ?

Constance se retint de justesse de balancer un coup de poing dans la pâte. Cela non plus ne se faisait pas, et pourtant, comme ce simple geste l'aurait soulagée de ce tourbillon sentimental !

Il n'en fallut pas plus à Liam pour repousser son assiette pleine. Il ne pouvait se résoudre à avaler une bouchée de cette fichue omelette cuisinée avec le lait de ce coureur de jupons de Baptiste ! Et en plus, comme s'il avait besoin d'une preuve supplémentaire que Constance était bouleversée par ce cavaleur, elle l'avait fait brûler !

Liam croqua dans son pain, mais la mie se transforma en boule pâteuse et se colla à son palais. Il déglutit difficilement, ingurgita son verre d'eau et poussa sa chaise. Il se reprit de justesse et bougonna :

— Puis-je sortir de table ?

— Es-tu souffrant, mon chéri ? s'enquit aussitôt Jeanne en avisant son assiette pleine.

Oui, pensa Liam avec violence, *j'ai le cœur en lambeaux et je n'aurais jamais cru que Consty m'infligerait une telle douleur.*

— J'ai mal dormi, mentit une fois de plus Liam en songeant que décidément, Constance le poussait vers le vice de la tromperie.

— Retourne t'allonger, mon chéri. Florent, tu feras tes devoirs dans la bibliothèque.

— Bien, maman.

— Merci, mère.

Liam se précipita hors de la pièce. Heureusement, la cuisine close lui cacha la vue de son amie. Pouvait-il seulement la considérer encore ainsi ? Alors que chaque fibre de son être brûlait de prendre la place de Baptiste ? Liam, furieux, grimpa les barreaux de l'échelle de la mezzanine deux par deux. Il se jeta sur son oreiller. Un sanglot franchit la barrière de ses dents serrées à s'en fissurer. En sentant ses larmes affleurer et son cœur pleurer, il prit conscience que sa colère et sa jalousie n'étaient rien en comparaison de sa tristesse.

Constance se faisait courtiser. Par un gaillard de deux ans de plus qui appartenait au peuple, comme elle. Et cela l'étourdissait au point de rater sa délicieuse omelette. Liam, même s'il avait osé braver son éducation, n'avait de toute façon aucune chance.

Liam, sur son lit en haut de la mezzanine, gardait les yeux fixes. De sa position allongée sur le ventre, s'il se redressait légèrement sur les coudes, il pouvait apercevoir derrière le paravent leur coin d'intimité et la coiffeuse qui soutenait une bassine de porcelaine ébréchée et un broc d'eau froide.

Mais ses considérations parcouraient d'autres sphères beaucoup moins terre-à-terre que l'hygiène. Du haut de ses quatorze ans, il pensait à son avenir et aux lycées que lui avait proposés son père.

Son regard capta un mouvement dans l'angle droit de la pièce. Florent, avachi sur leur bureau, s'étirait. Liam ne doutait pas de l'intelligence de son petit frère, mais sa paresse ne lui permettrait pas d'entreprendre de grandes études. Florent préférait le tir à la carabine et la pêche avec ses copains. Depuis peu, il rêvait de la Société des Nageurs du Havre, premier club de natation fondé en France.

Liam soupira pour se retourner sur le dos. Il connaissait par cœur les moulures du plafond. Les observer l'apaisait. C'est cet instant que choisit Constance pour toquer. Il reconnut sa façon de faire, brève et douce.

— Entrez ! s'exclama Florent en faisant mine de poser sa plume.

Comme s'il avait écrit ne serait-ce qu'un mot ces dernières minutes !

La bonne laissa la porte entrebâillée derrière elle pour se diriger, un plateau d'argent à la main, droit vers Liam. Aussitôt, il identifia l'enveloppe parme et son cœur tressauta.

— Une lettre de Miss Henrietta.

Constance leva le support et Liam put attraper la missive ainsi que le coupe-papier. Au moment où il le reposait, Constance releva la tête. Ses sourcils froncés accentuaient la profondeur de ses yeux bleus, naturellement rehaussés par une constellation de taches de rousseur sur ses pommettes et son nez. Liam plongea dans son regard courroucé. Des mois s'étaient écoulés depuis leur dernier échange. Liam n'ouvrait même plus les volets de Ian à cause d'elle, à cause d'eux. Plus personne au village n'ignorait que le grand Baptiste courtisait la douce Constance. C'était du moins la rumeur dans la cour de récréation de l'école des garçons, qui se demandaient tous comment il s'y prenait.

En cet instant pourtant, Liam ne pensait plus le moins du monde à ces on-dit. Seule la déception teintée de colère qui brillait dans les iris de son amie le captivait. Constance lui en voulait. Pour quoi ? Pour son éloignement subit ? Pour les lettres de Hetty ?

En songeant à l'Anglaise, son attention se reporta instinctivement sur l'enveloppe ouverte qu'il tenait entre ses mains. Constance en profita pour tourner les talons et claquer (légèrement) la porte. Malgré lui, son comportement lui arracha un rictus. La dernière fois que Consty avait agi de la sorte, ils étaient encore enfants et s'étaient disputés pour décider de leur prochain jeu, finalement, les petits chevaux.

Les villageois la surnommaient peut-être la « douce Constance », mais lui la connaissait vraiment et savait l'entêtement et surtout l'admirable volonté dont elle pouvait faire preuve. Aujourd'hui, après des mois de silences et d'esquives de la part de Liam, Consty venait de lui faire passer un message très clair.

La lettre lui parut soudain bien fade ! Hetty, malgré son côté espiègle, n'égalerait jamais le caractère affirmé de Constance. Elle ne le surprendrait jamais comme la bonne le faisait. Aussitôt, Liam repensa à leurs doigts enlacés au milieu des draps étendus sous la véranda. Cela remontait à si longtemps...

— Que se passe-t-il entre Constance et toi ?

La voix fluette de son petit frère atteignit Liam tel un raz de marée. Son palpitant s'emballa et il sentit le rouge lui monter aux joues. Impossible que Florent ait capté quoi que ce soit ! De toute façon, il n'y avait rien entre Consty et lui...

— Alors ? insista-t-il en se positionnant de profil sur sa chaise afin de faire face à son aîné.

— Rien, souffla Liam.

Le hoquet le prit par surprise, l'empêchant de se ressaisir. Il demeura figé, allongé sur le dos.

— Si ! Je t'ai vu l'observer bizarrement !

Les moulures. Se focaliser sur les moulures du plafond et sur ce maudit hoquet...

— Alors ?

Si Florent parlait de ce regard à un adulte, Liam et Constance seraient fichus. Leurs parents avaient tout fait pour les séparer : punitions, discussions, sermons... Ce qu'ils avaient partagé n'existait plus. N'avait plus le droit d'exister. Encore moins à quatorze ans, alors qu'ils s'éveillaient progressivement au sexe opposé... Liam devait se reprendre. Maintenant.

Il bascula sur le côté pour planter son regard le plus autoritaire dans celui de son petit frère, qu'il dominait du haut de sa mezzanine.

— J'ignore ce que tu as cru voir, Florent, mais Constance m'a simplement remis la lettre de Hetty.

L'enfant se renfrogna.

— Tu ne l'as même pas remerciée. Elle est probablement sortie en claquant la porte à cause de cela.

Liam se décontenança. Peut-être... Sûrement. Bien sûr que Constance affichait cet air contrarié à cause de son impolitesse ! Non pas en raison d'une stupide fille vivant de l'autre côté de la Manche ! Non pas pour lui montrer que l'indifférence feinte de Liam des derniers mois la touchait.

L'adolescent se laissa aller sur le dos. Comme il pouvait être bête, parfois. Surtout lorsqu'il s'agissait de Constance.

— Tu as intérêt à t'excuser auprès d'elle. Tu sais comme père tient « au respect sous ce toit », imita Florent en se repositionnant face au bureau.

— Oui, oui.

Une boule de tristesse se forma dans sa trachée. La vérité, sortie de la bouche de l'enfant, comme disait si bien l'adage, le bouleversait. Sous sa paume droite, il sentit l'enveloppe rugueuse abandonnée là au cours de la discussion. Il devait se concentrer sur son avenir. Le choix de son futur lycée. Hetty et ses lèvres sucrées.

Il se remémora la stupeur qui avait suivi son geste spontané. Son cafouillage. La vision des doigts longs et pâles de la jeune fille. Ses ongles parfaits à la lunule couleur de crème. Des mains de pianiste, comme lui, qu'il avait trouvées magnifiques.

Se superposèrent celles de Constance qui hissait le plateau jusqu'à lui. Son épiderme abîmé par le labeur quotidien, les multiples coupures sur ses phalanges, ses ongles courts, un peu sales. La sensation de douceur légèrement fripée lorsque sa paume humide avait effleuré la sienne, près de deux ans plus tôt sous la véranda.

Son cœur s'envola. Liam était persuadé qu'en temps normal, les mains de Consty devaient être rugueuses. Cela ne diminuait en rien le velouté de ses gestes. Comment un simple mouvement pouvait-il lui procurer plus d'effet qu'un baiser ?

Liam savait ce qu'on attendait de lui : des études réussies, apprendre le métier auprès de son père et de son grand frère, puis développer l'entreprise, se marier avec une jeune fille comme Hetty, avoir des enfants.

Il acceptait tout cela. Il trépignait à l'idée de sa carrière professionnelle, qu'il se figurait grandiose. Mais dans son imagination, Consty n'était jamais loin. Elle n'était pas une bourgeoise au teint parfait et au port altier, mais elle éveillait un lui un tourbillon d'émotions difficile à démêler.

Il cloisonna mentalement ces sensations par trop connues. Il se focalisa ensuite sur l'enveloppe parme et se força à replonger dans ses souvenirs. Des souvenirs dans lesquels Constance n'apparaissait pas.

Chapitre 7 – 1910 – 14 ans – quelques mois plus tôt

Liam, assis sur le banc près de la roseraie dans le jardin de sa grand-mère, lisait *Les Aventures de Tom Sawyer*. Il bénéficiait aussi de la caresse du soleil, enfin réapparu après une semaine pluvieuse. Il savait la météo estivale de Grande-Bretagne peu clémente, mais à ce point ! Même chez lui, en Normandie, il faisait meilleur... Mais Liam ne voulait pas penser à son foyer. Sa grand-mère Adélaïde l'accueillait pour les grandes vacances, il désirait en profiter pour découvrir la capitale et pratiquer l'anglais, indispensable pour garantir l'expansion de l'entreprise familiale, plus tard, lorsqu'il en reprendrait la gestion avec ses frères.

La silhouette d'un domestique lui fit relever la tête. L'homme en livrée dressait la table pour quatre personnes sous la pergola. Liam retourna à son livre, persuadé que son père et son aîné se joindraient à eux pour le thé. Aujourd'hui, ils devraient sûrement finir leur tournée commerciale assez tôt.

Quelle ne fut pas sa surprise lorsque son aïeule arriva, suivie de son amie madame Cavendish et d'une jeune fille d'à peu près son âge. Liam approcha, les présentations furent faites entre Henrietta et lui-même, puis le reste du goûter se passa à se jeter de fréquents coups d'œil et à écouter les deux grands-mères converser.

— Hetty vient souvent me rendre visite durant l'été. Son père, en tant qu'ambassadeur, voyage beaucoup et son épouse l'accompagne.

— Bien sûr. Vous vous tenez ainsi compagnie, n'est-ce pas ? Mon petit-fils séjourne ici encore deux semaines, puis il retournera en France.

— En France ! s'exclama Henrietta en le dévisageant. Oh ! Pardonnez mon indélicatesse, se reprit-elle aussitôt en rougissant.

Liam ne savait pas quoi répondre. Son père était anglais, certes, mais il avait progressivement lâché la retenue de rigueur dans son pays natal. Devant l'air embarrassé de l'adolescente, Liam comprit pourquoi la France avait une réputation outre-Manche si exotique : son peuple ne s'excusait pas pour une exclamation de surprise et une touche de curiosité bien loin d'être mal placée !

— Liam se fera un plaisir de te raconter la vie là-bas, mon enfant. Allez donc vous installer sur le banc.

D'un geste tremblotant, Adélaïde désigna l'assise de bois blanc derrière elle sur laquelle gisait le roman de Liam.

— Mais restez en vue, ordonna madame Cavendish.

— Bien sûr, grand-maman.

Liam s'empourpra en se redressant. Au dernier moment, il se souvint que la bienséance voulait qu'il tire la chaise d'Henrietta dans le but de l'aider à se relever. La jeune fille rosit de plaisir devant cette marque d'attention.

*

— Bonjour, Madame Roy.

— Oh ! Miss Henrietta ! Liam se trouve quelque part dans le parc. Pardonnez-moi chère enfant, mais une vilaine toux ne me quitte pas. Mon jardinier Edward vous chaperonnera.

— Avez-vous besoin de quoi que ce soit, Madame Roy ?

— Cela ira, Hetty, merci.

Adélaïde désigna la clochette posée au centre d'un napperon sur la petite table de bois vernis.

L'adolescente lui adressa un charmant sourire. La femme de chambre arriva sur ces entrefaites, chargée d'un plateau, d'une tasse de thé et de quelques biscuits. Après avoir confortablement installé sa maîtresse, elle conduisit Hetty au jardin, où Liam, en équilibre sur une échelle, cueillait des cerises. Le garçon en enfourna une bien rouge et sucrée dans sa bouche.

— Gourmand ! le salua Henrietta en anglais alors qu'elle levait la tête vers lui.

Depuis presque deux semaines qu'ils se fréquentaient quasi quotidiennement, Hetty s'était progressivement détendue, mais aujourd'hui, elle se surpassait ! Liam n'aurait jamais imaginé qu'elle ose le saluer de la sorte.

Il lui adressa un franc sourire. À demi cachée sous son ombrelle de dentelle écrue, la jeune fille rosit. Il sentit son rythme cardiaque s'accélérer. Hetty avait lâché ses longs cheveux bruns ondulés, au lieu de ses habituelles tresses qui la faisaient paraître fillette. Cela lui allait bien : sa peau de porcelaine contrastait avec cette cascade sombre. On aurait dit une île lunaire prise entre des flots ondoyant sous la brise.

Le garçon, un panier sous le bras, entreprit de redescendre de son arbre. Une fois parvenu en bas, il proposa des cerises à son amie, mais elle refusa. Sous l'air étonné de Liam, elle révéla :

— Je pourrais me salir.

Puis elle pouffa, attendrie :

— Toi, le Français, je dois t'expliquer toutes les politesses !

Il pensa à Constance, à sa manière de grignoter le fruit en laissant le noyau attaché à la queue. Elle finissait immanquablement avec du jus sur les doigts, qu'elle léchait ensuite sans façon ! Le pétillement habituel lui chatouilla le creux du ventre, mais il oblitéra cette sensation qu'il n'expérimentait que trop souvent et qui, invariablement, se terminait en vague de tristesse.

Constance s'abandonnait progressivement à Baptiste. Constance était, de toute façon, l'incarnation de l'interdit pour lui. Il devait se la sortir de la tête.

Il répliqua :

— Je devine que cela ne t'ennuie pas.

Ils échangèrent un regard charmeur.

— Bien au contraire, avoua Henrietta dans un murmure.

Terriblement gênée par son aveu, elle se détourna.

— Allons marcher, proposa Liam en la dépassant.

Il ignorait comment réagir. Il ne voulait pas plonger Hetty dans l'embarras, pourtant, il mourait d'envie de lui dire à quel point il se sentait flatté. Il songea qu'il avait précisément besoin de cela pour tracer une croix définitive sur le visage de Consty, ancré dans sa mémoire.

— Parle-moi encore de ta pension, Hetty.

Il accentua son prénom. Il présumait, à ses rougeurs, qu'elle appréciait sa prononciation à la *frenchie*.

— Raconte-moi plutôt la France. Ton pays te manque-t-il ?

— J'y retourne dans deux jours, rit-il en laissant ses pas le guider à travers le potager.

Il aimait s'émerveiller devant les milliers de butineurs qui se régalaient des fleurs vouées à se transformer en légumes.

— Je sais. Je pars demain, moi.

— Déjà ? s'étonna Liam en se tournant vers elle.

Après tout, il ne s'était jamais demandé quand elle s'en irait chez ses parents ou en pension. Il pensait... Il l'ignorait, justement. Mais il s'imaginait qu'il s'éclipserait avant elle.

Hetty lui envoya un sourire peiné avant de chuchoter :

— Nous écrirons-nous ?

Liam s'arrêta derrière un massif d'hortensias aussi grand qu'eux. Henrietta tourna vers lui ses iris bleu délavé.

— Je l'espère, répondit-il, sincère. Peut-être ton père, en tant qu'ambassadeur, viendra-t-il en France ? Tu pourrais...

— Mes parents refusent que je les accompagne, avoua-t-elle.

Sa fossette au menton se creusa sous sa moue boudeuse.

— Et puis, même si c'était le cas, ils iraient probablement à Paris.

— Mais vous débarqueriez au port du Havre.

Hetty haussa une épaule.

— Très bien, capitula Liam. Je reviendrai donc te tenir compagnie sur le sol anglais.

Elle afficha une telle joie qu'il avança d'un pas dans sa direction, heureux d'être à l'origine de son bonheur. Il était capable de procurer ces sensations à une jeune fille... Une demoiselle plutôt jolie, qui plus est ! À peine cette pensée l'eut-elle effleuré, que l'image de Constance s'imposa devant sa rétine. Son chignon de femme, ses lèvres ourlées, son regard d'azur, ses taches de son...

Mais Hetty en avait profité pour effacer la distance entre eux. Le portrait de Consty éclata comme une bulle de savon tandis qu'elle murmurait :

— Je t'attendrai.

Sa bouche fine se posa une demi-seconde sur la joue de Liam. Elle papillonna des paupières, joueuse. Liam, étourdi, se pencha et l'embrassa pour de bon.

Chapitre 8 – 1910 – 14 ans

Ghislaine pouffa en se tournant davantage vers Constance. Ses pieds trempaient paisiblement dans l'eau, puis entamèrent un mouvement de balancier de plus en plus intense, provoquant la fuite des petits poissons venus se repaître de leurs peaux mortes. Constance s'amusa de l'agitation de sa meilleure amie et se pencha légèrement en arrière pour s'assurer de son origine. En appui sur ses paumes chatouillées par l'herbe rase, un sourire coquin étira la commissure de ses lèvres pleines :

— Jean-François te dévore des yeux.

Ghislaine hoqueta et piqua un fard. Aussitôt, elle s'empressa de couvrir ses oreilles écarlates de ses longs cheveux châtains.

— Heureusement que je suis dos à lui ! s'exclama-t-elle.

Le mouvement trop brusque de ses pieds les éclaboussa.

— Oh ! quelle idiote ! Excuse-moi, Constance.

Les deux jeunes filles se relevèrent dans le but de s'éloigner d'un bon mètre sur le rivage. Elles replièrent leurs jambes sous leur robe pour se réchauffer.

— Ce n'est pas grave, la rassura-t-elle en étalant sa jupe autour d'elle afin qu'elle sèche au soleil printanier.

Ses pieds, au niveau de ses cuisses, la glacèrent. Constance réprima un frisson avant de reporter son attention sur la bande de garçons installée à même le muret de pierre. Ils surplombaient ainsi les larges berges herbeuses piquées de feuillus. Récemment, des bancs avaient été bâtis contre le mur, suffisamment loin pour ne pas être emportés par les crues hivernales.

— Ils nous observent encore ? interrogea Ghislaine, pleine d'espoir.

— Ils chahutent.

Les cris des quatre adolescents leur parvenaient de plus en plus distinctement. Constance jugeait ces villageois un peu bêtas, mais elle ne disait rien par égard pour Ghislaine, éprise de Jean-François depuis quelques semaines. Elle avait déjà croisé plusieurs fois par hasard Liam et ses deux amis au village, et eux, au moins, se comportaient avec décence. Ils riaient un soupçon fort, certes, mais ne se donnaient pas en spectacle pour autant. Quant à Baptiste, il n'avait tout simplement plus le temps de s'amuser ici. Son père souffrant et son oncle à la conduite douteuse le privaient de tels moments sans souci. Constance l'avait vu mûrir ces derniers mois, devenir un homme à la carrure virile et à l'air réfléchi.

— Tu as le regard rêveur, peut-être même... amoureux ? susurra Ghislaine en se penchant vers elle.

Ses grands yeux marron clair, un peu trop écartés, se plissèrent. Son expression saugrenue fit rire Constance.

— Le courtois mais pas moins musclé Baptiste te manque-t-il à ce point que tu préférerais être avec lui plutôt qu'avec moi, ta meilleure amie ?

Ghislaine pouvait paraître timide, voire effacée, pour quiconque ne la connaissait pas, mais dès que la jeune fille offrait sa confiance, elle dévoilait un nouveau visage. Non seulement elle ne gardait pas sa langue dans sa poche, mais elle adorait jouer la comédie. « Comme Sarah Bernhardt », lui avait-elle livré deux ans plus tôt en lui montrant un article de journal chiffonné d'avoir été lu et relu.

La remarque de sa meilleure amie interpella Constance, qui cessa de rire. C'était vrai : en cet instant, elle songeait à

Baptiste. Mais était-elle réellement amoureuse ? Ses sentiments pouvaient-ils se deviner si aisément ? Aussitôt, elle pensa à Liam.

— Oh ! Je suis navrée, Constance. Je ne voulais pas...

— Ne t'en fais pas. C'est juste que... je me sens parfois un peu perdue concernant les garçons.

Elle avait lâché cette information à voix basse, comme si elle en prenait tout juste conscience.

— Ah bon ? Baptiste ne te plaît pas ?

Ghislaine n'en revenait pas. En même temps, depuis un an que le fermier courtisait Constance, celle-ci ne lui avait jamais laissé penser qu'elle doutait. Comment l'aurait-elle pu ? Elle craignait trop d'être percée à jour au sujet de Liam. Elle avait confiance en Ghislaine, mais ce qu'elle ressentait pour le fils de son patron appartenait aux sujets tabous. Un bourgeois et une domestique ne s'aimaient pas. C'était inconcevable. Irréaliste. Il ferait un bon mariage avec une demoiselle fortunée. Quant à elle...

— Tu es repartie dans tes songes. Et tu n'as pas répondu à ma question.

— Pardon, Ghislaine. Baptiste est...

En fait, si Liam n'existait pas, Baptiste aurait pu ravir mon cœur.

Ce constat fit monter une vague d'amertume en elle. Liam l'ignorait depuis presque un an. Du jour au lendemain, il ne lui avait plus adressé le moindre regard, la moindre considération. Envolées, leurs petites réunions secrètes dans la bibliothèque ! Il ne méritait même pas qu'elle pense à lui.

— Baptiste est absolument charmant. C'est juste que depuis que son père est alité, j'ai à peine le temps de le croiser le matin. Nous échangeons les bouteilles de lait et puis voilà.

— Il te manque, c'est cela ?

Ghislaine ne la laissa pas répondre qu'elle soupirait :

— Ah ! C'est tellement romantique ! Je me languis que Jean-François prenne son courage à deux mains pour oser me parler...

La mine dépitée, Ghislaine tourna la tête pour lancer un regard dégoulinant d'espoir vers l'intéressé, occupé à projeter des cailloux dans le saule pleureur avec ses copains.

— S'il me demandait de l'épouser, je crois que je dirais « oui » tout de suite.

Constance manqua de s'étouffer avec sa salive, mais son amie ne le remarqua pas, focalisée sur celui qui faisait battre son cœur.

— Oh ! s'exclama la bande à l'instant où un nid dégringolait de l'arbre.

Les filles perçurent le léger chuintement des œufs qui éclatèrent dans l'herbe drue. Écœurées, elles s'observèrent.

— *Carabots*[2] ! s'écria la vieille aux tourterelles.

L'ancêtre excentrique du village brandit sa canne et les chenapans, hilares, déguerpirent. Ghislaine rougit, probablement honteuse de la méchanceté gratuite dont venait de faire preuve Jean-François. Constance vola à son secours en poursuivant leur conversation :

---

[2] Voyous ! (En patois normand.)

— Tu aimerais pouvoir te marier maintenant, mais cela ne t'enlèverait pas le poids de ta famille. Je te connais, tu trouverais quand même le temps d'aller aider ta mère.

Ghislaine hocha la tête. Constance avait deviné ses tourments.

— Je crois qu'elle est encore enceinte, lâcha l'adolescente en torturant un brin d'herbe. On mange à peine avec le revenu de ma grande sœur et celui de mon père... Et elle ne s'en sort pas avec mon petit frère et ma petite sœur. Franchement, je ne sais plus quoi faire. Rester à la maison et continuer de l'aider ou trouver un emploi ? J'ai quatorze ans maintenant. Je peux travailler. Et puis... cela me permettrait de quitter cette bicoque si sombre...

Constance ne comprenait que trop bien le besoin d'indépendance de sa meilleure amie. La tempête de décembre dernier avait arraché plusieurs tuiles au niveau de la chambre qu'elle partageait avec Mady. Les deux domestiques avaient été relogées dans la pièce d'à côté, utilisée comme remise. À la fin des travaux, après une énième dispute avec sa mère concernant ce géniteur dont elle refusait de parler, Constance avait osé demander à monsieur Roy d'avoir son propre espace. C'est-à-dire de rester dans l'ancien grenier. Après tout, c'était normalement inclus dans le contrat qu'ils avaient enfin signé. William avait froncé les sourcils avant d'y consentir du bout des lèvres en lui signifiant qu'il lui laissait le soin de l'apprendre à Mady.

Quatorze ans, cela annonçait le début de la liberté pour Consty. Elle comprenait que Ghislaine, qui vivait une situation plus pénible que la sienne, tente par tous les moyens d'en sortir. Quitte à accepter un mariage trop tôt (même si ses parents refuseraient assurément) ou un travail.

— Tu crois que monsieur Roy cherche quelqu'un dans son usine ? Une lavandière peut-être ?

— Je peux lui demander.

De toute façon, au village, il n'y avait pas grand-monde qui employait mis à part les Roy... Ghislaine ne se sentait sûrement pas de partir au Havre. Pas encore, du moins.

— Alors, que préfères-tu chez Baptiste ? s'enquit son amie, rassérénée.

Comme souvent, Constance envia la facilité avec laquelle Ghislaine chassait ses préoccupations. Un rien la rassurait... Consty, elle, avait plutôt tendance à ressasser.

Elle prit quelques secondes pour réfléchir à sa réponse, puis avoua :

— Sa façon de positionner son béret. Un peu de côté, tu sais... Cela accentue son regard brun...

— Cela lui donne surtout un air canaille, si tu veux mon avis !

— Sauf quand ses cheveux bouclés commencent à repousser... Alors là, il ressemble plutôt à un ange.

Un léger sourire s'épanouit sur le visage de Constance et elle sentit un petit pincement au cœur assez agréable.

— Tu as de la chance, Constance. L'homme qui s'intéresse à toi est vraiment beau garçon, avouons-le.

— Je ne sais pas pourquoi je lui plais..., murmura-t-elle.

Elles en avaient déjà parlé. Constance avait deux ans de moins que Baptiste. Elle n'avait rien d'une femme : ses hanches tardaient à s'arrondir et ses seins commençaient à peine à pousser. C'était sans évoquer sa petite taille. Pourtant, Baptiste lui avait plusieurs fois susurré qu'il la trouvait belle.

— Si tu veux mon avis, le plus important est qu'il va bientôt demander ta main à ta mère... Tu vas être fiancée !

— Je ne crois pas, non. Je te l'ai dit, sa situation familiale se complexifie davantage chaque jour. Et puis... nous ne nous sommes pas encore assez fréquentés pour être sûrs de...

Constance haussa les épaules, à la recherche de ses mots.

— Pour être certains de s'entendre au quotidien.

— Tu es si terre-à-terre...

Peut-être manquait-elle un peu de romantisme, effectivement. Mais elle préférait regarder la réalité bien en face plutôt que de se laisser bercer d'illusions : ces dernières se fracassaient forcément contre la première. S'engager auprès de Baptiste signifiait passer le reste de sa vie dans une ferme. Sa mère l'avait préparée à servir dans une demeure cossue. Constance ne s'était jamais vraiment projetée dans l'avenir, mais elle atteignait cet âge où les possibilités commençaient à se matérialiser.

Et Liam ne fait définitivement pas partie des chemins qui s'offrent à moi. À moins que je le suive lorsqu'il se mariera...

Son être entier se révolta contre cette idée. Elle n'osait même pas imaginer les conséquences d'un tel choix. Pour effacer cette image une bonne fois pour toutes, elle décréta :

— Cette année, Ghislaine, emparons-nous de notre destin. Dès ce soir, je solliciterai monsieur Roy pour ton emploi. Demain matin, je demanderai à Baptiste de m'accorder plus de temps.

— Constance, déclara son amie avec solennité, ta volonté m'impressionnera toujours.

Après quelques secondes de silence, Ghislaine ajouta :

— Es-tu sûre que prendre l'initiative plaira à Baptiste ?

Consty haussa une épaule. La bienséance l'empêchait de formuler un tel vœu... Une fille ne faisait pas d'avances à un garçon ! Oserait-elle ? Plus elle grandissait, plus elle vivait quotidiennement ces injonctions et plus celles-ci lui pesaient... Mais ne pas s'y soumettre signifiait se mettre au ban de la société. Constance ne le souhaitait pas, et pourtant...

— S'il est un bon mari, il acceptera que je formule mon opinion.

— Tu ne crains pas qu'il le prenne mal ? Un peu comme si tu sous-entendais qu'il ne sait pas te courtiser ?

— Cela est possible, bien sûr. Mais comme toi, j'ai besoin de voir des changements concrets dans ma vie. Si Baptiste est un époux respectueux, alors il accédera à ma requête.

Elle ignorait d'où elle tirait une telle affirmation, mais Ghislaine acquiesça, convaincue elle aussi. Les deux amies se sourirent, complices, comme toujours depuis l'entrée de Constance à l'école. Depuis qu'elles partageaient le même banc, bien qu'elles l'aient quitté quelques mois plus tôt.

— J'espère que monsieur Roy aura du travail pour moi. Je redoute de devoir partir du village... Je détesterais te dire adieu.

Ghislaine pressa sa paume calleuse contre celle de Constance, dans un état similaire.

— Nous nous écririons, assura cette dernière.

La tristesse l'enveloppa soudain comme un châle. Ghislaine opina. Elles frissonnèrent au même moment et, d'un commun accord, décidèrent de rentrer. Si c'était le jour de repos de Constance, Ghislaine, elle, ne connaissait pas ce luxe.

Liam terminait de lacer ses souliers dans le hall tandis que sa mère ajustait son large chapeau de paille piqueté de roses blanches. D'un geste habile, elle replaça le ruban de satin bleu pâle qui habillait le couvre-chef. Jeanne Roy dégageait une classe naturelle qui ne cessait de charmer son fils. Depuis que l'entreprise paternelle florissait, elle en profitait pour le montrer.

Satisfaite de son image, la maîtresse de maison poussa la porte entrebâillée de la cuisine. Liam aperçut Mady malaxer une boule de pâte sur la table.

— Madeleine, j'emmène Liam et Florent assister au spectacle de marionnettes sur la place du village.

Liam se redressa et, désormais plus grand que sa génitrice, avisa le regard voilé de la bonne. Jeanne le releva également, puisqu'elle déclara :

— Dites-moi tout, Mady.

Liam nota la légère inflexion sur le surnom de Madeleine. Jeanne tenait à elle. Il ignorait ce qu'elles avaient partagé (peut-être était-ce même encore d'actualité, bien qu'il en doutât, car il l'aurait forcément remarqué), mais cela avait lié les deux femmes.

— Je devais y accompagner Constance et Baptiste. Le pauvret patiente déjà dans la rue...

L'adolescent n'entendit pas le reste de la phrase. La jeune fille descendait les escaliers, talonnée par Florent. Sa robe de la couleur du caramel rappelait vaguement celle de sa chevelure. Ses boucles flottaient librement sur ses épaules ; une pince retenait seulement deux mèches, celles au niveau de ses tempes, à l'arrière de son crâne. Le souffle de Liam se bloqua dans sa cage thoracique. Ciel ! comme il aimait les cheveux longs de Constance ! Et comme il désespérait de les voir relâchés plus souvent !

— Je saisis. Voudriez-vous que je les chaperonne ?

Une douche glacée rinça Liam. Constance arrivait à sa hauteur et s'excusait auprès de Jeanne afin de pénétrer dans la cuisine. Sans un regard pour lui. Elle lui apparaissait si belle... Mais elle destinait cette coquetterie à Baptiste.

Florent le bouscula sans ménagement pour attraper ses bottines d'enfant.

— Oh ! cela m'arrangerait beaucoup, Madame.

Les traits de Liam affichèrent une stupeur semblable à celle de Constance. Ah ça ! Il refusait de tenir la chandelle entre elle et l'autre ! C'était au-dessus de ses forces. Il ne s'imaginait pas un instant être le témoin de leur idylle durant tout un spectacle !

Il s'apprêtait à prétexter un mal de ventre subit pour rester à la maison lorsque Florent, correctement chaussé, se redressa vivement devant lui :

— Ah ! Que cela est excitant ! Je te l'ai dit, n'est-ce pas ? Basile les a vus au Havre, il paraît qu'il y aura une explosion ! Une vraie, hein ! Et en fonction du vent, l'odeur de la poudre vous chatouille les narines !

Liam lui sourit avec tendresse.

— Effectivement, Florent. Tu me l'as répété au moins quatre fois hier soir avant de t'endormir.

— Je suis si exalté !

Spontanément, l'enfant attrapa sa main et la lui serra. Ses iris bruns scintillaient de plaisir. La veille, il lui avait aussi confié sa joie de partager ce moment : il était vrai que plus Liam grandissait, moins il prenait le temps de jouer avec lui...

— Constance, je comprendrais que ma présence te gêne. Après tout, il est tout à fait naturel que tu ne veuilles pas vivre une occasion si intime avec ta patronne. Je te propose donc de te chaperonner de loin. Je te promets que tu ne m'apercevras même pas. Qu'en dis-tu ?

— Cela sera très bien, Madame. Laissez-moi juste une minute pour me préparer et le rejoindre.

Liam encaissa ces paroles. Il tira un peu de réconfort dans la paume chaude du benjamin, encore nichée dans le creux de sa main. Pour son petit frère, il se concentrerait sur le spectacle de Guignol. Il occulterait le reste. Il devinait la tâche malaisée, puisque sa mère choisirait forcément une place qui lui permettrait de garder Consty à l'œil, mais il fournirait cet effort. Pour Florent, qui sautillait désormais partout comme un cabri.

— En route, les garçons !

Son nouveau chapeau, un canotier garni d'œillets roses, mettait en valeur sa chevelure châtaine. Chacune de ses boucles ondulait lorsque ses épaules se secouaient de rire. Comme maintenant.

Liam, hypnotisé, se força à se reconnecter au spectacle. Heureusement, ce n'était pas un instant très drôle, de telle sorte qu'il ne détonna pas en gardant un visage concentré. Il jeta un rapide coup d'œil à sa mère, installée sur une chaise, l'échine droite comme il convenait à son rang. Florent, entre eux, balançait ses pieds d'avant en arrière, accaparé par la pièce.

Liam posa une paume sur sa petite cuisse pour le faire cesser : le mouvement le dérangeait.

L'explosion tant attendue par l'enfant se produisit. Constance sursauta, attrapant par réflexe la main de Baptiste. Le jeune homme parut surpris, mais en profita pour la garder. La place qu'avait sélectionnée Jeanne, en hauteur, par rapport aux tourtereaux installés sur un tapis, ne permettait pas à Liam de se soustraire à leur vue. Le voulait-il seulement ?

Il pinça les lèvres pour les empêcher de trembler. Par ce simple geste, Constance l'avait propulsé deux ans auparavant, lorsqu'elle avait enlacé ses doigts pour le remercier de l'avoir aidée pour la lessive. Comme cela lui faisait mal de la voir offrir ce toucher à un autre !

Liam avait une conscience accrue de tout ce qu'il lui manquait pour arriver à la cheville de ce gaillard des fermes : des kilos de muscles, une barbe (et celle de Baptiste, du haut de ses seize ans, se révélait déjà bien fournie). Ce dernier tourna le visage vers Constance et lui sourit de toutes ses dents. Liam aperçut un point brunâtre : probablement une molaire abîmée.

Voilà au moins une chose que j'ai de mieux que lui physiquement... Ma dentition !

Il en aurait pleuré s'il ne s'était pas senti pas si amer.

Consty lui sourit à son tour, plus timide. L'attention de Baptiste quitta les prunelles que Liam savait bleues comme l'Atlantique pour dévaler le nez retroussé et s'arrêter sur les lèvres joliment dessinées de la jeune fille. Du coin de l'œil, Liam aperçut sa mère se redresser. Baptiste aussi, malgré la dizaine de mètres qui les séparaient.

Il s'empourpra aussitôt, la rougeur de sa peau tranchant avec la blondeur de ses cheveux et de sa courte barbe. Il se focalisa à nouveau sur la scène, tout comme Constance, sans pour autant lui lâcher la main.

Ils avaient failli s'embrasser ! En public !

Une perle de sueur dévala la tempe de Liam. D'un geste, il s'épongea le front. Le soleil tapait fort en cette fin mai. À moins que ce ne soit le soulagement. Le galop de son cœur ralentit progressivement. C'est à cet instant qu'il capta l'insistance de Florent. Le benjamin ne le lâchait pas des yeux, les sourcils froncés.

Il l'avait déjà surpris une fois, quelques mois plus tôt, quand Consty lui avait remis la lettre de Hetty. Liam avait nié, bien sûr. Cette fois-ci, le grand frère sut qu'il devrait faire très attention à ses réactions envers Constance lorsque Florent traînerait dans les parages.

— Liaaaam ?

— Mmh ?

— Si Constance épouse Baptiste, elle quittera la maison ?

— Arrête ces élucubrations, Florent. Elle a quatorze ans.

— Mais, insista le petit garçon en se retournant dans son lit, quand elle sera plus âgée, cela arrivera forcément, n'est-ce pas ? Avec Baptiste ?

Son frère détenait l'art et la manière de remuer le couteau que Liam gardait planté en plein cœur depuis cet après-midi.

— Je suppose qu'il ne la laissera pas travailler ici, oui, marmonna-t-il.

— Parce qu'il y a beaucoup à faire dans une ferme, n'est-ce pas ? Et puis, ils auront des bébés aussi... Cela m'a l'air de prendre beaucoup de temps, les enfants. Moi, je n'en aurai pas.

Liam fixa le plafond avec hargne. Dans la pénombre ambiante, il ne le distinguait même pas. Mais il s'imaginait sans peine la pièce du dessus, où il entendait Constance chaque soir se préparer pour se coucher. Il connaissait par cœur son pas fatigué. Le raclement du tabouret devant son bureau qui lui servait aussi de coiffeuse. Le grincement des ressorts de son lit.

Une larme perla au coin de ses yeux et s'échappa jusqu'à son oreiller. Cette proximité le tuait à petit feu. L'interdit de l'approcher, plus encore. La contempler en compagnie de Baptiste avait été le coup de grâce.

Il renifla.

— Liam ? Tu pleures ?

— Pas du tout. Dors, maintenant, ordonna-t-il d'un ton sans appel.

— Bonne nuit, grand frère.

Liam garda le silence. Une deuxième larme roula le long de son visage figé de douleur. Puis une autre... Et une autre... Lorsqu'une réminiscence violente le happa.

Lui, à la chasse avec son grand-père. Tout à son observation et son approche furtive du gibier, il ne vit pas la racine du chêne. Volumineuse. Moussue. Il chuta durement dans un bouquet d'orties. Aussitôt, il cria. Les larmes jaillissaient sans qu'il en ait conscience. Liam ne distinguait que le visage rubicond de son aïeul. La seconde d'après, il se tenait debout, sur la sente. Une gifle magistrale le cueillit.

— Un homme ne pleure pas ! Jamais ! reprends-toi !

La peine qu'il éprouvait se cristallisa au fond de son cœur. Dans la nuit dense, une dernière perle salée glissa le long de sa tempe. « Femmelette » résonnait à ses oreilles en boucle. Il se sentait précisément ainsi face à Baptiste, et il détestait ce sentiment.

D'un coup, ses illusions s'envolèrent. Il comprit dans son entière profondeur la cause de son chagrin. Celui-ci n'était pas seulement dû à la différence de physique entre l'autre et lui.

Aujourd'hui, maintenant, il saisissait qu'il n'aurait jamais l'occasion de glisser sa main dans celle de Constance en public. Ce simple geste lui était formellement interdit. Leur naissance les séparait. Elle les avait toujours séparés ; ils n'avaient juste jamais voulu le voir. Les adultes avaient essayé de les avertir, de les instruire du sens des convenances, mais Liam n'avait pas, jusqu'à présent, intégré aussi profondément leurs conséquences.

Désormais, c'était chose faite.

Comme souvent, Liam s'éveilla brusquement. Cette fois-ci, ce n'était pas un bruit quelconque qui l'avait tiré de son sommeil trop léger, mais une pensée : il avait oublié de prévenir les domestiques que son ami Marc passerait l'après-midi ici pour préparer un exposé. Aujourd'hui, jour de repos hebdomadaire pour Mady, ils se contentaient normalement des restes, notamment pour le goûter. Il espéra que Constance trouverait le temps de confectionner une bonne pâtisserie afin d'honorer la présence de son camarade. Pour ce faire, il devait l'avertir au plus tôt.

Liam attrapa son réveil de voyage pour aveugle, qu'il gardait coincé entre son matelas et le mur. Il débloqua le loquet et ouvrit les deux petits battants qui protégeaient le cadran. Le tic-tac résonna à son oreille. Précautionneux, il tâtonna à la recherche des aiguilles afin de lire l'heure manuellement.

Cinq heures dix.

Utiliser un appareil qui ne nécessitait pas de lumière l'aidait dans sa quête de rythme nycthéméral. Parfois, ses nuits étaient si hachées qu'il ne savait plus s'il lui fallait encore dormir ou si le moment de se lever approchait.

Cinq heures dix était l'heure idéale. Constance devait être debout, même s'il ne l'entendait pas, et si elle le pouvait, elle calerait un atelier pâtisserie dans son emploi du temps.

Liam descendit l'échelle dans le noir quasi complet. Grâce à la force de l'habitude, il se drapa de sa robe de chambre, posée sur un cintre sur le portemanteau derrière la porte, et sortit en enfilant ses chaussons d'un geste du pied assuré. Le palier du premier étage s'avéra à peine moins sombre que sa chambre.

Il noua la ceinture de satin autour de son vêtement brocardé et entreprit de descendre, solidement guidé par la rampe. Au rez-de-chaussée, côté cuisine, un rai de lumière filtrait au niveau du détalonnage.

Et une voix d'homme.

— ... battu.

La main rivée à la poignée, il reconnut le soupir de Constance. Liam ignorait quoi faire. La situation se révélait trop incongrue.

— Ne bouge pas.

L'adolescent ne put se contenir plus longtemps. L'inflexion de Consty, à la fois tendre et ferme, piqua sa curiosité. Et autre chose, aussi. Il *devait* savoir. Il poussa la porte sans réfléchir.

La jeune fille sursauta violemment. L'homme, assis sur une chaise, se recula vivement. Pas assez vite. Liam sentit son cœur accélérer comme un fou. La jalousie lui brûla les veines à l'instar d'un poison.

— Liam.

Son regard se détacha de Baptiste pour accrocher celui de son ancienne amie, debout derrière la table. Sa main gauche restait suspendue dans son geste, un torchon mouillé roulé en boule dans le creux de sa paume.

Elle le soignait, comprit-il. *Elle pansait l'œil au beurre noir de... ce salaud,* aurait-il voulu ajouter intérieurement.

Mais la mine défaite du jeune homme de dix-sept ans l'en empêcha. Et puis, son coquard enflait chaque seconde. Le coup était récent.

Liam percuta alors plusieurs choses simultanément : Constance ne l'avait pas appelé « Monsieur » ; Madeleine brillait par son absence, ce qui signifiait qu'ils se côtoyaient sans chaperon ; et Baptiste et elle, à leur éloignement immédiat, savaient qu'ils se tenaient beaucoup trop proches l'un de l'autre.

Elle aurait dû lui donner le torchon et reprendre une distance convenable. Pour ce qu'il en jugeait, le gaillard pouvait tout à fait se servir de ses bras.

Le cœur de Liam dégringola dans ses talons.

Figés tous les trois dans cette cuisine proprette typique de la Belle Époque, le temps continua de s'étirer, tout comme le silence. Liam et Constance ne se lâchaient pas des yeux. Le regard brun de Baptiste voguait de l'un à l'autre.

— Bonjour, monsieur, intervint-il en se levant, comme le voulait la bienséance.

Rien qu'à l'idée de lui accorder une once d'attention supplémentaire, l'estomac de Liam se souleva. Mais il était bien élevé. Il se força donc à tourner la tête vers lui, ce géant aux cheveux blonds, afin de le saluer. Alors qu'il mourait d'envie de le mettre à la porte. De crier à Consty de ne pas se compromettre de la sorte. Que lui, Liam, il...

— Je suis...

— Mon ami Marc sera présent pour la collation de cet après-midi, coupa Liam à l'adresse de Constance.

Elle hocha la tête. Ses taches de rousseur tranchaient sur sa peau pâle. Elle n'avait pas l'air dans son assiette.

— Tout va bien ? s'enquit-il en approchant d'un pas.

Silencieuse, elle opina à nouveau, plus vivement cette fois-ci.

— Souhaites... Souhaitez-vous manger maintenant ? Euh... le petit-déjeuner sera prêt dans dix minutes...

Liam, à présent dans la pièce, remarqua les casseroles sur le fourneau derrière lui et, plus loin, le chariot sur lequel Constance empilait bols et couverts. Baptiste l'avait interrompue en plein travail. Quelque part, cette constatation le soulagea. Cette situation se révélait exceptionnelle. Ils n'avaient pas pour habitude de se rejoindre le jour de congé de Madeleine.

Au faciès marqué par l'attente de Consty, Liam retrouva ses mots. Avait-il faim ? Pas du tout, non. Pas après les avoir découverts quasiment l'un contre l'autre, l'épaule de Baptiste collée contre la poitrine de la jeune fille, et elle, penchée sur son visage, la main droite sur sa nuque.

D'un autre côté, dire « oui » revenait à couper court à leur rapprochement.

Baptiste se racla la gorge en prenant son béret râpé par l'usure, qu'il avait abandonné un peu plus tôt sur la table.

— Je vais me contenter d'une pomme, improvisa Liam en avisant la corbeille joliment tressée sur le buffet derrière celle qu'il aimait.

Aussitôt, Constance en attrapa une. Baptiste, désormais debout, les dominait de son mètre quatre-vingt-dix. Consty, trente centimètres de moins que lui, paraissait minuscule. Que dire de Liam, alors ? Comparé au fermier, il ressemblait à une baguette.

Constance lui tendit le fruit rond aussi rouge qu'un coquelicot. Il la remercia tandis que Baptiste replaçait sa chaise. Déboussolée, Constance ne savait pas à qui accorder son attention, son regard naviguait de l'un à l'autre.

Liam et Baptiste se jaugèrent une fraction de seconde. Suffisamment pour que le jeune bourgeois saisisse le dédain du laitier. Assez pour que le laitier comprenne la tempête émotionnelle qui ravageait Liam.

Les sourcils drus de Baptiste se froncèrent et il croisa les bras sur son torse développé. La bienséance voulait qu'il prenne congé : Liam était ici sous son toit. Le paysan, lui, n'avait rien à y faire. Mais la rivalité entre les deux adolescents saturait progressivement la pièce. Sortir maintenant équivalait à capituler. Constance valait la peine que l'on se batte pour elle, quitte à écorner l'étiquette.

Affolée, la jeune fille ne savait plus quoi faire pour désamorcer cette situation qu'elle ne comprenait pas. Il se jouait manifestement quelque chose, mais elle ne saisissait pas quoi !

Derrière elle, l'horloge carillonna la demie. Cinq heures trente et l'eau ne bouillait toujours pas ! Le gong sonna la reprise du cours de leur vie, à son grand soulagement. Liam la remercia avant de se détourner pour quitter la cuisine. Son visage défait la frappa en plein cœur. Au même instant, Baptiste prit la parole à voix basse :

— On en reparlera, Constance. Mais oui, j'accepte ton aide.

Liam n'avait pas refermé la porte.

— Cela va-t-il aller, pour ton œil ?

Inquiète, elle analysa sa paupière gonflée qui virait au violet foncé. Avec la louche prévue à cet effet, elle puisa de l'eau dans le seau pour en imbiber son torchon. Elle le tendit ensuite à Baptiste.

— Remets encore un peu de froid...

Il lui sourit, de cette contraction un peu tordue qui ne dévoilait pas ses dents. Dans ces moments-là, Constance avait la sensation d'être la meilleure femme que cette terre portait.

— Ne t'inquiète pas pour moi.

Elle lâcha un petit soupir qui signifiait « Cesse donc tes âneries, évidemment que je me fais du souci. Tu t'es bagarré avec ton oncle ! », mais ne dit rien. À la place, elle s'approcha de lui :

— Je te raccompagne.

Cette fois-ci, le fermier lui offrit un large sourire satisfait. Il ouvrit le battant juste derrière lui, alluma et, d'un geste, invita la bonne à passer en premier.

Constance s'apprêtait à déverrouiller l'entrée des domestiques lorsque Baptiste posa sa grande main calleuse sur la sienne. Surprise, elle releva le visage vers lui. Son corps massif formait un rempart avec le plafonnier, de telle sorte qu'elle se trouvait complètement dans l'ombre. Les prunelles noisette du jeune homme accrochèrent le bleu profond des siennes. Puis son regard descendit jusqu'à sa bouche, pour remonter lentement et s'arrimer de nouveau à ses anneaux océaniques.

Le souffle de Constance se bloqua dans sa cage thoracique. Il allait l'embrasser ! Pour la première fois, depuis deux ans qu'il la courtisait, Baptiste allait l'embrasser !

Son cerveau disjoncta.

Le corps massif du laitier sembla engloutir Constance.

Ses lèvres fines effleurèrent celles, pulpeuses, de l'adolescente.

— À demain matin, souffla-t-il en ouvrant la porte sur l'aube naissante.

La bourrasque fraîche cueillit Constance. Les pieds à nouveau sur terre, elle adressa un signe de la main à son prétendant avant de refermer derrière lui.

Que ressentait-elle ? Elle était bien incapable de le verbaliser. Elle avait chaud dans tout son corps, mais froid dans son cœur. En remontant à l'étage, elle avait l'impression de marcher sur des petits nuages, tout en portant un sac de plomb sur les épaules. Revenue dans la pièce, elle avisa la porte de la cuisine toujours ouverte. Songer à Liam compressa sa poitrine.

Quelqu'un descendait les escaliers. Elle reconnut les pas de son ancien ami. Elle ne bougea pas, incapable de contenir la vague d'espoir puissante qui lui coupait presque les jambes. Liam allait venir. Ils parleraient. Enfin. Après deux ans à s'ignorer, alors qu'elle souffrait terriblement de cette situation… La surprendre avec Baptiste lui avait peut-être fait l'effet d'un électrochoc ? Peut-être avait-il réalisé qu'elle lui manquait ?

Sans un regard pour elle, l'adolescent s'arrêta dans le petit hall, enfila les chaussures qu'il utilisait pour la gymnastique au collège et sortit sans un bruit.

Elle pinça ses lèvres l'une contre l'autre.

Ces mêmes lèvres que Baptiste avaient touchées des siennes. Juste après avoir accepté son aide à la ferme, chez lui. L'excitation bouillonna dans son ventre. Mais l'attitude étrange de Liam la hantait. L'adolescente ferma les paupières, comme pour se couper de ce monde, de cette réalité qu'elle supportait de moins en moins.

— Où étais-tu, fils ?

— Je suis allé courir, père.

Liam, en nage, essuya d'un revers de manche son front luisant. Jeanne, attablée, fronça son nez aquilin en signe évident de dégoût. Son enfant puait et poissait. La course à pied demeurait rare. Liam la pratiquait en tant qu'écolier, mais de là à prendre cette initiative sportive un dimanche...

Son père le détaillait, dans l'expectative. Que pouvait répondre le jeune homme ? Qu'il avait surpris celle qu'il aimait au chevet d'un autre ? Probablement son futur mari ? Qu'elle s'inquiétait pour lui ? L'avait raccompagné ? S'était sciemment isolée avec lui ? Que leur tête-à-tête avait duré bien trop longtemps pour rester vierge de tout soupçon ?

Liam avait couru. Ou plutôt, il avait fui. Fui son cœur en lambeaux, sa jalousie infecte et sa tristesse douce-amère. Si cela l'avait calmé un peu, à présent qu'il se tenait à nouveau sous ce toit, il sentait le chagrin revenir, s'immiscer sous sa peau, ramper jusqu'à son organe vital.

Instinctivement, il se retourna. Constance, derrière son chariot de service, droite dans sa robe noire de domestique et son impeccable tablier blanc, attendait qu'il se décale pour pouvoir pénétrer dans le salon-salle à manger. Elle gardait la tête légèrement baissée. Cela soulagea Liam et le peina tout autant. Il avait besoin d'un contact visuel avec elle même si celui-ci le dévasterait. Décontenancé par tous ces paradoxes, il lâcha un discret soupir.

— Apportez-moi de l'eau chaude dans ma chambre, s'il vous plaît.

Il n'avait même pas réussi à prononcer son prénom.

Elle hocha imperceptiblement la tête.

— Viens petit-déjeuner après ta toilette, lui ordonna William en retournant à sa tranche de jambon.

En tant qu'Anglais, il ne badinait pas avec ce repas. Si Liam refusait, sa famille soupçonnerait que quelque chose clochait. Elle s'en doutait déjà suffisamment sans qu'il le confirme... Il ne pouvait rien avaler, mais il accepta malgré tout.

— Vous lui laisserez une assiette, Constance. Vous pourrez la débarrasser plus tard. Dans l'immédiat, nous n'attendons pas de visite et votre emploi du temps est chargé.

— Bien, Monsieur.

Liam se déplaça enfin, permettant à l'adolescente de poursuivre son service. Ses chaussures à la main, il grimpa les marches deux par deux jusqu'à sa chambre, où il les rangea dans le bas de son armoire.

Il ne lui restait plus qu'à éviter Constance lorsqu'elle ramènerait son seau d'eau chaude et à prétexter une fatigue passagère pour ne pas sortir de cette pièce de la matinée.

Chapitre 11 – 1911 – 15 ans

Jeanne, attablée dans la salle à manger, laissait son regard errer dehors. La surélévation du rez-de-chaussée d'environ un mètre par rapport à la rue permettait de préserver une relative intimité. Jeanne avait donc ouvert les voilages afin de gagner en luminosité. L'ouvrage qu'elle crochetait s'avérait particulièrement ardu, elle l'avait imaginé sur un châle d'été. Si ses amies l'appréciaient, l'usine de son mari sortirait quelques pièces de tissu qu'elle ornerait avec ses créations uniques.

Pour le moment, cela dit, Jeanne Roy ne pensait plus au crochet inerte entre ses doigts fins. La grisaille, trop souvent présente ces derniers temps, l'accablait. Sa plaine drômoise ensoleillée lui manquait.

— Mère ?

Liam l'observait depuis le seuil. Il n'aimait pas la voir ainsi, presque abattue, alors qu'elle paraissait toujours si maîtresse d'elle-même.

— Oh ! mon chéri ! Tu m'as surprise.

Il s'approcha à pas mesurés en la dévisageant.

— Tout va bien ? s'enquit-il, soucieux.

Elle lui adressa un sourire triste.

— Je pensais à ton grand-père Louis et à ma maison natale.

En tant qu'unique héritière et vivant si loin, Jeanne, sur ordre de William, avait vendu la demeure valentinoise. Un crève-cœur pour elle, qui y avait passé son enfance seule avec son père adoré avant de partir en pension, et qui n'y était pas retournée depuis longtemps. Mais elle n'avait pas eu son mot à dire. D'autre part, les domestiques avaient tous été renvoyés lorsque l'aïeul était venu s'installer ici pour les ultimes années de sa vie. Sa fille avait espéré que la joie de vivre de ses trois petits-enfants l'aiderait à surmonter sa dépression, mais malgré un regain d'énergie, son mental n'avait ensuite fait que chuter.

— Vous auriez aimé y aller une dernière fois, n'est-ce pas ?

Jeanne acquiesça, peu étonnée par la perspicacité de son fils. Liam était le plus observateur des trois, bien que Florent affinât sa perception de jour en jour.

— Cela est terminé. Après trois ans à se débattre avec l'administration, nous avons trouvé un acquéreur.

Liam nota la moue peinée de sa mère, qu'elle avait cependant bien vite camouflée en baissant la tête. Elle faisait désormais mine d'examiner son ouvrage et de compter les mailles.

— Et toi, mon fils ? Comment...

— Maman, les coupa Constance d'une voix un peu forte depuis la cuisine à la porte ouverte. Je pars chez Baptiste. Je rentrerai pour la tombée de la nuit.

Tout occupée à enfiler son chapeau de pluie aux nuances beiges, la jeune bonne ne s'était pas aperçue qu'elle avait interrompu la conversation de Liam et Jeanne. L'adolescent se força à se détourner.

— J'ai l'impression que tu ne vas pas très bien, en ce moment, poursuivit Jeanne un ton plus bas.

C'était vrai, bien sûr. Depuis qu'il avait dérangé Constance et Baptiste, l'autre matin dans la cuisine, tout s'était accéléré : le père du laitier était décédé deux semaines plus tard ; Consty passait ses journées de congé chez lui. William et Jeanne en parlaient librement lors des dîners. Liam savait que le jeune homme faisait tourner la ferme, épaulé par son oncle qui avait hérité en attendant que Baptiste atteigne la majorité. La mère, paraissait-il, demeurait alitée en quasi-permanence, défaite par le chagrin. Pour le moment, la famille proche aidait encore un peu, tout comme Constance. Mais bientôt, chacun devrait retourner à ses occupations, plus loin dans la campagne. Ne resterait plus que Consty. Nul besoin d'être devin pour envisager la suite : Baptiste l'épouserait sans aucun doute au plus vite. Il le pourrait si sa propre génitrice et Madeleine en donnaient l'autorisation.

Liam sentait une pointe acérée percer son cœur chaque fois qu'il y songeait. À son grand dam, trop souvent.

— Je vais bien, mère, ne vous en faites pas.

La porte de la cave claqua.

Constance partait.

— Me permettez-vous de jouer un air qui vous remontera le moral ?

Liam désigna le piano droit positionné contre le mur, entre la table et la cheminée.

— Avec plaisir, mon chéri. Je te remercie de ta sollicitude.

Liam lui adressa un sourire. Elle l'ignorait, mais elle venait de lui offrir une échappatoire à sa propre douleur. Celle qu'il devait cacher, endurer en silence.

Constance termina son heure de marche sous un timide rayon de soleil. Moins de cinq kilomètres séparaient la demeure cossue des Roy de la ferme des Berger. Constance aimait ce temps de promenade qui lui permettait de profiter de la nature sans trop cogiter.

Au loin, parmi l'herbe grasse de Normandie, les laitières paissaient tranquillement. Une silhouette à cheval faisait le tour du troupeau. En plissant les yeux, elle ne parvint pas à l'identifier, car Gilbert, l'oncle, et Baptiste possédaient la même carrure. La monture vira et entreprit de s'approcher d'elle au galop. Aussitôt, des mottes de terre volèrent autour du cavalier. Constance espéra qu'il s'agissait de son prétendant. Elle n'appréciait pas Gilbert, ses regards en douce la répugnaient.

Très vite, elle avait demandé à Baptiste de ne pas la laisser seule avec lui. Il s'était empressé d'accepter, bien que les occasions pour un tel évènement ne se soient pas encore produites. Selon les confidences du garçon, il ne s'était jamais senti proche de son oncle, mais depuis qu'il l'avait surpris débraillé dans la grange en compagnie de sa mère, alors même que son propre frère était mourant, Baptiste le détestait purement et simplement. Ils s'étaient battus. Constance avait soigné son coquard...

— Bonjour, Constance.

Baptiste mit pied à terre. Son sourire dévoila ses dents un peu tordues. Il attacha la bride de son cheval à la barrière, puis se glissa par en dessous. Aussitôt, une odeur violente de sueur et de bestiau frappa la jeune fille. Elle fronça le nez, encore peu commune avec ces fortes fragrances.

M'y habituerai-je seulement un jour ? songea-t-elle en se décalant légèrement.

Baptiste s'accouda aux poteaux de bois imbriqués entre eux ; Constance l'imita. En face d'eux, le pâturage s'étendait sur près d'un hectare. Derrière, une forêt le bordait. Tout ce vert lui paraissait presque luxuriant. Les pluies de cette dernière semaine y étaient sans conteste pour beaucoup.

Baptiste se tourna à demi vers elle.

— Ma mère s'est levée ce matin.

— Oh ! Quelle bonne nouvelle !

Il acquiesça, gardant néanmoins le pli soucieux qui barrait son front depuis des mois ; depuis que son père, rongé par un cancer, n'était plus parvenu à quitter son lit.

— Gilbert s'occupe de la tournée du petit-lait. Et mes sœurs sont étonnamment sages...

Le petit-lait... Voici une odeur rance qui accrochait les vêtements et la peau aussi bien que l'ammoniaque. Constance avait failli vomir la première fois que Baptiste était rentré de cette livraison matinale.

— ... ce qui signifie que nous pouvons... prendre un moment...

La gêne fit bégayer le garçon. Le cœur de Constance s'emballa. Voilà plusieurs semaines qu'elle venait aider ici, mais la charge de travail était telle que Baptiste et elle ne se côtoyaient pas réellement. À vrai dire, Constance passait son temps dans la cuisine sombre aux murs noircis par la suie ou bien dans la cour, à battre les vêtements de la famille ou s'occuper des bêtes. Les trois fillettes, âgées de trois, cinq et six ans, lui demandaient également une énergie considérable.

Cette discussion... ils devaient bien finir par l'avoir. Constance le savait, mais elle n'avait jamais réussi à l'imaginer.

— La journée sera douce, badina-t-elle pour mettre un terme au flottement qu'elle percevait entre eux. Elle marque sûrement la fin de l'été.

— Bientôt, il faudra rentrer les bêtes pour l'hiver.

Baptiste gardait cet air sérieux qui avait toujours plu à Constance. Elle leva un regard tendre vers lui, mais il continuait de fixer les bovins, un peu plus loin. L'adolescente admirait sa façon d'anticiper le travail, signe qu'il excellait dans son métier. Son père était peut-être parti trop tôt, mais il avait transmis à son aîné une solide base de connaissances.

— J'ai pensé...

Pourvu qu'il n'évoque pas le mariage.

Sa propre réflexion consterna Constance. En tant que jeune fille, elle devait y méditer !

— Les industries sont de plus en plus vastes et cassent les prix... Bientôt, les gens arrêteront d'acheter aux fermiers. La tournée du lait fonctionne encore ici parce que nous sommes un village et que mon troupeau est plutôt petit, mais pour survivre, je dois agrandir mon cheptel. Et vendre aux usines.

— Euh... bien sûr.

— Mon père le voulait. Nous avions commencé à envisager la suite... Emprunter à la banque ou nous séparer de quelques ares pour acheter de nouvelles têtes. Mais cela signifierait embaucher un garçon de ferme ou faire venir l'électricité et installer des machines. À deux, mon oncle et moi ne pouvons pas assurer davantage de travail.

— Je comprends. Vos journées sont éreintantes. Je n'avais jamais imaginé un tel rythme.

— Et... cela te plaît-il ?

On y est.

La gorge de Constance se serra.

— Ce n'est pas moi qui l'assume ! plaisanta-t-elle, embarrassée.

Baptiste lui coula un regard en coin. Il ne souriait pas. Apparemment, il n'appréciait guère qu'elle tente d'esquiver son interrogation.

— Nettoyer les instruments, les récipients, les étables..., énuméra le garçon en dégageant d'une pichenette un gendarme égaré sur sa large main.

Il nommait les tâches des femmes dans les fermes. Celles dont Constance s'était acquittée après les avoir apprises des tantes et des cousines de Baptiste. Il y en avait encore tant d'autres...

— Tu es travailleuse, Constance.

Évidemment ! Elle avait conscience de sa valeur. Constance était méticuleuse. Mais se voyait-elle les pieds dans la bouse et les mains dans le lait caillé toute sa vie ? Elle ne pouvait résumer le quotidien de la sorte, bien entendu. Pourtant, dans le fond, c'était bien ainsi qu'elle le percevait. Il y avait autre chose cependant. Le chant des oiseaux qui explosait au petit matin. Le ballet des chauves-souris à la tombée de la nuit. La collecte des œufs des poules avec les trois petites sœurs de Baptiste. Leurs rires carillonnants. Et toujours, ces vastes espaces herbeux, si beaux. Ils apaisaient son cœur meurtri par l'éloignement de Liam et les disputes avec Madeleine.

— Tu...

Constance posa sa paume sur les doigts de Baptiste. L'adolescent ne termina pas sa phrase, trop surpris par ce rapprochement. Lorsqu'il baissa ses prunelles brunes balayées par ses longs cils noirs sur elle, Constance le trouva mignon. Non pas beau, comme Liam. Mais qui pouvait égaler le jeune bourgeois ?

— Ton domaine est magnifique, Baptiste. Tu es travailleur et intelligent, je ne doute pas que tu le feras fructifier.

— Mais... ? devina le garçon.

— Mais je ne sais pas encore si j'y ai ma place.

Baptiste s'arracha de sa main pour glisser un bras autour de la taille de Constance. Il l'attira contre lui sans ménagement et se rua vers son visage. Un goût d'urgence explosa contre la bouche de la jeune fille. Elle ouvrit les lèvres pour accueillir la langue chaude et parfumée de l'homme qui la courtisait depuis ses treize ans. Elle ignorait que l'on pouvait embrasser ainsi, aussi profondément. Elle méconnaissait tout de ces choses-là. Elle se laissa faire, mi-interdite, mi-excitée.

— Je te rendrai heureuse, Constance. Et je sais que tu auras des idées pour la ferme, je sais que tu te retrousseras les manches quand il le faudra. Pour le domaine. Pour nos enfants.

Une boule d'émotions écrasa son estomac. Elle se dégagea, déboussolée.

Nos enfants ?

Elle avait quinze ans !

Mais elle comprit. Elle comprit que si elle donnait son feu vert à Baptiste, il demanderait sa main prochainement. Certes, ils ne seraient que fiancés, mais cela l'impliquerait encore davantage à la ferme. Jusqu'à ce qu'ils soient en âge de fêter leurs noces... Il l'avait parfaitement résumé : elle était capable de gérer un tel domaine. Pour lui, son mari. Pour ses enfants, pour leur assurer un avenir, évidemment. Mais... et elle ?

Dans une prise de conscience aiguë, Constance réalisa qu'elle n'aurait rien. Jamais. Elle aurait beau développer cette terre, elle ne lui appartiendrait pas. Elle aurait beau aimer ces murs, elle n'en hériterait pas. Elle aurait beau se casser le dos dans ces étables, rien ne lui reviendrait. Même son nom, bientôt, ne serait plus le sien. Sa descendance, qu'elle porterait, mettrait au monde, nourrirait... n'afficherait pas son propre patronyme. D'elle, il ne resterait rien.

Nulle part.

Parce qu'elle était née femme.

Une question simple lui vint alors à l'esprit : puisque telle était sa destinée, préférait-elle se tuer à la tâche dans une ferme ou dans une demeure aisée ?

Un sinistre sentiment d'injustice balaya Constance. Sentiment qu'elle ne connaissait que trop bien pour l'avoir expérimenté auprès de Ian et Liam, plus jeune. Aux côtés de Baptiste, elle le percevait puissance dix.

Elle ne pouvait se résoudre à décider de son avenir maintenant. Pas avec cette colère qui sourdait en elle. Pas avec ce désir violent d'indépendance pourtant impossible. Ses aspirations n'étaient tout simplement pas compatibles avec la vie imposée par la société. À moins qu'elle ne devienne vieille fille, chose qu'elle redoutait par-dessus tout. Elle ne voulait ni finir seule ni être moquée.

Devant son mutisme, Baptiste soupira :

— Rentrons. Si mon oncle arrive avant nous, il pourrait jouer de sa mauvaise langue pour nous nuire. Et puis ma mère pourrait décider de se recoucher en laissant mes sœurs sans surveillance.

Il repassa sous la clôture et enjoignit à Constance de le suivre. Il se hissa en selle. L'adolescente remonta ses jupes pour escalader à moitié la barrière, Baptiste la soutint et elle s'installa sur la croupe. En nouant ses bras autour du ventre du jeune homme, elle perçut sa chaleur et la rougeur qui s'épanouissait sur sa nuque. Constance n'aurait peut-être pas dû agir si spontanément. Après tout, une fille bien élevée ne grimpait ni ne retroussait sa robe. Elle ne passait pas non plus du temps avec son courtisan sans chaperon...

— Tiens-toi bien.

Constance raffermit sa prise. Sous ses doigts, elle sentit les abdominaux du fermier se contracter tandis qu'il lançait la monture au pas. Cette sensation finit de la dérouter.

Non, elle ne souhaitait pas vivre isolée comme Madeleine. Mais elle refusait de perdre sa liberté.

Chapitre 12 – 1911 – 15 ans

Constance était partie.

Partie.

Depuis, Liam ne parvenait plus à sourire. C'était ce qu'il lui semblait, du moins. Sa famille et ses amis s'étaient inquiétés les premières semaines. Puis ils avaient fini par accepter. Seul Marc continuait à lui répéter régulièrement qu'il pouvait compter sur lui. Ah ça ! Liam le savait. Mais la cause de sa tristesse touchait un sujet si tabou qu'il ne pouvait tout simplement pas le verbaliser.

Une fois ou deux, lorsque Constance se rapprochait davantage de Baptiste, Liam avait songé qu'il vivrait certainement mieux sans sa présence permanente sous le même toit. Mais tandis que les De Lamiton, leurs voisins, partageaient leurs longues soirées d'hiver, il regrettait cette idée. Il préférait encore habiter aux côtés de Constance en se forçant à l'ignorer plutôt que loin d'elle.

Si, au début, la jeune fille avait pris soin d'écrire à sa mère régulièrement, ses missives s'espaçaient avec le temps. À moins que Madeleine ne les évoque plus, mais cela aurait étonné Liam. Il connaissait ses parents et le lien qui les attachait à la bonne : ils demandaient forcément des nouvelles de Constance, et c'était le genre d'informations qu'ils dispensaient à leur progéniture.

Liam ne voyait qu'une seule explication à cet éloignement : Constance aimait sa nouvelle vie. Là-bas, à la capitale, avec sa grand-mère Marie.

Les voisins applaudirent bruyamment. La soirée devinettes battait son plein, mais Liam ne parvenait pas à s'intégrer et apprécier les jeux, pourtant drôles.

Il pensait à Constance. Sans cesse. Chaque jour passé agrandissait le gouffre béant dans son cœur.

Que faisait-elle en cet instant ? Lui manquait-il autant qu'elle lui manquait ? Si seulement il n'avait pas réagi si bêtement deux ans plus tôt, lorsque Baptiste avait commencé à la courtiser... Liam aurait aimé remonter le temps pour poursuivre leurs rencontres secrètes dans la bibliothèque malgré sa jalousie.

Nouvel éclat de rire. Il sursauta. La fille des voisins, Marie-Charlotte, de trois ans son aînée, le choisit comme partenaire de mime. Ses bouclettes savamment coiffées voltigèrent autour de son visage rond lorsqu'elle se leva. Liam quitta le sofa tel un bagnard embarquant dans un bateau-cage. Au passage, Ian lui adressa un regard courroucé. Bien sûr, vu leur âge rapproché, Marie-Charlotte aurait dû opter pour lui plutôt que pour le cadet de la famille Roy. Si seulement Ian avait su...

Constance frissonna. Elle se drapa dans son châle de laine épaisse, cadeau de ses patrons au Noël précédent. Elle expédia sa toilette tant l'eau de la cuvette se révéla glaciale : les picotements sur son visage lui arrachèrent presque une larme de douleur. La buée sortait par petites vagues rapides de sa bouche aux lèvres gercées. Pourtant, en cette aube de l'hiver 1911, Constance ne voulait pas se trouver ailleurs qu'ici, chez ses nouveaux employeurs, près de sa grand-mère atteinte de tuberculose.

La jeune fille, malgré le froid intense, ouvrit en grand la minuscule fenêtre de sa chambre de bonne. Son travail de commis pour une famille nantie lui permettait de grappiller quelques heures quotidiennes afin de profiter de Marie. Elle était mal payée, mal logée, mais rencontrer pour la première fois un membre de sa lignée lui offrait l'endurance nécessaire pour supporter ces mauvaises conditions.

Elle traversa les couloirs étroits et sombres jusqu'à des escaliers aux mêmes caractéristiques. Enfin, elle arriva à la cuisine, vaste pièce au sous-sol de cette habitation richissime. Elle se décrispa au contact de l'air chaud soufflé par les fours. Une odeur de pain la cueillit. Comme d'habitude, les autres domestiques ne lui adressèrent pas un bonjour. Malgré deux mois passés et un ouvrage impeccable, elle demeurait « la Normande ». Celle qui venait d'un petit village proche du Havre, certes, mais pas de cette ville portuaire qui faisait la fierté de la France. Côtoyer une tuberculeuse n'arrangeait pas sa réputation de bouseuse. Constance le savait et s'en fichait royalement : elle était ici pour découvrir sa grand-mère, sa famille. Pas pour copiner. Elle ne s'y trompait pas, ses amies se trouvaient là-bas, chez elle, dans sa campagne.

Elle avala sur le pouce son petit-déjeuner, une tasse de café accompagnée de deux grosses tartines de beurre (jamais assez salé, le beurre !) et enfila son tablier immaculé. Une montagne de pommes de terre l'attendait déjà... Plus vite elle finirait, plus vite elle rejoindrait Marie !

— Ah ! Tu me rappelles ton grand-père ! Cesse donc de ressasser, cela ne réglera pas tes problèmes !

Constance se retint de lui répliquer qu'elle n'en savait rien. Marie possédait un sale caractère, toujours une remarque acerbe en bouche. Leurs rapports, au début, avaient été houleux. Puis, Constance avait compris que la dame d'une cinquantaine d'années (elle en paraissait facilement quinze de plus) se protégeait.

Trop heureuse qu'elle évoque un membre de sa famille, Constance sourit :

— Parfois, il vaut mieux réfléchir que d'agir.

Marie la transperça de son regard aussi bleu que le sien.

— Ne me prends pas pour une idiote. Je sais bien quand tu ressasses et quand tu cogites. Tu as le même pli entre les sourcils que François.

Elle accompagna d'un geste de l'index son explication. Constance haussa les épaules, signe qu'elle capitulait.

— Au moins, tu n'es pas aussi entêtée que ta mère.

Facile de ne pas l'être, s'amusa l'adolescente en songeant à Madeleine.

Par moments, elle lui manquait. Après tout, Constance ne s'était jamais éloignée d'elle avant ce voyage. Elle se souvenait de sa crainte subite, lorsqu'elle s'était retrouvée devant ce monstre de fer sur rails. Sa mère avait dû la pousser pour qu'elle se décide enfin à monter dans le wagon.

— Allons, s'il est fiable, il t'attendra.

Effarée, Constance contempla son aïeule. De quoi, ou plutôt, de qui parlait-elle, au juste ?

— Ne me regarde pas avec ces yeux de merlan frit !

Une quinte de toux l'obligea à se courber en deux. Depuis quelques jours, les glaviots que Marie expectorait se teintaient de rose. Mauvais signe, selon le médecin.

Marie referma son mouchoir d'un geste vif. Elle se redressa tant bien que mal sur son banc, sur lequel tombait un rayon de soleil qui la réchauffait à peine. Elle avait toujours moins froid que dans son taudis humide.

— À cet âge, seul un garçon peut nous rendre si inquiètes. Eh ! J'ai eu quinze ans, moi aussi !

Liam.

Il était là, tout le temps, présence constante dans ses arrière-pensées. Il finissait invariablement par revenir sur le devant de la scène. De plus en plus souvent, Constance se l'admettait.

La jeune fille haussa à nouveau les épaules. Son visage se ferma.

— Comment s'appelle-t-il ? insista l'aïeule en resserrant le nœud de son fichu sous son menton.

Les bourrasques rafraîchissaient.

Elle aurait dû répondre « Baptiste », mais elle répugnait à mentir à sa grand-mère. Marie avait renié Madeleine lorsqu'elle était tombée enceinte hors mariage. Toute la famille avait suivi son exemple. Constance avait souffert son enfance entière de ce manque. Elle n'avait jamais compris pourquoi elle devait subir l'isolement de sa génitrice alors qu'elle n'y était pour rien. Son seul délit était d'être née. Cela n'en était pas vraiment un, n'est-ce pas ?

Lorsque Marie, sentant la mort approcher, avait écrit à Mady quelques mois plus tôt qu'elle désirait connaître son unique petite-fille, Constance avait cru défaillir. Cette rencontre, elle ne l'espérait plus. Et pourtant ! Elle se trouvait là, près d'elle, sur ce banc parisien en mauvais état.

— Alors ?

— Grand-mère, s'il te plaît. Je ne peux rien te dire.

Son cœur s'emballa. Elle ne voulait pas se fâcher avec elle, mais si Marie insistait encore, Constance ne pourrait pas l'éviter.

— Un amour secret ?

Le ton de l'aïeule l'interpella. Tristesse. Regret. Colère. Dépit.

Elles plongèrent mutuellement dans leurs iris si semblables, reflet de leurs âmes tourmentées.

— Promets-moi simplement qu'il n'est pas ton employeur.

Comment avait-elle deviné ? Constance sentit chaque trait de son visage se décomposer. En miroir, les rides déjà creusées de Marie accusèrent le coup.

— Non ! Cela ne recommencera pas !

L'emportement lui valut une quinte de toux caverneuse à en faire pâlir un pneumologue. Constance posa une main affolée sur l'épaule de Marie, mais cette dernière se dégagea.

— Finalement, tu lui ressembles bien plus que ce que je pensais, cracha la vieille.

Sa paume se plaqua contre sa bouche tandis que Constance, grâce à ces quelques mots dédaigneux, voyait s'imbriquer les pièces du puzzle de sa conception. C'était si soudain ! Non... Elle se trompait forcément. Elle espérait tant percer ce mystère qu'elle interprétait la moindre parole... Elle bégaya :

— Tu veux dire que...

Marie, déjà debout et prête à partir, fit volte-face en entendant la voix pleine de sanglots de sa petite-fille.

— Mon père est... Il était... Il employait maman ?

L'ire déserta la grand-mère. Ses épaules s'affaissèrent.

— Elle ne t'a rien raconté, hein ?

— Jamais.

Ce simple mot recelait la détresse accumulée par Constance sur près de quinze ans. Combien de questions avait-elle posées à Madeleine ? Combien de gifles avait-elle essuyées à force d'insister ? Elle avait besoin de savoir d'où elle venait ! Un besoin vital, qui provenait de ses tripes, de comprendre qui elle était. Mais sa mère le lui avait toujours refusé.

Aujourd'hui, Constance avait reçu plus d'informations sur ce sujet que ce qu'elle avait escompté. Quelque part, c'était grâce à Liam...

En songeant au garçon, ses larmes redoublèrent. Tout se bousculait dans son cœur. Elle n'eut soudain plus qu'une hâte : tout lui raconter. À lui. Rien qu'à lui. Elle ignorait d'où lui provenait un tel souhait, alors que deux années s'étaient écoulées depuis leur dernière discussion. D'un trop-plein d'émotions, certainement. Et de ce manque intense qui pulsait au fond de son cœur.

Marie se rassit lourdement à ses côtés. Constance enfouit son visage entre ses mains, incapable de s'arrêter de pleurer.

— Cesse donc de te donner en spectacle.

La jeune fille mobilisa sa volonté, un sanglot coincé en travers de la gorge. Elle reconnaissait bien la froideur familiale.

— Raconte-moi, supplia-t-elle.

— Parle-moi d'abord de ce garçon. Se trouve-t-il ici ou là-bas ?

Constance hésita. Si elle se confiait et que Marie divulguait son secret... Madeleine ne la laisserait plus remettre un pied au manoir des Roy. D'un autre côté, mis à part aimer Liam, elle ne faisait rien ! Elle ne pouvait pas renoncer à son histoire personnelle pour les préserver. Il n'y avait rien entre eux. Strictement rien.

— Liam est le fils de William et Jeanne Roy.

— Là-bas, donc. Ainsi, vous vous côtoyez quotidiennement ?

— On ne se parle pas, grand-mère.

Constance renifla de façon peu élégante. Elle se trouvait dans un tel état de nerfs qu'elle s'en ficha éperdument.

— Enfin, il me donne un ordre de temps en temps, bien sûr. Voilà tout.

— Tu n'as pas d'aventure avec lui ? T'observe-t-il avec insistance ?

À un autre moment, la jeune fille aurait pu être surprise, voire choquée, de l'interrogatoire sans détour de son ancêtre. Elle était si stupéfaite des révélations passées et à venir qu'elle n'en fit pas cas.

Elle secoua la tête négativement.

Elle faillit dévoiler que Liam et elle s'entendaient bien, avant. Qu'ils avaient pour ainsi dire été élevés ensemble. Jusqu'à ce que leurs parents les séparent.

— Écoute-moi bien, Constance. Je vais te dire ce que j'aurais dû dire à ta mère lorsqu'elle avait ton âge.

Les remords percèrent, mais Marie se reprit aussitôt. Elle baissa la voix pour les isoler du reste des badauds :

— Tu es une brave et jolie fille. Ce fils de bourgeois, tu me sembles très attachée à lui. Trop. Beaucoup trop. Il le remarquera forcément et finira par en profiter. Non ! Ne nie pas. C'est ainsi que ce genre de chenapans fonctionne. Ils présentent bien parce qu'ils sont bien nés, mais ils n'ont pas deux sous de morale. Encore moins avec une fille du peuple, Constance. Ce que je vais te révéler te fera mal, mais pour lui, tu n'es qu'une bonniche. Une femme vouée à le servir. Il abusera de toi, de ton innocence, à la minute où il s'apercevra de son magnétisme sur toi. Ne le laisse jamais approcher. Ce sera dur, mais je sais que tu y parviendras. Contrairement à ta mère à ton âge, tu es plus intelligente, plus réfléchie. Retiens bien une chose : peu importe ce qui se passe entre vous, tu seras en tort. L'unique fautive sera toi parce que tu es une femme et parce que tu es pauvre.

La leçon de Marie ricocha sur Constance aussi sûrement qu'un galet plat correctement lancé à la surface d'un lac. Elle avait décroché à « chenapan ». Liam avait des défauts (et elle le connaissait assez pour les citer), mais son sens moral s'avérait irréprochable. Au moins, le laïus de sa grand-mère lui avait-il permis de reprendre contenance.

— Qui est mon père ? demanda-t-elle posément.

Marie soupira. Elle cracha un mollard sanguinolent au pied d'un platane avant d'avouer :

— Il avait une quinzaine d'années de plus que ta mère. C'était son deuxième employeur. Récolter les fleurs ne lui convenait pas... Madame voulait servir dans une maison. Et pas n'importe laquelle ! Il ne lui a pas fallu deux semaines pour revenir des étoiles plein les yeux... Si j'avais su ! Ah ! J'ai compris, ensuite, comment elle avait obtenu ce si bon poste sans presque aucune expérience !

— Comment ? osa Constance, suspendue aux lèvres de sa grand-mère.

— Madeleine était de ces filles pleines de charmes, aux formes arrondies alors même qu'on ne mangeait pas souvent de la viande, à la maison ! M'enfin… elle était comme toi. Nous, les femmes du peuple, nous ne sommes pas faites pour les robes corsetées aux jupons froufroutants. C'est d'ailleurs ce qu'ils aiment, ces gentilshommes, nos monts et nos vallées…

Deux canailles se retournèrent en passant près d'elles, les yeux ronds comme des soucoupes. Constance se garda d'interrompre Marie. Elle buvait chacune de ses paroles, même si elle ne se sentait pas vraiment concernée. Elle portait un corset, comme tout le monde ! Certes, ses seins et ses hanches se galbaient à vue d'œil, mais il ne lui semblait pas attirer davantage l'attention des hommes… Enfin, pour ce que cela l'intéressait de toute façon…

— Elle a mis moins de trois mois à tomber enceinte.

Le ton acide fit déglutir Constance avec peine. Malgré tout, elle n'aimait pas entendre parler de sa mère avec si peu de respect. Même si elle commençait à saisir que Madeleine s'était fourvoyée.

— Un matin, je l'ai retrouvée la tête dans une bassine à pleurnicher. J'ai su. Rien qu'à l'observer lutter contre les nausées en geignant, j'ai compris qu'elle était enceinte. Et qu'il n'y aurait pas le moindre anneau à son doigt avant la naissance du bébé.

Marie darda sur elle un regard bourré de rancœur. Constance allait presque s'excuser lorsqu'elle se reprit. Ce n'était pas de sa faute !

Elle redressa la tête :

— Donne-moi son nom.

— Hors de question. Ce n'est pas à moi de te le révéler. Si je te raconte cette histoire, ton histoire, c'est uniquement pour que tu ne commettes pas la même erreur que ta mère. Cette idiote incapable de voir que sa fille tombe amoureuse d'un homme inaccessible. Comme elle.

— Ils s'aimaient ?

— Stupide oie !

L'air, en passant par les voies respiratoires malades de Marie, siffla.

— Il n'y avait pas de romance là-dedans.

Sous le regard outré des badauds, la vieille se calma. En apparence seulement, car son ton demeurait aussi venimeux qu'une vipère :

— Elle est revenue avec une lèvre fendue. La marque bien placée de l'alliance de son patron, ricana-t-elle. Deux semaines plus tard, un garçon d'écurie lui portait un billet de train.

*

— Aïe !

— Crétine !

Constance fusilla du regard la cuisinière. D'un geste, elle enroula son index dans son torchon et comprima sa blessure.

— Les panais ne vont pas s'éplucher tout seuls, grogna la matriarche.

Ses traits affaissés répugnaient Constance. Si la méchanceté s'inscrivait sur le corps, cette femme l'incarnait.

Tu es laide et malveillante, songea l'adolescente.

Elle jeta un rapide coup d'œil à sa plaie, qui s'arrêtait de saigner. Il n'y avait pas un bandage à disposition alors qu'une armée de marmitons maniait des couteaux aiguisés à longueur de journée. Constance n'était pas la première à se couper, loin de là. Elle avait juste la tête dans les nuages. Pas de quoi lui servir ces remarques acerbes.

La cheffe ouvrit à nouveau la bouche pour la réprimander, mais Constance la devança :

— Je pars dans deux semaines. D'ici là, je devrais trouver le temps de préparer tes fichus panais.

Le silence s'abattit sur la cuisine. Constance prit conscience de son ton et de ses paroles irrespectueuses trop tard.

— Tu viens de dire adieu à ta lettre de recommandation, insolente !

— Je n'en ai pas besoin.

Constance devait se taire. Urgemment. Mais répondre, se rebiffer, lui procurait une telle légèreté ! En s'opposant à cette vieille garce, elle avait la sensation de se dresser face à son destin.

Elle avait toujours plié l'échine et obéi, à sa mère principalement. Ce jour-là, en échangeant avec Marie, elle avait senti quelque chose se briser en elle. Probablement le lien tissé par la crainte de se faire battre ou d'être rejetée par sa maman en cas de mauvaise conduite. Apprendre la bévue de Mady avait en quelque sorte libéré Constance du poids de la perfection. Sa mère avait commis une monumentale erreur. Constance avait le droit, elle aussi, de ne pas être parfaite. Elle avait le droit de ne pas tout réussir. D'avoir un moment tête en l'air et de se couper, par exemple.

Le faciès rubicond de la vieille rougit encore un peu plus. Constance l'ignora royalement. Elle posa tranquillement son torchon imbibé de sang sur la table et reprit son couteau et son légume. Sa croûte toute fraîche, sur son index, l'élança, mais elle n'en fit pas cas. Elle avait décidé de rentrer chez elle.

Inconsciemment, elle avait reçu ce qu'elle était venue chercher : des réponses. Sur le chemin du retour, entre la bicoque de sa grand-mère et cette luxueuse maison, elle n'avait même pas eu la force de méditer sur ces nouvelles informations. Chaque bruit pétaradant, chaque odeur nauséabonde de la capitale l'avait profondément agressée. Après tout, ils avaient tous raison : elle n'était qu'une campagnarde. Une fille qui préférait le crottin aux pots d'échappement.

Une fois sa tâche terminée, Constance débarrassa son coin.

— Tu es de corvée de vaisselle, ce soir, lâcha sa supérieure avec un sourire torve.

Constance demeura muette. Cette vieille bique avait résolu de l'assommer de travail, elle assumerait. Tant pis pour sa blessure qui ne manquerait pas de se rouvrir…

Je n'ai jamais été désirée.

Cette pensée surgit de nulle part tandis qu'elle finissait de brosser ses longs cheveux châtain clair. Assise sous sa couverture, elle les natta mécaniquement pour la nuit.

Je n'envisage qu'une explication au fait que maman ait toujours refusé d'en parler : la honte.

Son regard se posa sur la minuscule table branlante qui lui servait de bureau. La dernière missive de Madeleine y traînait depuis deux semaines. Constance ne lui avait pas donné de nouvelles depuis près d'un mois. Quitter Paris signifiait la revoir. Mais elle ne savait pas vraiment ce que cela réveillait chez elle. Et surtout, elle ignorait comment se comporter envers elle, désormais. Devait-elle lui avouer que Marie lui avait révélé l'essentiel sur le secret de sa conception ? Devait-elle respecter son silence ? Après tout, Madeleine avait peut-être été violée.

Constance hoqueta de stupeur à sa propre suggestion. Impossible. Elle ne pouvait pas être le fruit d'un acte si abominable... Sa grand-mère lui avait dit que Madeleine « rentrait avec des étoiles plein les yeux ». Elle était tombée amoureuse de son patron, forcément. Et elle avait accepté de...

La souffrance que traînait Constance était donc sa faute. Si sa mère n'avait pas été si faible et si naïve, elle se serait retenue ! Et elle, Constance, aurait eu un père. Un vrai. Qui l'aurait choyée...

La rancœur lui brûla l'œsophage. Une petite voix, au fond d'elle, lui susurra qu'elle ne pouvait réduire sa situation à si peu... Madeleine souffrait. Elle gardait le silence pour se protéger, mais aussi épargner sa fille de l'image d'un géniteur lâche et malhonnête. Qui engrossait une femme pour l'éloigner à l'autre bout de la France ? Certes, il lui avait trouvé un emploi chez les Roy, mais Mady avait dû tout laisser derrière elle. Même sa famille l'avait reniée. Elle avait dû, et elle devait encore, se sentir terriblement seule.

C'est ce qui arrive aux filles comme elle. Elle a eu de la chance de tomber dans un foyer aussi accueillant que celui des Roy.

Après tout, peut-être que son géniteur l'aimait. Sinon, il ne se serait pas donné autant de peine, n'est-ce pas ? Il leur avait trouvé un excellent employeur...

Il connaissait intimement les Roy ! comprit Constance, abasourdie.

Forcément. On ne recommandait pas une bonne enceinte à n'importe qui. Son père était proche de William et Jeanne.

Son cœur s'emballa. Peut-être l'avait-elle déjà vu au manoir ? Peut-être lui rendait-il visite depuis tout ce temps sans qu'elle le sache ? Il n'avait peut-être pas eu le choix, tout simplement ! Il aurait peut-être aimé épouser Madeleine et l'élever, elle, mais les conventions sociales le bridaient... Un peu comme elle et Liam, finalement, même si le jeune homme ne s'intéressait pas à elle.

Constance passa en revue les différentes visites de la famille ces dernières années. Elle dut cependant se rendre à l'évidence : elle ne voyait personne qui pouvait correspondre à la description d'un Parisien d'une cinquantaine d'années.

Et puis, il y avait cette lèvre fendue, signe qu'il avait mal reçu l'annonce de la grossesse de Madeleine...

Consty souffla sa bougie et s'allongea, aveuglée par la soudaine obscurité. Grâce aux Roy, elle tenait une piste sérieuse pour continuer à déterrer le secret de sa vie. Elle ne voyait désormais qu'une seule personne qui accepterait peut-être de l'épauler : Liam. En souvenir de leur amitié, parce qu'il avait épongé plus d'une de ses larmes, enfants, lorsqu'elle essuyait les coups de Madeleine pour avoir osé poser une question sur sa naissance... Elle voulait croire que quelque part au fond du jeune homme résidaient ces souvenirs forts.

Une vague de chaleur la parcourut. Bientôt, elle reverrait Liam. Alors elle lui raconterait et lui demanderait de l'aide. Elle imagina la surprise noyer ses invraisemblables iris allant du bleu foncé au marron doré quand elle lui avouerait sa lignée bourgeoise. Peut-être que cela gommerait un peu la distance brutale qui lui avait été imposée deux ans auparavant...

Une boule d'espérance s'épanouit dans le creux de son ventre. Constance ferma les paupières et un fin sourire étira ses lèvres lorsqu'elle vit le beau visage du garçon qu'elle aimait flotter devant elle.

Chapitre 13 – 1901 – 5 ans

Ian, assis à table, boudait. Il manquait deux soldats de plomb à sa collection. Il aurait pu jurer que Constance les lui avait volés, jusqu'à ce que son petit frère, penaud, les sorte de sa poche de gilet. Il voulait simplement jouer avec dans le jardin, avait-il expliqué à leur père tandis que Ian piquait une crise. Il s'était platement excusé et l'histoire avait été terminée : les figurines resteraient à l'intérieur à cause du risque de les perdre dans l'herbe et il devrait toujours demander l'autorisation de Ian avant de se servir de ses babioles. Compris ? Oui. Affaire réglée.

William Roy avait renvoyé ses fils dans leur chambre avec la consigne de se préparer pour le dîner en compagnie de leur grand-mère paternelle. Ils devaient donc effectuer un brin de toilette et passer des culottes propres. En sortant, ils avaient croisé Constance dans le couloir. Le sourire que Liam et elle avaient échangé avait tordu l'estomac de l'aîné.

La jalousie le brûlait comme de l'acide. Leur complicité n'était pas normale : déjà, les garçons ne pouvaient pas être amis avec les filles, elles étaient trop écervelées. C'était pour cette raison qu'ils étaient séparés à l'école et abordaient des matières différentes : lecture, écriture, histoire de France, géographie de la patrie, éducation civique, latin, arithmétique, géométrie, sciences et tir à la carabine pour les uns ; couture, musique, lecture et écriture pour les autres.

Ensuite, au sein de sa classe, Ian ne copinait pas avec les fils de domestiques ou d'ouvriers. Ils n'appartenaient pas au même monde. Inutile d'être très intelligent pour s'en rendre compte, il suffisait de les entendre parler ou déchiffrer à haute voix l'une de leurs dictées bourrées de fautes.

Décidément, Ian ne comprenait pas Liam, qui s'entêtait à nouer une relation avec Constance. Elle cumulait deux tares trop importantes pour les ignorer : fille... de servante ! Comment ses parents pouvaient-ils laisser passer cela ? Ils avaient bien tenté de les séparer, une ou deux fois, mais à ses yeux, sans réellement d'autorité, si bien que cette oie et son petit frère se retrouvaient toujours.

Une fois de plus, Ian jeta un regard dédaigneux vers Constance, debout près du chariot de service. Elle observait chaque geste de sa mère avec une évidente dévotion.

— Hum !

L'attention convergea vers William.

— Mère, au nom de toute la famille, nous vous remercions de séjourner chez nous.

La vieille dame aux cheveux et aux yeux gris sourit aimablement à son fils.

— Jeanne et moi profitons de ce que nous sommes tous réunis pour vous annoncer une merveilleuse nouvelle : elle est enceinte.

L'atmosphère changea aussitôt. Liam le sentit et observa sa grand-mère assise en face de lui. Ses rides semblèrent se figer de stupeur. Il aurait pensé qu'une telle déclaration lui procurerait de la joie, mais sa bouche pincée l'avertit du contraire.

Lui avait bondi dans les bras de ses parents lorsqu'ils leur avaient confié ce secret, à Ian et lui. Les deux frères commençaient à s'inquiéter de l'état de fatigue et des vomissements répétés de leur mère... Son excès de spontanéité lui avait valu, pour une fois, une tendre embrassade et un minuscule sermon : on ne sautait pas au cou des gens ! (Même de ses géniteurs !)

Ian s'était rembruni pour garder sa tête des mauvais jours plusieurs heures.

Un peu comme maintenant, songea Liam en l'observant du coin de l'œil.

Le garçonnet poursuivit son tour de table pour constater que Constance affichait un large sourire. Elle était déjà au courant, Liam n'avait aucun secret pour elle. Ses parents lui avaient pourtant interdit d'en parler, mais bah ! cela ne valait pas pour son amie !

Quant à Mady, elle leur adressa un petit geste de la tête et ses sincères félicitations. Pour elle non plus, la surprise ne semblait pas de mise. Liam comprit qu'elle devait sûrement déjà être dans la confidence ; après tout, elle épaulait Jeanne depuis des semaines.

Le garçon fixa à nouveau son aïeule, même si cela ne se faisait pas. Le bout de son nez fin aux narines frémissantes remua lorsqu'elle dit :

— Annoncer cela alors que le dîner n'a même pas débuté ! Je ne comprendrai jamais le mauvais goût des Français, et encore moins que tu t'y soumettes, William.

Monsieur Roy accusa la remontrance dédaigneuse.

— Mais je vous félicite, bien sûr. Jeanne, très chère, votre teint s'avère délicieusement frais pour une parturiente.

L'intéressée baissa les paupières une demi-seconde avant d'adresser un léger sourire à sa belle-mère.

— Je vous remercie, Madame Roy.

Le port altier, l'aïeule reporta son attention sur son fils.

— Ton père, feu William Ier, n'aurait jamais manqué à ce point de bienséance pour annoncer une si bonne nouvelle. Devant la domestique, William !

La concernée se raidit à peine tandis qu'elle terminait de servir les plats.

— Mère, répondit le patriarche de son ton le plus calme mais ferme, je suis certain que vous vous rappelez des circonstances dans lesquelles Madeleine est arrivée.

— Ah ! Pour m'en souvenir !

Les rides amères autour de la bouche fine de Madeleine se creusèrent. Elle attrapa le poignet de Constance pour l'entraîner à sa suite, tout en poussant d'une main le chariot aux petites roues devant elle.

— J'entends par là, coupa William en haussant la voix, que Madeleine vit avec nous depuis plus de cinq ans. La situation peu conventionnelle que nous avons traversée au début a... Mady nous est dévouée.

— Partager une telle information avec elle nous apparaît naturel, Madame Roy. Nous concevons que cela vous choque, mais s'il vous plaît, ne la mettez pas mal à l'aise à cause de nos choix. Elle souffre bien assez...

Liam ne comprenait strictement rien aux propos des adultes. Madeleine et Constance avaient quitté la pièce. Sa grand-mère replaçait sans cesse la serviette en tissu sur ses genoux et son père, d'un geste du menton pour désigner les enfants, avait coupé son épouse.

— Ma chère bru, si je suis choquée de cette familiarité, je n'en dirai plus un mot. Après tout, les domestiques font partie de la vie de la maison de leur maître. J'ai moi-même eu du mal à me passer de ma femme de chambre pour venir. Cependant..., ajouta-t-elle en se redressant comme s'il était physiquement possible qu'elle se tienne plus droite qu'elle ne le faisait déjà. Cependant, je me dois, au nom de mes petits-enfants, de vous mettre en garde.

Les fourchettes se suspendirent au-dessus de la salade de pommes de terre. William fixa sa mère avec une telle intensité que Liam n'en menait pas large : il souhaita ne jamais être pris sous le faisceau orageux de ces phares sombres. Mais Adélaïde ne craignait pas son enfant. Liam, déjà assez impressionné par la prestance de son aïeule, en fut estomaqué. Elle expliqua dans un calme polaire :

— Votre excès d'amitié déteint sur votre fils et la fille de la bonne. Il ne m'a pas fallu deux heures sous ce toit pour me rendre compte de la proximité malsaine qu'entretiennent ces enfants ! Enfin, William ! Tu construis un empire de la mode française ! Comment peux-tu laisser ton successeur lier une telle entente ? As-tu conscience du nombre de clients que tu pourrais perdre à cause de cette male accointance ?

Autour de la table, on aurait pu ouïr une mouche voler.

Liam avait très bien compris que son ancêtre critiquait son amitié avec Constance, sans pour autant saisir la profondeur de ses propos. Ian, à côté de lui, masquait mal son sourire victorieux. L'expression pincée de sa mère et celle, navrée, de son père, finit par le mettre mal à l'aise.

Madeleine, seule, entra avec le plat de résistance. Elle avisa les assiettes pleines, questionna du regard la maîtresse de maison avant de repartir en sens inverse.

Chacun mangea en silence, jusqu'à ce que Ian fasse la conversation à Adélaïde en anglais pour lui prouver qu'il avait progressé. Liam, le cœur perclus d'angoisse, ne profita pas du repas. Il finit par demander à sortir de table pour aller se coucher, ce que Jeanne accepta.

Un mauvais pressentiment lui compressait la gorge. Il aurait aimé apercevoir Consty : partager un regard ou un sourire avec elle lui aurait certainement dénoué le sac de nœuds qui lui servait d'intestins. Mais il s'étendit la boule au ventre.

Constance ne parvenait pas à s'assoupir. Sa maman avait été convoquée dans le bureau du patron. Elle avait entendu Jeanne Roy dans la pièce... Pourquoi se réunissaient-ils si tardivement ?

Blottie sous les couvertures avec sa poupée Monique, elle attendait le retour de Madeleine, qui ne lambina pas.

Dès la porte refermée, sa mère s'aperçut qu'elle ne dormait pas.

— Tout va bien, maman ? s'enquit-elle aussitôt.

Madeleine acquiesça avant de se préparer. Une fois son bonnet de nuit râpé sur la tête, elle s'allongea dans le lit et l'observa. Elle semblait chercher ses mots.

— À partir de maintenant, je t'interdis de jouer avec Liam.

La fillette ouvrit de grands yeux effarés. Bien sûr, elle se souvenait de cette fois, un an plus tôt, où William les avait surpris en train de s'amuser avec sa poupée. La séparation avait été très difficile, mais petit à petit, les deux enfants étaient parvenus à se retrouver. Les adultes n'avaient que très peu réagi. Constance comprit qu'ils n'avaient gagné qu'un répit. Mais le pire restait à venir :

— Tu devras le vouvoyer et l'appeler « Monsieur ».

Ses lèvres se mirent à trembloter. Inconsciemment, elle secoua la tête négativement.

— Si tu me désobéis, je te punirai au martinet.

— Mais... maman...

— Écoute-moi attentivement, Constance : Liam n'est pas
ton ami et ne l'a jamais été. Tu l'as cru, mais c'était faux. Liam
n'appartient pas au même univers que toi, que nous. Et c'est un
garçon. Il serait indécent que vous continuiez à vous fréquenter.

— Je ne comprends pas..., gémit Constance au bord des
larmes.

— Tu n'as rien à comprendre. Je ne veux plus te voir, ni
jouer avec Liam, ni lui parler. Sauf pour recevoir des ordres de
sa part. À partir de maintenant, je t'apprends le métier. Endors-
toi vite, une rude journée t'attend demain.

Le monde de Constance s'effondrait. Incapable de retenir
l'incommensurable chagrin qui la submergeait, elle fondit en
larmes. Sa mère souffla la bougie en lui intimant de se taire. Il
n'y avait pas lieu de chouiner.

Chapitre 14 – 1911 – 15 ans

Depuis le bureau de son père, là-haut sous les toits, Ian contemplait la rue pavée. Leur maison faisait partie des plus hautes. Seul le clocher, un peu plus loin sur la place, la dépassait. Ian aimait dominer son lieu de naissance et plus encore les villageois. Ils lui apparaissaient comme les petites gens qu'ils étaient. Depuis son point de vue, il ne subissait plus les regards de pitié, la gêne des jolies jeunes filles lorsqu'il les épiait avec un peu d'insistance... Du bureau, Ian avait l'impression de commander le monde, d'autant qu'au loin, il distinguait la vaste usine tisserande des Roy, un bâtiment de brique et d'acier, résolument moderne. Il se posait ainsi en saint patron qui veillait sur sa ville, offrant travail et dynamisme à la région.

Le léger grattement de la plume sur le papier le berçait presque. Le souffle de son père se calmait enfin. Ensemble, ils avaient réussi à négocier le prix du ballot de laine. Leurs bénéfices, cette année encore, augmenteraient.

Ian sourit de complaisance, conforté dans son sentiment d'adhérer à cette élite puissante d'industriels qui, un jour, soumettraient les gueux et l'État. Son père ne partageait pas son point de vue. Il n'était pas visionnaire, selon Ian. Du moins, l'avait-il été en créant cette affaire, mais ce début de XXe siècle annonçait une ère prospère pour qui savait innover.

Ian ferait partie de ceux-là.

Il s'en faisait régulièrement la promesse.

Sa canne l'empêchait peut-être de courir, mais pas de diriger. Il n'avait que dix-sept ans, mais il apprenait vite et était doué, selon les propos de son géniteur. Il dépasserait le maître.

Content de lui, de cette volonté farouche qu'il cultivait depuis son accident de cheval qui l'avait laissé boiteux, il lissa sa moustache, dont les poils poussaient désormais suffisamment dru pour la tailler. Ah ! Quelle fierté d'arborer ce signe de maturité ! Plus tard, il pourrait même porter des bigoudis, la nuit, pour lui donner cette délicieuse forme arrondie à la mode.

Une carriole s'avança au bout de la rue. Un homme dans un état repoussant tira les rênes pour s'arrêter... devant la demeure des Roy ! Les deux jeunes filles qui l'accompagnaient descendirent. La première, châtaine, approuva les paroles du cocher. Ian remarqua les outils dans le chariot et comprit qu'il s'agissait d'un maçon, ou du moins d'un artisan du bâtiment. La seconde demoiselle offrit un signe de la main avant que le conducteur ne reparte.

Ian bloqua une seconde sur elle. Ou plutôt, sur ses formes divinement féminines. Ce chapeau garni d'œillets roses lui disait quelque chose... Et cette chevelure blond cendré...

Constance !

Ian se pencha davantage et son front heurta la vitre. Il grogna, mais son père, pris dans ses papiers administratifs, ne le remarqua pas.

Cette femme alléchante ne pouvait pas être la petite bonne ! Quelques mois plus tôt, elle avait quitté la maison. À ce moment-là, ses courbes se formaient, mais jamais Ian n'aurait pu songer que ces bourgeons se transformeraient en melons ! Il en saliva.

Constance serra dans ses bras son amie et descendit la rampe de l'entrée de service.

Ian capta son propre regard fiévreux et le rouge de ses joues dans le reflet de la fenêtre. Pris dans ses études et son apprentissage avec son père, il avait oublié le retour de Constance. Il se souvint que la famille d'une de ses camarades devait la récupérer à la gare du Havre et la raccompagner. Elle était donc revenue. Ian eut soudain hâte de la croiser. S'il y en avait bien une que sa canne n'effarouchait pas, c'était cette bonniche qui partageait son quotidien !

Liam patientait. « Trépignait » était sans doute le mot approprié. Constance devait rentrer aujourd'hui. Il n'en avait presque pas dormi d'excitation. La simple idée de la revoir déversait des seaux d'adrénaline dans ses veines. Son pied droit tapotait un tempo endiablé sur le repose-pied au tissu fleuri assorti au fauteuil de la bibliothèque. Il ne pouvait décemment pas l'attendre dans la cuisine, alors même qu'il en rêvait. Comment se portait-elle ? L'air pollué de la capitale ne l'avait-il pas fait souffrir ? Liam avait accompagné son père et son grand frère lors de la dernière exposition universelle, les gaz d'échappement lui avaient donné des céphalées.

Énervé, il chassa ces souvenirs futiles pour tendre l'oreille. N'avait-il pas entendu une porte se fermer au rez-de-chaussée ? Il avisa l'horloge au lourd balancier : bientôt il serait l'heure de goûter. Il aurait une bonne excuse pour descendre et enfin saluer Constance... si elle était rentrée !

Les voix de son père et de son frère résonnèrent dans le couloir. Liam, trop exalté, ne comprenait rien à leur discussion. Leurs pas s'éloignèrent dans les escaliers.

— Bonjour, Constance.

— Bonjour, Constance. J'espère que tu reprendras rapidement tes marques ici et que Paris ne te manquera pas trop.

— Bonjour, Messieurs. Merci pour votre accueil, Monsieur Roy. Paris n'est pas près de me manquer ! J'ai hâte de retrouver le calme de notre campagne normande.

Des éclats de rire polis.

Sa voix. Douce et posée. Claire. Avec ce petit quelque chose d'audacieux.

Les marches grincèrent jusqu'au dernier palier. Là, juste derrière le battant de bois... Liam se leva vivement. Une porte se referma. Trop tard. Constance se trouvait désormais dans sa chambre. Avec stupeur, il se rendit compte qu'il ne la croiserait peut-être pas aujourd'hui : elle ne reprenait son service que le lendemain. Si la lassitude du voyage la saisissait, elle ne quitterait sûrement pas son antre.

Liam se laissa tomber dans le fauteuil, dépité. Quel idiot de se mettre dans un état pareil pour une fille... Pour cette fille, en plus ! Celle qu'il avait interdiction d'approcher.

Il soupira. Son amour pour Constance lui provoquait une succession d'émotions antagonistes qui l'épuisaient, parfois. Au moins la jeune femme était-elle revenue. Au gré des semaines, Liam s'en était désespéré... Peu importait qu'il la voie aujourd'hui ou demain, Constance se trouvait sous ce toit.

C'est alors que le battant de la bibliothèque s'ouvrit pour se refermer rapidement et en silence.

Constance était là.

Devant lui.

Ses frisottis blonds encadraient ses traits pour faire ressortir ses grands yeux bleus. Ses taches de rousseur surmontaient son nez retroussé. Sa bouche ourlée tremblotait tandis qu'elle le dévisageait. Sa respiration paraissait aussi saccadée que la sienne. Bon sang ! Sa poitrine avait au moins doublé de volume ! Les boutons de son chemisier bordeaux semblaient prêts à craquer !

Un volcan entra en éruption dans les reins de Liam, répandant une infernale chaleur dans son corps. La puissance de cette vague de désir l'étourdit. Il ignorait qu'il pouvait ressentir un tel bouillonnement des sens uniquement en regardant Consty !

— J'ai besoin de toi... de vous..., bredouilla la jeune fille, soudain écarlate.

Ciel ! que Liam était beau ! Ses cheveux bruns, parfaitement disciplinés, lui apprirent qu'il sortait de chez le coiffeur, ou presque. Ses prunelles de la couleur du saphir et de l'ambre brillaient de joie. Liam était heureux de la revoir, elle ne pouvait en douter ! Et il la dévorait des yeux.

Un sourire franc s'épanouit sur les lèvres de la jeune fille. Elle percevait le trouble qu'elle faisait naître chez lui. Elle aima d'emblée cette sensation. Elle en ignorait les tenants et les aboutissants, mais être là, debout dans la même pièce, à respirer le même air... la comblait. Il lui avait beaucoup, beaucoup manqué. Le contempler emplissait son cœur au-delà de ce qu'elle s'était imaginé.

Sous l'œillade fiévreuse de Liam, elle comprit qu'il n'y aurait que lui. Lui uniquement, jusqu'à la fin de sa vie. Cette prise de conscience aiguë la déstabilisa davantage.

— J'ai besoin de toi... de vous...

— Que... que puis-je faire pour... toi ?

Leurs regards se verrouillèrent. Les deux ans de silence se gommèrent. Les presque quatre mois d'absence de Constance s'envolèrent.

La jeune fille réduisit la distance entre eux. Elle aurait dû se munir d'un plumeau, ou autre, et prétexter faire le ménage au cas où quelqu'un les surprendrait tous les deux dans cette pièce fermée. Du moins était-ce le plan qu'elle avait conçu durant son voyage de retour. Elle n'aurait pas dû aborder Liam aujourd'hui et encore moins si abruptement. Mais lorsqu'elle avait vu Jeanne qui lisait devant l'âtre du salon, puis Florent allongé sur son lit, seul dans sa chambre et enfin, Ian et monsieur Roy descendre du troisième étage, elle avait deviné que Liam se trouvait dans la bibliothèque. Elle n'avait pas résisté. Son intuition s'était révélée juste.

Elle fit le tour du fauteuil pour se placer au niveau des rayonnages de livres. Elle pourrait au moins faire semblant de chercher un ouvrage si on les surprenait. Liam comprit son intention puisqu'il ouvrit son propre roman sur ses genoux. Il avait suivi chacun de ses pas et désormais, son buste penchait vers elle, comme s'il se tenait prêt à boire chacune de ses paroles.

Un frisson d'anticipation parcourut l'échine de Constance. Le visage ainsi incliné vers elle, une subite envie de l'embrasser la dévora. Elle se pinça les lèvres et détourna vivement les yeux. Était-ce ce que sa mère avait ressenti au contact de son précédent patron, son géniteur ?

Songer à eux doucha la jeune fille. D'une voix à peine audible, elle entama sa confession en n'omettant aucun détail, comme elle l'avait fait un peu plus tôt avec Ghislaine tandis que son père les ramenait au village.

— J'en conclus que tes parents connaissaient forcément la situation.

Liam, le visage grave, acquiesça :

— Cela est évident. Ils n'auraient jamais accepté une domestique sans expérience venant d'aussi loin pour gérer une maison entière ainsi qu'un petit garçon en bas âge et moi qui allais naître... Ils ne l'auraient jamais embauchée sans une solide recommandation d'une personne de confiance. Et donc, un proche n'aurait jamais omis de spécifier sa grossesse. Ç'aurait été prendre le risque de mettre en difficulté mes parents, alors même que leur situation financière était bancale à ce moment-là. Les commandes n'étaient pas encore assez nombreuses.

— Exact. J'ai besoin de savoir qui a appuyé la candidature de ma mère. Mon père ou une tierce personne ?

— Dans tous les cas, ils étaient sûrement redevables à cet individu.

— Très redevables, oui. Eux aussi ont dû supporter les messes basses. Ils ont forcément encaissé d'innommables calomnies lorsque Madeleine n'a plus pu cacher sa grossesse.

Liam se frotta le visage, puis jeta un regard en coin à Constance, accroupie entre son assise et la bibliothèque. La détermination brillait dans ses iris océan. Il lui offrit un sourire.

— Tu as du sang bourgeois dans les veines, alors.

Elle opina.

Si son géniteur n'avait pas été si lâche, s'il l'avait reconnue, j'aurais pu la courtiser, la faire tomber amoureuse de moi et l'épouser. Nous nous serions forcément connus, vu que nos parents évoluaient dans le même cercle.

Ce constat provoqua l'amertume de Liam. Comment une naissance pouvait-elle déterminer toute une vie ? Alors qu'elle n'était pas choisie par la personne concernée !

— Je vais fouiller le bureau de mon père, déclara-t-il, la mine grave. Je sais où il entrepose son courrier.

— Non ! s'écria Constance. Tu ne peux pas prendre ce risque. Je ne voulais pas... S'il te surprend... Je pensais à une simple discussion !

— Consty.

Le surnom que Liam lui donnait depuis toujours s'étira entre eux. Comme c'était bon de le prononcer et de l'entendre...

— J'ai essayé d'amener le sujet quand nous étions enfants et que Madeleine regimbait de répondre à tes questions. Il a systématiquement refusé d'en parler. Nous avons grandi, c'est vrai, mais à présent, nous savons qu'il était forcément redevable de ton père, ou de cette personne, qui qu'elle soit. J'en conclus qu'il n'en dira pas davantage. Il a un secret à préserver, lui aussi.

— Liam, tu ne peux pas violer son intimité... Pas pour moi.

Il la détailla avec une franchise déroutante. S'il découvrait le nom de son géniteur et que ce dernier acceptait de la reconnaître, son rêve inavoué d'avenir commun avec Constance deviendrait palpable. Il ne pouvait le confier à la jeune fille, mais ici résidait sa motivation première.

La deuxième était directement liée à leur passif. Liam avait essuyé trop de ses larmes, enfants, à cause de la détresse, de la tristesse et de la colère de Constance envers son histoire personnelle. Il savait que son ignorance était source d'un profond sentiment de malaise. S'il pouvait au moins la soulager un peu... il n'hésiterait pas.

— Il faudra choisir un moment où il y aura le moins d'habitants possible sous ce toit. Tu nettoieras les escaliers pendant que je fouillerai son courrier. Tu pourras ainsi faire le guet et m'avertir si quelqu'un monte ici.

Pâle comme un linge, la jeune fille acquiesça. Liam lui offrit un timide sourire, qui n'en était pas vraiment un. Sur les traits anxieux de celle qu'il aimait, il contemplait sa prise de conscience : enfin, Constance comprenait la sincérité de ses sentiments grâce aux risques qu'il était prêt à encourir pour elle.

Ils se retrouvaient pour unir leurs forces.

Chapitre 15 – 1911 – 15 ans

Assise dans un coin du jardin sur une chaise de fer forgé blanc assez inconfortable, Constance tenait d'une main ferme une enveloppe.

Elle l'avait découverte le matin même sur son plancher au bois grisâtre non ciré, devant le détalonnage. À peine l'avait-elle ouverte qu'elle avait reconnu l'écriture serrée mais lisible du cadet de la famille Roy. Liam avait dû la glisser cette nuit à l'insu de la maisonnée endormie.

Trois mois s'étaient écoulés avant qu'ils ne parviennent à exécuter leur plan. Le plus difficile avait été de trouver un horaire avec le moins d'habitants possible. La veille, Constance avait balayé les escaliers tandis que Liam fouillait le petit meuble de rangement immédiatement à droite de l'entrée du bureau paternel. Monsieur Roy gardait son courrier ici même, tout en bas, dans des boîtes en carton brun rigide. Liam y était resté une vingtaine de minutes. En ressortant, il lui avait fait le signe qu'il lui écrirait. Ils ne parvenaient plus à se retrouver seuls, Ian semblait fournir de réels efforts pour traîner constamment dans les parages.

Constance n'aimait pas ses regards appuyés sur son corps. Elle avait la sensation d'être un objet, une sorte de cadeau de Noël avant l'heure. Léo, le jeune homme employé en extra pour le jardinage, l'épiait précisément de cette façon depuis quelques minutes.

Constance l'ignora.

Elle se concentra sur la douceur des rayons du soleil de ce début mai, puis sur le papier rugueux qu'elle venait de déplier. Elle se pencha légèrement en avant pour ne pas être éblouie et relut la missive pour la quatrième fois de la journée :

Constance,

J'ai trouvé trois lettres : les deux premières mettaient au point l'arrivée de Madeleine (date et heure, numéro de train...). Elles contenaient également les modalités de son embauche (contrat, taux horaire...).

La dernière disait :

« J'appréhende ta décision de couper les ponts, mon ami. Je te serai redevable à jamais de cette fâcheuse épine que tu acceptes de retirer de mon pied. Le prix à payer – ton amitié – pour cette incartade m'est très difficile à supporter. Nous avons tant vécu, toi et moi, durant nos études ! Mais je comprends. D'une part, car ton esprit réprouve toute duperie. Je me suis d'ailleurs tourné vers toi pour cette qualité : je te connais loyal et droit, tu garderas mon secret tout en employant décemment cette domestique. D'autre part, parce que tu as aimé profondément Apolline et que l'idée même que j'aie pu la cocufier t'est insupportable.

Cela n'excuse rien (quoique), mais sache que la fraîche demoiselle de notre jeunesse a laissé place à une femme migraineuse et indisposée en permanence.

J'ai un service à te demander : détruis ces lettres. Si quelqu'un les découvre par mégarde, tout cela aura été vain.

Je ne te remercierai jamais assez de l'éloigner de ma famille.

Ton dévoué ami. »

Ton père s'appelle Luc.

Je suis désolé, Consty. Désolé de t'apprendre qu'il n'est qu'un malotru. Ta grand-mère avait raison et semble avoir bien cerné le personnage.

Tu es peut-être née hors mariage et d'un lâche, mais tu es la fille la plus courageuse que je connaisse. Il ignore ce qu'il manque, à ne pas te côtoyer. Toi, par contre, tu ne manques sûrement rien à vivre loin d'un tel homme.

Tes qualités sont belles et nombreuses, Constance. Ne l'oublie pas.

Liam

PS : Je répondrai à toutes tes questions.

PPS : Mon père a peut-être une photo de l'époque de ses études parisiennes. Si tu es d'accord, j'essayerai de mener l'enquête.

Constance releva le visage. Aujourd'hui, jour hebdomadaire de congé, un léger vent emmêlait ses boucles blond cendré qu'elle pouvait garder détachées. Si elle se concentrait, elle percevait l'iode issu de l'océan Atlantique, lourd et âcre, qui lui faisait pourtant du bien en cet instant. Il ouvrait ses poumons à l'air, à la vie. Comme pour braver ce géniteur qui la considérait telle « une épine dans le pied ».

À peine conçue que déjà, il la rejetait. Comme si, dès le départ, elle ne pouvait pas être aimée. En lisant les mots de Liam, la jeune fille avait l'impression qu'il avait anticipé ces émotions si difficiles à endurer. Noir sur blanc, il lui exprimait son estime. Cet acte, provenant du garçon dont elle était amoureuse, couplé à son acte (fouiller le bureau de son père qu'il adulait), émerveillait Constance. Pas assez cependant pour ignorer la douleur des lettres de son géniteur.

Luc.

Poser un prénom sur celui qui lui avait donné la vie la soulageait. Depuis ce matin, ses émotions atteignaient des sommets pour dégringoler dans de sombres profondeurs. Madeleine n'avait jamais compté pour lui. Il n'avait fait que profiter : la trousser et la dégager. Cela s'avérait si vulgaire, si bas ! Il avait trompé sa femme, bafoué les liens sacrés du mariage et ne semblait même pas s'en repentir. Comment monsieur Roy, si droit, avait-il pu s'acoquiner avec un être si abject ? Un être capable d'abandonner son propre enfant ?

Au moins avait-il pris conscience de son erreur. D'un côté, Constance était déçue que Luc ne fasse plus partie de l'entourage de son employeur. D'un autre, elle en ressentait un certain apaisement. Elle estimait beaucoup monsieur Roy pour sa rectitude et sa justesse, et savoir qu'il avait tout simplement évincé ce bonhomme de sa vie lui offrait le sentiment qu'elle n'était pas en tort.

Elle n'en avait jamais pris conscience jusqu'à présent, mais elle avait toujours eu l'impression qu'elle dérangeait, comme si elle avait commis une terrible erreur en naissant. En vivant.

Elle comprenait désormais qu'il n'en était rien grâce à sa grand-mère et Liam, qui lui avaient livré l'histoire de sa conception. Elle n'avait rien à se reprocher. Madeleine s'était laissé abuser. Luc en avait profité sans assumer. Constance ne pouvait se définir par leurs actes...

— Chasse donc cet air si concentré de ton joli minois.

Constance sursauta. Elle replia la lettre vivement pour la ranger dans l'enveloppe.

— Un billet doux ? railla le jardinier.

Le soleil brilla dans ses lunettes, aveuglant un instant Constance. Mal à l'aise de sa curiosité mal placée et de son indécente familiarité, elle se leva.

— T'es vraiment minuscule, hein ? Et pas causante.

Son regard vicieux la glaça. D'instinct, elle croisa les bras sur son ventre, comme pour se protéger.

— Nous ne nous connaissons pas. Je ne vous permets pas de me tutoyer et...

— Arrête de péter plus haut qu'ton cul de p'tite bonniche, grinça Léo en s'approchant d'un pas.

Affolée, Constance observa autour d'eux à la recherche d'une aide. Mais ils se situaient dans le fond du jardin. Mady, seule présente sous ce toit, brillait par son absence. Même si elle se trouvait sous la véranda ou la cuisine, elle ne les verrait pas : le tronc du saule qui abritait la cabane des garçons les masquait.

— Oublie pas qu'on a les mêmes patrons, tous les deux. Et mon père se tue à la tâche pour cette famille de bourges. Sois gentille.

Ses iris boueux glissèrent le long de ses courbes. Constance inspira difficilement. Jamais on ne lui avait autant manqué de respect. Prise au dépourvu, elle recula d'un pas, mais se heurta à sa chaise.

Elle se retrouva assise. Elle compressa la missive de Liam comme s'il s'agissait de la main du jeune homme et qu'il allait la défendre. Mais la famille se trouvait dans la maison d'à côté, chez leurs voisins, pour fêter l'anniversaire de la petite dernière. Il ne la sauverait pas des idées salaces du nouveau jardinier.

Sans gêne, il posa ses paumes sur les accoudoirs de la chaise pour dominer Constance. Ses lèvres fines soufflèrent :

— Elles sont plus dociles, à la ville. Vous, les campagnardes, vous êtes si naïves... Des petites vierges effarouchées...

Un désir malsain suinta de sa dernière phrase. Léo se pencha davantage et inspira longuement dans le cou de la jeune fille tétanisée. Elle sentit chacun de ses poils se dresser d'effroi.

— Mais tu vois, t'es bien comme toutes les autres. Ton corps réagit.

D'un geste du genou maîtrisé, il écarta les siens. La robe de Constance remonta sur ses tibias. Un voile blanchâtre recouvrit sa vision.

Que fait-il ? Mon Dieu ! Que fait-il ?

Léo retroussa le tissu si vivement sur ses cuisses qu'il se déchira. Le craquement, sinistre, fit l'effet d'une gifle à Constance. À l'inverse, il sembla exciter davantage le jeune homme, qui retira avec frénésie ses bretelles. Elle profita de son recul pour bondir et le pousser de toutes ses forces.

Léo était peut-être sec, mais sa force ne fit aucun doute quand il lui attrapa le poignet pour le lui tordre.

— Aïe !

Constance, ahurie, souffrante et choquée, ne remarqua même pas qu'elle pleurait en criant. Elle se débattit avec frénésie.

Un violent uppercut la cueillit à la pommette. Elle bascula en arrière, sonnée, et s'écrasa dans l'herbe. Sa tête percuta durement le sol. Elle entendit vaguement sa mère hurler :

— Va-t'en !

Madeleine brandissait un balai, prête à l'abattre sur Léo, qui détala. Elle se précipita au chevet de sa fille, qui gisait la robe soulevée jusqu'à la taille. D'un geste ample, elle la replaça avant de l'aider à s'asseoir.

Constance haletait.

— Maman...

Elle fondit en larmes dans les bras de Madeleine, elle aussi profondément sidérée.

Chapitre 16 – 1911 – 15 ans

Cinq jours.

Voilà cinq jours que l'ex-jardinier avait agressé Constance et que la jeune fille évitait les Roy comme la peste. Elle longeait les murs pour s'enfermer dans la cuisine. Les garçons avaient reçu l'interdiction de pénétrer dans cette pièce. Madeleine effectuait tous les services à table et le ménage dans la demeure lorsque les enfants n'étaient pas à l'école.

Ian avait appris à Liam que leur père avait renvoyé celui de Léo en lui promettant qu'il ferait en sorte que jamais sa famille ne retrouve un emploi dans la région. Un moyen radical pour faire déguerpir un jeune homme dont les actes étaient aussi abjects. Liam s'était senti soulagé par la rapidité et la dureté de la décision paternelle. L'anxiété le rongeait désormais : dans quel état se trouvait Constance ? Il comprenait qu'elle n'ait pas le moral, mais pour les éviter tous à ce point, il avait dû l'amocher physiquement.

Liam, assis dans la salle de classe près de Marc, enrageait de ne pas connaître les détails. Ses parents n'avaient rien dit, préservant la réputation de la jeune fille à leurs yeux. Ce scélérat avait peut-être volé sa virginité. Et si elle tombait enceinte...

L'encrier se déversa sur son bureau, trempant sa copie. Marc se leva prestement, sauvant la sienne de justesse. Vite, les buvards arrivèrent de toutes parts pour éponger la catastrophe.

— Liam Roy ! Reprenez-vous, votre inattention vous a déjà valu une retenue ce matin en cours de latin.

— Pardonnez-moi, maître, s'excusa-t-il d'une voix mécanique.

Liam sortit une nouvelle feuille de sous son pupitre de bois et recommença péniblement l'exercice de mathématiques. Le banc, comme souvent en fin de journée, lui faisait mal aux fesses. Mais pour une fois, cela lui passait par-dessus la tête. Il s'en voulait terriblement. Il était allé à reculons au goûter d'anniversaire chez les De Lamiton. Il avait failli, à la dernière minute, prétexter un étourdissement pour rester à la maison et ainsi essayer de discuter avec Constance : il s'inquiétait pour elle à propos de la réception de sa lettre. Il aurait mieux fait d'écouter son instinct.

Sous ses yeux, les chiffres se brouillèrent. Marc lui lança un regard en coin, troublé. Liam était bon élève, même s'il lui arrivait de procrastiner lors des devoirs, par exemple. Mais en cours, cela ne se produisait pas. Discrètement, il lui donna un petit coup de coude.

Liam sursauta, reprenant pied dans la salle de classe fraîchement repeinte. Depuis, la pièce paraissait plus grande et lumineuse. Ce n'était pas du luxe, la suie du vieux poêle avait fait des dégâts... Liam offrit un pâle sourire à son ami, qui bougea légèrement sa feuille vers lui. Silencieusement, il lui proposait de copier sur lui. Liam avait fait de même, quelques semaines auparavant, alors que Marc n'avait pas pu réviser, cloué au lit par une forte fièvre passagère.

Le jeune homme jeta un coup d'œil au professeur, assis à son bureau sur son estrade. Monsieur Dessoulard dominait la classe, mais semblait trop absorbé par son journal pour la surveiller. Il recopia sans honte le premier exercice afin de gagner du temps. Il valida en même temps le résultat, puis entama le second, tout aussi rapidement. Le grattement régulier de la plume sur sa feuille le propulsa quelques jours plus tôt, tandis qu'il transcrivait, de tête, la missive de Luc, le géniteur de Consty. Fermement, le jeune homme s'obligea à repousser l'adolescente de son esprit. Plus que trente minutes pour terminer son contrôle et il pourrait rentrer chez lui. Peut-être la croiserait-il enfin ?

Cinq jours.

Depuis, Constance n'osait plus se regarder dans un miroir. Comme chaque soir, elle évitait soigneusement son reflet dans sa coiffeuse. Elle ne supportait plus la vue de ses gros seins ni l'arrondi de ses hanches et de ses fesses. L'hématome violacé qui lui mangeait presque la moitié du visage exacerbait son dégoût d'elle-même.

Pourquoi son enveloppe charnelle avait-elle autant changé au cours des derniers mois ? Pourquoi les hommes semblaient-ils obnubilés par ses courbes ?

Le souvenir gras de Léo, penché sur elle, l'envahit à nouveau. Elle sentait son haleine, revoyait l'expression de son désir tendre le tissu entre ses jambes. Elle avait détesté cela. Être confrontée à cette chose de façon si violente, pourtant naturelle mais ô combien taboue, l'avait traumatisée. Constance se cacha le visage entre les mains dans une vaine tentative de se soustraire aux réminiscences dégradantes. Elle ne réussit qu'à se faire mal en effleurant la trace de son agression.

Le pire avait peut-être été le geste sec de sa mère lorsqu'elle avait replacé sa robe. Comme si Constance s'exhibait sciemment. Encore sonnée par le coup de poing, elle avait pourtant capté le regard désapprobateur de Madeleine. Elle l'avait tenue contre son sein maternel en lui demandant ce qu'elle avait fait pour provoquer le jeune homme.

Constance déglutit. Les premiers mots de Mady ne se destinaient pas à prendre de ses nouvelles. Elle avait plutôt suggéré à sa fille qu'elle méritait ce traitement à cause d'une supposée attitude déplacée. Constance avait-elle aguiché Léo sans s'en rendre compte ? Et d'ailleurs, que signifiait ce terme ? L'ignorer avait-il poussé le garçon à agir ? Aurait-elle dû rire de sa familiarité ? L'écarter plus gentiment ? Mais comment ? Comment dire « non » sans froisser l'autre, menaçant ?

Une vague de colère d'une brutalité inouïe la frappa. Elle bondit de son tabouret, ouvrit la fenêtre d'un geste désespéré et s'y pencha.

Trois étages plus bas, les ténèbres masquaient le lieu du forfait. À peine distinguait-elle les ombres dansantes des branchages des arbres. La première goulée lui fit du bien. Elle se redressa un peu, se soustrayant au vide. Elle laissa la nuit engloutir son regard océan noyé de détresse. Trop d'éléments tourbillonnaient dans sa tête.

Elle se souvint du contenu de la lettre de Liam, qu'elle avait gardée tout au long de l'altercation roulée en boule dans le creux de sa main. Elle se remémora le puissant sentiment d'injustice qu'elle avait ressenti en comprenant qu'elle, en tant qu'enfant, subissait encore la couardise et les mauvais choix de ses parents, les adultes.

Comment pouvait-on se comporter de façon si égoïste ? Comment pouvait-on se conduire si mal alors que les répercussions atteignaient forcément un être innocent ?

Ces interrogations la ramenèrent à Léo. D'autres surgirent de son esprit tourmenté, mais si limpide en cet instant. Par quel mécanisme bizarre un simple « non » pouvait-il engendrer un désir si intense de domination ? Comment Léo pouvait-il aimer forcer une femme ?

Car il s'agissait bien de cela. Elle l'avait clairement rejeté et il ne l'avait pas supporté.

Je n'ai rien fait de mal, comprit-elle enfin. *Comme pour mes parents, j'ai juste enduré les actes insensés d'un individu malveillant.*

Ce constat détendit subitement ses épaules. Elle s'accouda au rebord de la fenêtre, offrant son visage aux éclats étoilés.

Jusqu'à quand subirait-elle ?

Ses pensées se dirigèrent vers Liam, vers l'amour qui croissait chaque jour dans son cœur pour le jeune bourgeois aux cheveux de jais. Elle ne pouvait douter de leur lien, malgré ces années de silence et d'éloignement. La bienséance lui interdisait de lui avouer ses sentiments, bien qu'à cet instant, Constance aurait aimé le faire.

Une fois de plus, elle se sentit victime. Victime de sa naissance bâtarde. Victime des traditions. Victime d'être femme.

Le vent forcit, apportant une odeur de pluie. Constance ferma les volets, puis la fenêtre. En croisant son reflet dans la vitre, elle ne détourna pas les yeux. Elle vit le changement s'opérer en elle tandis qu'elle prenait sa décision.

Demain matin, elle poserait le premier pavé sur le chemin de vie qu'elle s'était choisi. Constance ne savait pas encore très bien comment elle s'attaquerait à la suite, elle devrait y réfléchir.

Chaque chose en son temps.

D'un mouvement sec, elle tira les rideaux épais à la couleur vert fané, s'affranchissant ainsi de sa propre vision. Elle attrapa son bonnet de nuit fraîchement lessivé et, comme à son habitude, cala sa tresse dedans : elle ne la gênerait pas pendant son sommeil. Puis elle se glissa entre ses lourds draps de lin et éteignit sa lampe à huile.

Dans la pénombre intense, Constance garda les paupières grandes ouvertes. Elle tentait de formuler ses sentiments le plus clairement possible.

*

— Constance ! Que s'est-il passé ?

Baptiste, affolé, posa sa panière de fer au sol pour se précipiter vers elle. Il approcha sa grande main, mais se retint *in extremis* de toucher son coquard. La lumière crue du plafonnier de la cave faisait ressortir la palette colorée sur la peau pâle de la jeune fille.

— Le jardinier des Roy m'a agressée il y a quelques jours.

Elle lâcha l'information sans ciller. La veille, elle avait compris qu'elle n'était pas en faute. Léo avait un sérieux problème. Pas elle. Depuis, elle vivait mieux son apparence, même si sa prise de conscience n'effaçait pas le traumatisme.

— Qui est ce fumier ? gronda le paysan en serrant les poings.

— Il est parti. Sa famille et lui n'étaient pas du coin, ils ont quitté la région sur ordre de monsieur Roy.

La mâchoire carrée de Baptiste se verrouilla.

— Donne-moi quand même son nom, exigea-t-il.

L'insistance du jeune homme la renvoya à celle de Léo. Intérieurement, une part de son être se recroquevilla sous la peur. Une autre, minuscule, celle qui avait pris la première décision de sa vie, hier soir, montra les dents.

— Cela appartient au passé. Je refuse que tu le recherches pour... pour exercer une sorte de vengeance.

Les billes brunes de Baptiste se cadenassèrent aux siennes.

— Ma future femme se fait... (Il désigna son visage d'un geste de la main, étouffant de fureur.) Et tu « refuses » que je refasse le portrait à ce salaud ?

Constance garda le silence. Les choses s'annonçaient plus dures que prévu. Baptiste entrait dans une colère noire en plus d'afficher un trop-plein de confiance en son jugement.

Depuis son retour de Paris, quelques mois plus tôt, ils ne s'étaient presque pas vus. Ils croulaient sous le travail et, Constance se l'avouait sans détour, cela l'avait arrangée. Elle faisait désormais face à sa propre couardise. L'agression de Léo corsait sérieusement la situation, mais elle avait fait son choix.

Le premier pavé sur son chemin de vie.

— Baptiste. Je ne suis pas ta fiancée. Je ne le serai jamais.

Il papillonna des cils.

— Que dis-tu ? souffla-t-il, abasourdi.

— Restons-en là.

— Il t'a violée et tu es enceinte.

Constance accusa le coup. Était-ce le propre de l'homme d'entendre une chose complètement différente de ce que la femme verbalisait ? Interprétaient-ils tous leurs paroles ?

Ébahie, elle fit un signe négatif de la tête.

Baptiste inspira profondément en retirant son béret. De ses doigts abîmés, il entreprit de le malaxer.

— Écoute. J'aurais préféré que tu sois vierge, mais si vraiment tu ne l'as pas cherché...

— Comment oses-tu ? coupa Constance.

La voix tremblante de rage, elle peina à articuler :

— J'ai dit : restons-en là. As-tu entendu que j'étais enceinte d'un viol ? M'as-tu vue te supplier de m'épouser pour me protéger d'une honte complètement absurde ? Comment une femme peut-elle « chercher » à subir une telle horreur ?

Pour appuyer ses paroles, elle désigna son œil au beurre noir. Pâle comme un linge, Baptiste recula. Son corps massif heurta la porte.

— C'était... c'était pour...

— Oh ! Bien sûr. Cela partait d'une bonne intention. Laisse-moi deviner, tu t'es dit : « Tiens ! Si j'épousais une fille souillée et grosse, mais qui n'est pas une aguicheuse ! »

Le vocabulaire cru de Constance, pourtant si pondéré habituellement, choqua le laitier. Elle-même ne revenait pas de son audace. Les propos de Baptiste étaient peut-être – sûrement – sincères, mais ils cachaient en réalité deux vérités nauséabondes. D'une part, l'idée que Constance découvrait répandue qu'une femme agressée l'avait peut-être cherché, et d'autre part, qu'au lieu de poser une simple question, à savoir : « Pourquoi me quittes-tu ? », Baptiste avait préféré imaginer une raison. Raison qui le poussait à agir tel un preux chevalier fournissant un réel effort en liant sa vie à celle d'un être présumé impur.

D'où proviennent des concepts si révoltants ? songea la jeune fille, amère.

Le pire était qu'elle réalisait les avoir intégrés. Comme si ces idées préconçues étaient normales. À la lumière des récents évènements, Constance comprenait violemment qu'il n'en était rien. Cela la sonnait, mais la situation exigeait qu'elle se reprenne sur-le-champ.

Elle croisa les bras sur sa poitrine. Baptiste suivit son geste et détourna aussitôt les yeux. Elle le voyait contenir son irritation, mais jusqu'à quand ? Il virait à l'écrevisse au fur et à mesure que les secondes s'écoulaient.

— J'ai pris ma décision à Paris, avoua Constance d'une voix qu'elle s'efforça d'adoucir, comme elle l'avait répété dans son lit la veille.

Baptiste renifla, soudain dédaigneux :

— La capitale t'aura retourné le cerveau. C'est ce qui se passe lorsqu'on laisse une jeune fille sans surveillance là-bas ! Tu y as rencontré un titi qui t'a promis une belle vie ! Je ne te croyais pas si naïve.

— Tu recommences à extrapoler. L'éloignement m'a permis de réaliser que tu ne me manquais pas.

Sous le choc de cette constatation déballée sans les formes, Baptiste la fixa, bouche bée.

— Pour ta gouverne : je ne rapporte de Paris aucune amitié ou amourette et je ne suis pas enceinte car je suis encore vierge.

Ce fut au tour de Constance de rougir. Elle voulait marquer son aplomb, mais dévoiler son intimité la gêna terriblement.

Baptiste ouvrit la bouche. La referma. Positionna son couvre-chef et sortit. Constance, vidée de son énergie, s'assit sur les marches humides. Pas un instant elle n'avait envisagé une rupture si haute en couleur ! Qu'allait colporter Baptiste ? Elle savait que si le jeune homme décidait de se venger, elle pourrait dire adieu à sa réputation au village. Elle se consola en songeant à Ghislaine. Son amie la croirait, elle. Mais… et Liam ?

— Constance ? l'interpella sa mère. Où est le petit-déjeuner ?

— Pardon, maman. J'ai été prise avec Baptiste.

L'adolescente se releva péniblement et grimpa les marches jusqu'à la cuisine, le panier de fer à la main. Mady la cueillit d'un regard soupçonneux.

— J'ai rompu.

Constance lâcha l'information en enfilant son tablier. Un poids s'envola de ses épaules.

— Mady ! Apportez vite les sels, s'il vous plaît, Jeanne ne se sent pas bien.

La voix grave du maître de maison résonna jusqu'au rez-de-chaussée. La bonne s'empara du flacon dans un placard du buffet.

— On en reparlera, grogna-t-elle en s'éclipsant.

Constance s'affaira avec l'efficacité qui la caractérisait. Elle eut une pensée pour madame Roy, qui souffrait rarement de malaises. Elle espéra qu'il ne s'agissait pas d'une nouvelle épidémie de gastro-entérite… Elle gardait un souvenir éreintant et peu ragoûtant de la dernière. Cinq minutes plus tard, elle poussait le chariot dans le salon. Les trois garçons, déjà installés, cessèrent immédiatement leur conversation. Ils la dévisagèrent.

Dans sa précipitation, et aussi parce qu'elle se sentait plus légère depuis sa séparation, elle n'avait pas pensé à son œil poché. Elle mourait d'envie de croiser le regard de Liam, mais elle n'osa pas. Pas avec toute cette attention rivée sur sa personne... Elle décida de les servir comme si de rien n'était. Elle disposa le café, la crème et le lait chaud au chocolat sur les napperons. Puis le beurrier, le confiturier...

— Avez-vous mal, Constance ?

La petite voix de Florent lui fit relever la tête.

— Cela va mieux, merci.

Elle tenta un coup d'œil vers Liam. Un éclat de compréhension passa entre eux et l'adolescent se détendit imperceptiblement. Constance remontait la pente, il l'avait saisi. La jeune fille termina son service et retourna à pas feutrés dans la cuisine.

Autour de la table, les frères petit-déjeunèrent en silence, inquiets pour leur mère et encore désorientés par la preuve de la violence de l'agression envers celle avec qui ils grandissaient.

Chapitre 17 – 1906 – 10 ans

Florent ne cessait de geindre. Ian, assis sur son nouveau lit, le dos droit, le fusilla une fois de plus de son regard vert perçant. Liam lâcha un interminable soupir. La cohabitation promettait d'être pénible.

Jusqu'alors adossé à l'échelle de sa mezzanine, il s'accroupit pour se positionner à hauteur de son petit frère.

— Florent…, appela-t-il avec tendresse.

— Mmh, pleurnicha l'enfant de quatre ans.

Ses longs cils balayèrent ses prunelles brunes humides pour en chasser les deux perles salées. Elles dévalèrent ses joues rebondies et s'échouèrent sur le tapis tissé que le benjamin s'échinait à maltraiter. De ses petits doigts fins, il en arrachait de minuscules fibres colorées. S'il continuait ainsi, les adultes le puniraient, et ses aînés aussi, par la même occasion, pour ne pas l'avoir empêché d'abîmer cet objet de grande valeur.

— Florent, gronda Liam en lui attrapant la main. Fais un effort !

— Mais je veux mes jouets…

Ses lèvres fines se tordirent en une moue que le cadet ne connaissait que trop bien : Florent fondrait en larmes d'une minute à l'autre.

— De toute façon, tu ne t'amusais plus avec la moitié de ceux dans la malle. Tes joujoux préférés sont juste là, sous ton lit ! Pourquoi couines-tu encore ?

— Ian est méchant ! Je ne veux pas partager ma chambre avec lui !

— Je n'ai pas désiré déménager ici ! explosa l'aîné en tapant du plat de la main sur sa couverture.

Sa canne, posée contre son matelas, dégringola sur le plancher dans un bruit mat. Ses traits se figèrent. Liam le savait, il détestait cet objet qui incarnait l'ensemble de ses malheurs. Que l'attention de la chambrée se tourne vers cette aide pourtant précieuse le mettait hors de lui.

Chaque fibre de son corps menaçait désormais de se rompre sous la tension. Liam se précipita pour ramasser la canne et la reposer assez loin, mais suffisamment près pour que son frère puisse l'attraper. Il se détourna promptement de l'objet ouvragé avec finesse pour se reconcentrer sur Florent, espérant ainsi apaiser la fureur de Ian. Il se positionna à nouveau à sa hauteur et enveloppa ses mains dans les siennes.

— Allons. Ce n'est que pour un temps, tu sais bien. Dormir avec Ian nous permettra de...

De faire quoi, au juste ? se questionna Liam.

Avec leurs huit ans d'écart, Ian et Florent n'avaient jamais été proches. L'aîné s'échinait à repousser le benjamin pour pouvoir s'amuser à des jeux de « grands » avec Liam. Ce dernier tentait d'arrondir les angles et de partager des moments avec son petit frère adoré ; cela était possible parce qu'ils dormaient dans la même chambre. À présent que Ian les rejoignait, Liam savait que cet équilibre précaire volerait en éclats. Ian ne supporterait probablement pas de découvrir leurs divertissements. Au lieu de s'intégrer, il essayerait de les séparer pour accaparer l'attention du cadet.

Liam garda pour lui ses conclusions et se contenta de tapoter l'épaule de Florent.

— Cesse donc de maltraiter ce pauvre tapis, ou tu sentiras claquer le martinet sur tes cuisses. Tu retrouveras ton gros coffre à jouets dès que grand-père Louis repartira d'ici. En attendant, tu en as un plus petit qui glisse juste sous ton lit. Tu en as de la chance, tu vas pouvoir y cacher tes secrets les plus précieux. Personne n'osera l'ouvrir puisque tu dors dessus !

La fossette au menton de Florent s'accentua tandis qu'un léger sourire retroussait le coin de sa bouche.

— Comme Pépino le pirate, je dors sur mon trésor !

— Exact, moussaillon !

Les deux frères échangèrent un rire. Liam se tourna alors vers son aîné, soulagé d'avoir dédramatisé la situation.

L'armoire, auparavant à droite de l'entrée, avait été installée entre les deux fenêtres, à l'emplacement du gros coffre à jouets désormais entreposé au grenier. Madeleine en avait vidé une partie pour y entasser les vêtements du nouvel arrivant. La place ainsi dégagée accueillait le lit de Ian.

Le visage rongé par la colère de ce dernier percuta Liam de plein fouet. Il ne se voyait pas temporiser en permanence la relation entre ses frères. Pourtant, il avait la sensation que cette place de cadet, au « milieu » semblait être celle d'un tampon.

Pourvu que grand-père Louis ne reste pas trop longtemps..., songea le garçon en se relevant.

La porte de la chambre s'ouvrit à cet instant sur Mady, toujours tirée à quatre épingles dans son ample robe noire complétée par son fichu et son tablier blancs.

— Les enfants, votre aïeul descend de la calèche. Allez donc l'accueillir comme il se doit, mais ne le fatiguez pas davantage. Le trajet depuis Valence a dû l'épuiser.

Les trois frères acquiescèrent. Liam, soucieux de l'humeur de son aîné, prit le temps de s'épousseter et de remettre de l'ordre dans la tenue du petit afin de laisser la première place à Ian. Il put se lever à l'aide de sa canne et emboîter le pas à Madeleine. Florent, trépignant de rencontrer cet ancêtre dont il ne gardait aucune trace en mémoire, s'échappa à toute vitesse. Résigné, Liam suivit le mouvement.

Il conservait un souvenir vivace de grand-père Louis grâce à sa visite deux ans plus tôt : celui d'un homme à l'imposante bedaine qui parlait beaucoup trop fort. Il ne savait pas vraiment s'il avait hâte ou s'il redoutait cet emménagement...

Ses préoccupations s'envolèrent lorsqu'il avisa Consty qui descendait les escaliers menant au dernier étage. Il lui adressa un petit sourire, qu'elle lui renvoya, radieuse avec sa canine supérieure gauche qui commençait à combler le trou de sa dent de lait tombée. Ils ne se parlaient plus, sur ordre parental alors même qu'elle lui manquait. Le garçon ne savait pourtant pas comment franchir le fossé qui les séparait désormais. Il aurait aimé trouver les mots, le temps... Oui, c'était cela ! Si seulement Constance ne travaillait pas autant ! Avant, ils s'amusaient malgré l'interdiction des adultes. Ils s'arrangeaient toujours un moment ensemble.

Le grincement des gonds de l'entrée ramena Liam à la dure réalité : avec une personne de plus sous ce toit qui les surveillerait à coup sûr, ce n'était pas demain la veille que Consty et lui se retrouveraient...

— Vous devriez vous dépêcher, Monsieur Liam. Votre grand-père...

— Ah ! Mes chers petits-enfants !

La voix de stentor se répercuta dans les escaliers. Quelque chose en Liam se noua. Probablement son œsophage. Qu'était-ce donc ? L'impression aigre-douce que sa tranquille vie quotidienne qu'il chérissait se dissolvait ? Le vouvoiement de Consty, pourtant imposé entre eux il y a des années ? Tout comme le « Monsieur », alors qu'il s'évertuait à songer à elle comme à sa « Consty », le surnom qu'il lui avait donné dès qu'il avait été en âge de babiller ? Liam ne savait pas. Ne voulait pas y réfléchir. Seuls comptaient les iris couleur océan de Constance, qui l'observait avec insistance. D'un gracieux geste de la main, elle désigna le rez-de-chaussée, d'où des salutations polies leur parvenaient.

Le nœud dans la gorge de Liam glissa pour se dissoudre dans son cœur. Cette sensation de légèreté après la lourdeur le surprit profondément. Que se passait-il ? Liam piqua un fard en comprenant que le regard de Consty était à l'origine de son trouble. Pourquoi rougissait-il, bon sang ? Encore une manifestation physique qui l'étonnait. Il faillit s'étouffer avec sa salive en déglutissant, et, terriblement gêné, il s'enfuit dans les escaliers.

Ian entrait dans le salon-salle à manger lorsque Liam déboula. Par-dessus son épaule, son grand frère lui jeta un coup d'œil assassin. Le garçon stoppa sa course pour pénétrer à son tour dans la pièce. Qu'avait-il donc fait pour mériter un tel accueil ? Ian était-il encore sur les nerfs à cause de son emménagement dans leur chambre ? Liam comprenait que céder son intimité pour une durée indéterminée lui déplaise, mais son mauvais caractère commençait à lui peser.

— ... mais avec sa canne, il est autonome.

Liam se figea aux côtés de son frère. Il n'osa plus bouger. Il s'en voulut aussitôt : voilà pourquoi Ian l'avait contemplé si méchamment. Les adultes évoquaient son infirmité. Et lui n'avait rien trouvé de mieux que de dévaler les escaliers comme un lapin, lui rappelant d'une façon cruelle qu'il ne pourrait plus jamais le faire.

Ian avait huit ans lorsqu'il était tombé de cheval. Son tibia et son péroné gauches s'étaient brisés net sur une pierre, puis l'animal, effrayé, avait manqué de le piétiner. Liam était absent ce jour-là, encore trop petit pour participer à cette balade champêtre en compagnie de son père et son frère. Il se souvenait cependant parfaitement de la gifle de Madeleine pour lui faire ravaler sa jalousie. Sa bouderie que Constance avait atténuée grâce à des fruits au sirop. Puis les larmes suffocantes de sa mère.

Ian, pour éviter le cheval, avait effectué un roulé-boulé dans un buisson de genêts. Sa jambe avait heurté le tronc, déplaçant la fracture. Malgré le suivi médical, ses os s'étaient mal ressoudés, lui laissant un boitement et des douleurs vives. L'accident remontait à quatre ans, le petit garçonnet turbulent avait cédé la place à un adolescent aigri. Liam avait observé son frère s'enfoncer dans une amertume qui lui retournait l'estomac tant elle le rendait triste. Depuis, il faisait tout son possible pour éviter de lui rappeler son invalidité. Il s'empêchait de courir, par exemple. Il prenait garde à adapter son allure à la sienne. Il encaissait ses sautes d'humeur. Il... Que pouvait-il faire d'autre ? Il l'ignorait, mais l'aurait fait sans l'ombre d'une hésitation si cela aurait pu soulager son aîné. Pourtant, il trouvait le comportement de Ian à son égard déplacé. Il n'avait pas à subir ses foudres à cause des paroles inconscientes des adultes !

— Je sais, je sais qu'il est autonome. Je vais en faire un homme, moi, un vrai ! Un bien français !

Le sous-entendu à la nationalité anglaise de son père n'échappa pas à Liam. Il se souvint que Louis le considérait comme un peu « mou » à cause de son flegme. Cela l'avait toujours blessé, bien qu'il ne l'eût jamais exprimé.

— Comme pour toi, Liam !

— Bonjour, grand-père.

Le garçon s'approcha avec un sourire timide. Son ancêtre, ridé et ratatiné, se tenait assis sur le fauteuil près de la cheminée. Sa peau semblait épaisse et ses cheveux argentés, gras. À travers ses lunettes étroites, les flammes paraissaient minuscules. Leur douce chaleur parvenait pourtant par vagues puissantes à Liam.

Lentement, il se pencha sur la joue flasque pour y déposer un baiser. Il la trouva râpeuse.

— Quel âge as-tu maintenant ?

— Dix ans, grand-père.

— Ah ! Ton instituteur t'apprend-il à tirer à la carabine ?

Le petit garçon carra les épaules. Après des mois de galère, il commençait à s'en sortir. Enfin ! Quelle honte pour lui-même, sa famille, sa patrie, s'il n'avait pas réussi à viser ! Il acquiesça vigoureusement à la question de Louis, tout sourire.

— Ian, viens par ici.

Le bruit caractéristique de la canne contre le parquet approcha. À son arrivée, le grand-père se redressa :

— Êtes-vous prêts à devenir des hommes, mes garçons ?

L'instant parut si solennel à Liam qu'il opina avec empressement. Du coin de l'œil, il vit Ian faire de même, rayonnant. Les deux frères n'étaient jamais traités sur un pied d'égalité. À cet instant, Liam prit conscience de la jalousie et de la compétition qui les animaient la plupart du temps. Grand-père Louis venait de rompre cela. Le soulagement de Liam fut tel qu'il sentit poindre en lui une éternelle reconnaissance pour son aïeul. Désormais, il boirait avidement ses paroles.

— Tu es sûr de toi ? demanda Antonin à voix basse.

Penché en avant sur sa couche inconfortable, il s'accouda sur ses genoux.

— Il paraît que cela vaut le coup.

Dans la pénombre, les dents blanches de son meilleur ami apparurent, signe qu'il souriait. C'était un trait de caractère d'Antonin que Liam avait apprécié d'emblée : son esprit blagueur se reflétait dans sa bouche aux commissures toujours relevées.

Au fil des semaines, en partageant la chambre du garçon et ses cours (ils suivaient le même cursus de littérature et sciences), Liam avait découvert son intelligence couplée à un sens de l'observation aiguë. Ils se rejoignaient d'ailleurs sur ces qualités. En cet instant, la capacité d'Antonin à enfreindre le règlement avec finesse (une autre aptitude, selon Liam) déteignait sur l'adolescent.

En pyjama rayé au tissu épais, pieds nus pour plus de discrétion, ils gagnèrent leur porte. À cette heure-là, le surveillant devait dormir. Le sommeil léger de Liam les aidait souvent à se réveiller pour vaquer à leurs occupations interdites de nuit, la boxe anglaise, en particulier.

Les pierres lissées par les multiples passages leur glaçaient la voûte plantaire, mais les jeunes hommes, volontaires, pénétrèrent dans le couloir. Ils n'y voyaient pas plus loin que le bout de leur nez, néanmoins, Liam et Antonin, pensionnaires depuis près de six mois dans ce lycée huppé parisien, connaissaient les lieux. L'expérience commençait également à jouer en leur faveur : ils avaient déjà découché pour rejoindre des copains dans une autre chambre. Liam avait bu plus de vin que de raison et le retour avait été épique. Ils ne s'étaient pas fait prendre, par miracle, ou plutôt, grâce à deux camarades beaucoup plus bruyants qu'eux.

Ils se figèrent, tendirent l'oreille et, après une poignée de secondes aux aguets sans rien détecter, Liam s'avança à petits pas feutrés. Son index effleurait le mur de pierre grise. Les autres chambres, qu'il comptabilisait ainsi, lui permettaient de se repérer. Il percevait à peine le souffle d'Antonin derrière lui.

Parvenu à la cinquième porte, il s'arrêta à nouveau. L'antre du surveillant se situait sur sa gauche. Rien, pas un bruit ni un halo n'y filtrait. Liam la dépassa avec un luxe de précautions. Arrivé aux escaliers, il se détendit un peu et entama la montée.

Un petit balcon cerclait la plus haute tourelle de leur lycée. La pleine lune le nimbait d'une lueur blafarde bienvenue. Sous l'air froid, ils refermèrent les pans de leurs robes de chambre. Liam avança jusqu'à l'opposé de l'ouverture. Sur cette face abritée du vent, les garçons découvrirent la cache mentionnée par les plus grands. Antonin accapara la longue-vue, tandis que Liam débouchait une bouteille.

Du vin.

Prudemment, il en avala une minuscule gorgée. Qu'il recracha aussi sec en un geyser. Au même instant, Antonin laissa échapper :

— Oh ! Nom de Dieu !

S'ils avaient été élevés dans la religion catholique, ni l'un ni l'autre ne venait d'une famille pratiquante. Un tel mot dans la bouche d'Antonin étonna cependant Liam. Ailleurs qu'ici, entre eux deux, il lui aurait valu au moins quatre coups de règle sur le bout des doigts.

Les sourcils épais de son meilleur ami se froncèrent au point de masquer ses petits yeux noisette.

— Est-ce vrai ? chuchota Liam en sentant son cœur s'emballer.

— Plutôt deux fois qu'une, assura Antonin en lui tendant la longue-vue.

Liam y colla son œil et fouilla les alentours. Antonin guida son geste jusqu'à ce que Liam laisse échapper un hoquet de stupeur.

Là, en face de lui, dans une chambre de bonne située dans l'un de ces immeubles au style purement haussmannien, une prostituée en petite tenue s'alanguissait sur un lit défoncé.

Entre la pénombre et l'éloignement, Liam distinguait seulement les traces vives de son maquillage. Et sa paire de seins aux tétons couverts d'une étoile à frange ! La porte de la chambrette s'ouvrit, arrachant un « Oh ! » au garçon.

— Que se passe-t-il ? s'impatienta Antonin un peu trop fort.

— Un homme vient d'entrer, chuchota Liam.

La prostituée se leva, dévoilant un ventre flasque. À cause du rebord de la fenêtre, Liam ne voyait pas plus bas. Cela dit, les étoiles lui avaient largement suffi !

Il redonna la lunette à son meilleur ami, sonné par les vagues de chaleur qu'il sentait déferler dans son corps. Elles prenaient toutes une unique direction : son entrejambe.

Liam s'assit à même le sol de pierres gelées. Il riva son regard aux astres brillants. Les vrais.

Ne pas penser à Consty. Ne pas penser à Consty. Ne pas penser à Consty...

C'était bien évidemment trop tard.

Liam s'en voulut terriblement.

Le désir inondait ses veines, impossible à réfréner. Constance n'avait rien d'une prostituée, mais la vision de ce corps quasi nu, pourtant plus vieux que celui de la jeune fille, avait éveillé une irrépressible envie. Le rêve inavouable de se lier à elle charnellement.

Antonin se laissa tomber à côté de lui, la longue-vue à la main.

— Elle a tiré le rideau.

Liam haussa les épaules : il en avait assez aperçu. La voix dépitée de son ami le fit rire. Il sentit la pression dans son corps se relâcher.

— Console-toi. Nous sommes arrivés au bon moment : à cinq minutes près, nous ne l'aurions même pas entrevue.

Antonin sourit à son tour en acquiesçant.

— Tout de même... Je croyais que ce n'était qu'une légende.

Ce fut au tour de Liam d'opiner. Lui non plus n'aurait jamais imaginé épier un tel spectacle depuis son lycée ! Ah ! la vie parisienne lui réservait bien des surprises. Et si sa Normandie lui manquait de temps en temps, ce n'était qu'à cause de sa famille restée là-bas. Ses jours de repos étant le jeudi et le dimanche, il pouvait rentrer chez lui uniquement pendant les (rares) vacances. Les prochaines seraient à Pâques, le mois suivant.

— L'as-tu trouvée belle ? murmura Antonin.

« Belle » n'était pas le bon mot. Mais Liam ne pouvait ignorer les cendres chaudes du désir dans son bas-ventre. Cela dit, c'était l'idée de partager un moment si intime avec Constance qui l'avait terrassé.

— Ces femmes du peuple ont un truc, lâcha Antonin du bout des lèvres.

Liam l'observa, attentif à la suite. Plusieurs fois, il avait failli confesser à Antonin son amour pour Constance. Mais les convenances l'avaient retenu.

— Enfin… Je ne parle pas de cette… euh… péripatéticienne. Je pense aux filles normales… Celles que l'on croise dans la rue et qui gagnent leur pain quotidien décemment. Je trouve qu'elles ont quelque chose que n'ont pas les bourgeoises.

— Elles connaissent la dureté de la vie, affirma Liam. Celle que nous-même ignorons…

Le souvenir du regard franc de Constance creusa le manque dans son cœur. Ils n'avaient jamais pu se reparler. Les derniers mots échangés remontaient à son retour de Paris, lorsqu'elle lui avait demandé son aide. La distance entre eux s'était effacée à l'instant où la jeune fille avait ouvert la bouche. Ensuite, la course du quotidien avait repris et, quand Liam trouvait enfin un moment pour voir Consty, Ian semblait toujours dans les parages. Y parviendrait-il le mois prochain, lors des vacances ? Il en mourait d'envie, mais rien n'était moins sûr.

Antonin accrocha son regard.

En fins observateurs, ils surent dans l'instant que l'affirmation de Liam l'avait trahi.

— Comment s'appelle-t-elle ? chuchota Antonin, le visage grave.

Autour d'eux, l'air nocturne se figea. L'impression d'être à un tournant de leur amitié saisit Liam. Le visage grave de son meilleur ami le convainquit de se confier. Après tout, il n'avait jamais partagé un lien si fort avec Marc. Et puis, Antonin venait de Lyon, pas de son village. Il y avait aussi cette confiance, vive, qu'il ressentait pour lui. Inexplicablement, il ne craignait pas de trahison de sa part.

— Constance.

Le verbaliser à haute voix rendit ses sentiments réels, presque palpables.

— Et pour toi ? s'enquit-il aussitôt.

— Je l'ignore.

Antonin se frotta les yeux en soupirant.

— Les lavandières remontent ma rue pour récolter le linge sale et aller au lavoir sur la place d'à côté. Je l'ai vue pour la première fois l'été dernier... Elle... Elle...

Sur l'échelle sociale, mis à part les prostituées, il n'y avait pas plus bas qu'une buandière. Liam admirait Antonin pour son courage de lui révéler le peu d'éléments en sa possession.

— Quel détail t'a fait tomber amoureux d'elle ?

— Ses cheveux bruns, répondit Antonin sans hésiter. La façon dont sa natte balaye ses reins, avec ce léger mouvement de balancier...

— Elle t'a hypnotisé ! pouffa Liam.

Il se repositionna, la dureté des pierres commençait à lui faire mal aux fesses. Antonin en profita pour lui assener une tape sur l'épaule en réponse à sa taquinerie. Les deux amis se sourirent, complices.

— Et... ? poursuivit Liam, ayant deviné une suite à son début de confidence.

— Et son accent.

Antonin baissa vivement la tête.

Lavandière *et* étrangère ! Bon sang ! Dire qu'il trouvait sa situation délicate... Celle de son meilleur ami se révélait dantesque. Si, dans leur milieu il était malséant d'épouser une personne moins bien née, ajouter une naissance hors pays relevait de la folie.

Nimbé des éclats lunaires, le regard brun et brillant d'Antonin lui transmit son amour pour cette inconnue. Antonin se fichait de ses racines comme de son métier. Quelque part en lui, Liam se sentit lâcher prise sur un pan de son éducation. L'amour ne connaissait ni argent ni frontière. La beauté de ce concept le bouleversa. Il s'accorda une seconde pour accueillir sa révélation avant de demander :

— As-tu une idée de son origine ?

Antonin lui adressa un léger sourire soulagé. Liam comprit qu'il avait craint sa réaction. Les deux adolescents réalisèrent qu'entre eux, la honte et les préjugés n'avaient définitivement pas leur place.

— Italienne, je crois, répondit Antonin. Je l'ai entendue prononcer un mot d'italien, en tout cas. Enfin... je ne suis pas sûr qu'il s'agissait de cette langue... mais ça y ressemblait.

— S'occupe-t-elle de votre linge ?

— Non.

— Mince ! Pas moyen de l'aborder, alors.

— Je n'en vois pas, malheureusement. Peut-être, passer par notre propre lavandière, mais nous l'employons depuis tellement longtemps que même si elle acceptait de lui transmettre un message, ce qu'elle ne ferait pas, elle s'empresserait de le remettre à mon père, pas à sa destinataire.

— Tu y as sérieusement songé, alors ? interrogea Liam, interloqué.

— Elle hante mes pensées chaque seconde.

Le murmure percuta Liam en plein cœur. Antonin et lui vivaient la même chose… L'amitié qui les liait désormais lui parut invincible.

— Et toi ? Qui est cette mystérieuse Constance ?

Lorsque Liam termina de répondre à ses multiples questions, le ciel s'éclaircissait à l'est. Vite, ils rangèrent la bouteille de vinasse dégoûtante et la lunette vieillotte dans la cache, un simple coin de fenêtre condamnée recouverte d'une petite planche. Ils effectuèrent le chemin en sens inverse, durent patienter, plaqués contre la paroi de l'escalier, que le surveillant les dépasse. (Il se rendait à coup sûr au réfectoire.)

— On se fait un match ? proposa Antonin en arrivant dans leur chambre.

Liam se sentait fatigué par cette nuit blanche, mais devant la position de garde de son meilleur ami, une énergie nouvelle le parcourut.

— Allez, insista le Lyonnais, la sonnerie nous tirera du lit d'ici quarante-cinq minutes. On ne va pas se coucher…

— OK, capitula Liam en effectuant quelques étirements pour s'échauffer.

Antonin lui apprenait la boxe en secret depuis des mois et il adorait cela. Certes, ils ne possédaient aucun matériel, mais les mouvements précis suffisaient à les occuper.

Décidément, c'était la nuit de tous les interdits... !

Chapitre 19 – 1912 – 16 ans

La honte engloutissait Constance. Elle vivait avec depuis des mois. Elle la rongeait quotidiennement. Constance pensait sa capacité à encaisser cette émotion brûlante atteinte. À présent que le retour de Liam était imminent, elle se sentait encore plus mal à l'aise. Elle refusait qu'il la voie dans cet état lamentable. Si elle avait pu, elle serait restée enfermée dans sa chambre durant cette semaine de vacances de Pâques. À la place, elle se terrait dans la bibliothèque. Le salon et la cuisine lui paraissaient trop exposés. Au premier, elle ne pouvait pénétrer dans l'espace privé de ses patrons sans autorisation expresse et celui de Ian la répugnait.

Un frisson d'anxiété dévala son échine en y songeant. Sa respiration s'accéléra. La jeune fille s'arrangeait pour laisser à sa mère les tâches à effectuer dans cette pièce. Elle n'y parvenait pas toujours. Même en cas d'absence de la famille, elle devait lutter contre les crises d'angoisse pour y abattre son labeur.

La chambre de Florent et Liam s'avérait évidemment à fuir. Ne restait plus que la bibliothèque, puisqu'elle ne pouvait décemment pas traîner dans le bureau de monsieur Roy.

Elle prenait donc un soin particulier à retirer les toiles d'araignée dans les angles du plafond. En ce début de printemps, elles pullulaient presque. Normalement, Liam serait accaparé par les retrouvailles avec sa famille, qu'il n'avait pas vue depuis Noël dernier. Elle serait assez occupée dans cette pièce jusqu'au repas, si sa mère ne l'appelait pas avant afin qu'elle termine un plat ou un autre. Après tout, c'était soir de fête. Liam rentrait chez lui pour la première fois depuis le début de l'année scolaire : il leur manquait. Mady avait décidé de célébrer son retour.

Le cœur de Constance s'emballa. Liam revenait. Son calvaire prendrait-il fin ? Elle bénéficierait au moins d'un répit.

Une fois de plus, elle se détourna de son reflet dans la vitre en se massant le biceps : tenir le balai à bout de bras lui donnait des crampes. Pour lui, elle avait fourni l'effort de se laver les cheveux. Elle ne pouvait masquer son teint cireux et ses joues creuses, signes de sa considérable perte de poids. Elle avait cru qu'en devenant laide... Elle s'était lourdement fourvoyée. Ses seins n'en ressortaient que davantage.

Elle ravala un sanglot en se croquant la lèvre inférieure. Liam rentrait. Voilà le plus important. Voilà ce sur quoi elle devait se focaliser. Pas sur son mal-être. Ni sur la honte de son corps et de son esprit trop faible. Constance se considérait comme une moins que rien. Elle s'était juré de prendre sa vie en main... Elle avait osé rompre avec Baptiste ! Elle avait bombardé sa mère de questions sur Luc en taisant toutefois les maigres informations fournies par Liam et Marie, sa grand-mère. Peine perdue cela dit, la fureur de Madeleine avait été épique. Et puis Liam était parti en pension à Paris. Comme cela, sans crier gare. Elle avait tenu bon les premiers mois. Mais en début d'année, son calvaire s'était renforcé.

Constance attrapa à nouveau son balai pour occuper ses mains autant que son mental. Elle refusait de penser à tout cela. Liam ne devait plus tarder, désormais. Et même si elle avait honte d'elle-même, de son apparence et de sa médiocrité, son cœur se gonflait d'amour à l'idée de l'apercevoir.

Liam se cramponnait à l'accoudoir de la calèche. Son père lui avait fait l'honneur de venir le chercher à la gare du Havre, et si cela lui faisait plaisir, son estomac semblait moins apprécier. William Roy ne possédait pas vraiment de talents de chauffeur. Comment cela se passerait-il s'il conduisait l'une de ces voitures à essence ? Liam refoula l'idée dans un coin de son cerveau. La route pleine d'ornières suite aux violentes giboulées ne facilitait pas la tâche à son géniteur. Mais au loin, déjà, le clocher de l'église lui apparaissait. Bientôt, Liam serait dans son foyer. Bientôt, il reverrait Constance. Un tendre sourire releva la commissure de ses lèvres.

— Content de rentrer ? demanda William en maniant les rênes.

Liam acquiesça en le fixant. Depuis quelques mois, des filaments argentés parsemaient sa chevelure d'ébène. Il vieillissait. Il n'était pas avare en mots, sans pour autant pouvoir être qualifié de bavard. Que dire pour l'écriture ? Sa mère se chargeait de lui transmettre des nouvelles de la famille. Il n'avait jamais reçu de lettre de son père. Cela ne le blessait pas. William était ainsi et il l'acceptait.

Monsieur Roy lui jeta un regard perçant. Sa moustache brune joliment relevée sur les pointes tressauta à cause d'un énième cahot.

— Comment se déroulent les leçons ?

— Bien, père. Il est vrai que l'exigence n'est pas la même qu'au lycée du Havre, mais je m'en sors. Antonin et moi formons une bonne équipe, nous nous soutenons dans nos matières de prédilection.

— Tu évoques souvent ce jeune homme, si je ne m'abuse. Tu pourrais l'inviter à séjourner ici durant l'été prochain, si tu veux.

— Oh ! Cela serait formidable, père !

L'idée que son meilleur ami puisse rencontrer Constance l'enchantait, au-delà du fait qu'héberger Antonin serait de toute façon un plaisir : à eux la liberté sans les contraintes de l'internat !

Liam capta un changement d'humeur soudain tandis qu'ils approchaient de l'entrée du village.

— Ta mère souffre d'une migraine intense depuis hier. Elle s'était calmée ce matin, mais avec cette luminosité, il est peu probable qu'elle puisse t'accueillir.

Liam fronça les sourcils. Jeanne était peu propice aux maux, mais il savait que de temps en temps, de difficiles céphalées la clouaient au lit et la rendaient photosensible.

— Entendu. Je ne le dérangerai pas.

— Bien. Je te dépose et je retourne chercher Ian à l'usine. Sauf si tu préfères m'accompagner ? Cela lui fera plaisir.

Liam cogita à toute vitesse : avec son père et son aîné absents, sa mère probablement enfermée dans sa chambre, il ne restait que Mady, sans doute assignée à préparer le dîner, et Florent. Si son petit frère était occupé, Liam pourrait peut-être s'isoler avec Consty !

— Non, merci. Je suis fatigué du voyage en train depuis Paris... Je profiterai de lui ce soir.

— Je comprends, affirma William en arrêtant les chevaux devant la belle demeure familiale de pierres grises et au toit d'ardoises.

L'adolescent sauta à terre, attrapa sa valise ficelée à l'arrière du chariot et grimpa les marches du perron en adressant un geste de salut à son père.

En poussant la porte, une odeur sucrée de tarte aux pommes caressa ses narines. Tout sourire, Liam ferma les paupières pour apprécier l'effluve.

Il était chez lui, enfin.

— Bonjour, Liam.

Madeleine se tenait sur le seuil de la cuisine, son éternel tablier plus ou moins taché noué autour de sa taille épaisse.

— Mady, la salua Liam en déposant un baiser sur sa joue, comme lorsqu'il était enfant.

Après tout, elle ne lui avait pas donné du « Monsieur » ! Il pouvait se permettre cette marque de familiarité : elle lui avait sincèrement manqué.

La bonne le dévisagea. Son air soudain sévère masquait mal sa joie de le retrouver.

— Je meurs de faim, avoua l'adolescent en retirant chapeau et manteau.

— Ah ! À cet âge-là, vous, les garçons, avez toujours un petit creux. Regardez-moi comme vous avez grandi.

C'était vrai qu'il la dépassait désormais d'au moins dix centimètres.

— Prenez une pomme, mais pas plus ! J'ai préparé un festin pour ce soir.

Madeleine lui fit signe de patienter, mais Liam, trop nerveux, la suivit dans la cuisine. Vide de Constance.

— Merci, Mady.

Il croqua dans son fruit avant de revenir sur ses pas.

— Votre mère est couchée, elle se repose suite à une migraine qui l'a empêchée de dormir la nuit dernière.

Liam déglutit en opinant.

— Quant à votre frère, il doit faire ses devoirs.

— Compris !

Liam attrapa sa valise pour grimper les escaliers. Il n'avait pas entendu de bruit dans le salon. Avec un peu de chance, Constance se trouverait dans la bibliothèque ! Éventuellement dans la chambre de Ian ou dans le jardin, mais à l'idée de la revoir, Liam se sentait pousser des ailes : il lui ferait signe de le rejoindre !

— Bonjour, petit frère ! l'alpagua-t-il en déposant sa valise à l'entrée de la pièce et son trognon dans la poubelle.

Affalé sur son bureau, le garçon d'une dizaine d'années se redressa vivement.

— Ne cafte pas, s'il te plaît...

Florent se releva, mollasson, pour lui offrir l'accolade. Liam ébouriffa sa tignasse châtaine, qu'il tenait de leur mère.

— Seulement si tu me promets de te rendre chez le coiffeur avant mon départ.

Florent pouffa en le repoussant. Il pointa le sommet de son crâne.

— On ira ensemble.

— Eh ! Je suis coincé à l'internat, moi ! J'ai une bonne excuse d'avoir cette tête.

Il savait ses cheveux bruns trop drus, comme ceux de leur père.

Florent se laissa retomber sur sa chaise.

— M'aideras-tu ? interrogea-t-il en désignant du doigt les feuilles éparpillées derrière lui.

— Plus tard, oui, promit Liam. Étudie encore un peu pour le moment.

Il ignora la moue du benjamin et tourna les talons en prenant soin de fermer la porte derrière lui. Un coup d'œil à droite lui apprit que la chambre de Ian était close. Le cœur battant, Liam s'engagea dans les escaliers du deuxième et dernier étage.

Quand il entra dans la pièce à l'allure intimiste et studieuse, la lueur d'angoisse qui traversa les iris de Constance le stoppa net. En une fraction de seconde, il nota ses pommettes saillantes, ses yeux enfoncés cernés de violet noirâtre, les mèches folles de son chignon devenues ternes et aussi rêches que de la paille.

Puis des larmes engloutirent ses prunelles océanes. Le battant claqua derrière lui et l'adolescent, sans trop savoir comment, se retrouva près d'elle.

— Liam, lâcha-t-elle dans un tremblement de lèvres.

D'un même élan, ils s'étreignirent. Constance agrippa sa chemise comme si elle pouvait s'effondrer à tout moment. Liam referma ses bras puissants autour d'elle pour la presser contre son torse. Jamais Constance ne lui avait paru si frêle. À moins que la boxe ait dessiné sa carrure sans qu'il s'en aperçoive ? Possible. Mais tout de même...

Sous ses doigts, Liam perçut les bosses formées par les côtes et les vertèbres de la jeune fille.

Elle ne porte pas son corset ! Elle a dû tellement maigrir qu'il ne doit plus lui aller.

Ses pensées fusaient dans tous les sens. Il ne comprenait pas. Que se passait-il ? Pourquoi Constance expulsait-elle un tel mal-être entre ses bras ? Pourquoi son père ne l'avait-il pas averti de son état ?

Désemparé, Liam entama un lent va-et-vient le long de son échine dans le but de l'apaiser. À vrai dire, la situation s'avérait si inédite qu'il ignorait comment se comporter. Qu'ils s'enlacent relevait déjà de l'inconcevable à peine quelques minutes plus tôt. Constance répondit à son geste en se blottissant davantage contre lui. Il en fut soulagé.

— Que se passe-t-il ? chuchota l'adolescent.

Elle fit non de la tête. Un relent ténu parvint aux narines de Liam. Si Constance avait indéniablement les cheveux propres, sa robe avait besoin d'être changée : une odeur rance de sueur s'en dégageait. D'accord, il n'avait jamais tenu la jeune fille contre lui, mais un tel relâchement de sa personne ne lui ressemblait pas.

Qu'est-ce qui peut la mettre dans cet état ? Les informations liées à Luc ? Non... elle n'était pas si mal avant que je m'en aille à Paris...

— Constance, je t'en prie..., murmura Liam en tentant de ne pas paniquer. Explique-moi.

Et si l'on nous surprenait ainsi ?

Je m'en fiche. Je m'en fiche royalement.

La crise de larmes passait, il la sentait se calmer progressivement. C'était cela, le plus important. Ses propres battements de cœur commençaient eux aussi à recouvrer un rythme normal. Liam la gardait contre lui. Il ne parvenait pas à desserrer son étreinte, comme si, par son contact, il absorbait le malaise de son aimée. Les rais du soleil printanier paraient la chevelure blonde de Constance de milliers de reflets. Il sentait ses seins s'écraser un peu plus contre lui à chacune des inspirations amples de la jeune fille. Ses cuisses contre les siennes.

Les griffes de ses doigts se relâchèrent et Constance finit par poser sa paume contre son pectoral droit.

Liam ferma les yeux. Il se coupa de la vision des particules de poussière qui volaient dans la pièce et des feuillus, en contrebas, qui s'agitaient paresseusement. Il se focalisa sur la sensation merveilleuse de tenir Constance contre lui. À l'internat, il en avait rêvé. Parler d'elle à Antonin rendait ses sentiments si réels qu'il s'était pris plusieurs fois à songer qu'ils pourraient être partagés... Partagés durant une vie entière. N'avait-elle pas quitté Baptiste ?

Constance força un peu contre son torse. L'étreinte de Liam se relâcha et elle s'éloigna d'un pas.

D'un revers de main, elle essuya ses yeux gonflés et rougis en reniflant.

— Raconte-moi, s'il te plaît.

Elle pressa les lèvres l'une contre l'autre. Son geste négatif de la tête contracta Liam. Pourquoi refusait-elle de parler ? Après avoir pleuré entre ses bras ? Ils avaient enfreint un nombre incalculable d'interdits ! Et il le prenait comme une marque supplémentaire de confiance... Alors pourquoi... ?

— Je suis désolée, gémit-elle en baissant les yeux.

— Désolée de quoi ? s'enquit-il du tac au tac.

— Pour cela.

D'un geste du menton, elle désigna sa chemise chiffonnée où s'étalait une tache plus sombre. Le tissu avait épongé ses larmes.

Liam sentit une colère sourde enfler en lui. Elle aurait aussi bien pu se moucher dans son vêtement qu'il s'en serait moqué !

La palette d'émotions qu'il devina dans les yeux de son amour le coupa. Elle n'était pas uniquement désolée pour son habit... Pour quoi s'excusait-elle ?

Un bruit éclata leur bulle d'intimité. Ian et William venaient de rentrer. Constance dépassa Liam et sortit de la pièce.

Elle atteignait le demi-palier du premier lorsqu'il parvint sur le seuil de la bibliothèque. Elle se tétanisa. Lui-même stoppa son élan, à l'affût.

Constance recula d'un pas saccadé, focalisée sur une personne encore invisible au niveau des chambres. Au bruit caractéristique de la démarche, Liam devina son identité. La jeune fille buta contre le coin, son être entièrement crispé. De biais, Liam ne vit que son œil gauche s'écarquiller. Pourquoi craignait-elle Ian ?

Un mouvement attira son attention quand son grand frère apparut dans son champ de vision. Désormais lui aussi sur le demi-palier, il s'avançait vers la bonne, malgré sa canne, comme un prédateur sur sa proie. Si elle avait pu, Constance aurait disparu dans le mur.

Liam, le cœur battant, interdit devant cette scène, demeura statique. Il n'avait aucune idée de ce qui se déroulait sous ses yeux, mais il pouvait attester de deux choses : Constance suintait la peur et il n'avait jamais vu un sourire si carnassier sur le faciès anguleux de son aîné.

En une seconde, tout bascula pour Liam. Dans un éclair de lucidité, il comprit.

Le désir violent qui peignait un masque hideux sur le visage de Ian.

Sa grande main à la peau sèche et aux veines bleutées tendue vers Constance.

La terreur et le dégoût de l'adolescente, ratatinée sur elle-même.

— Cesse ! gronda Liam.

Sa voix grave roula comme le tonnerre dans les escaliers.

Ian recula précipitamment.

Constance reprit son souffle.

Liam dévala les degrés, ivre de rage.

La première marche de l'étage grinça sous le poids de William Roy, qui se figea en découvrant ses fils et son employée aussi pâles que des craies.

— Que se passe-t-il ici ?

— C'est à lui qu'il faut le demander ! invectiva Liam en pointant Ian du doigt.

Tremblant, il se positionna d'instinct entre Constance et son frère, faisant rempart de son corps.

— Tu divagues ! nia Ian, ses sourcils épais froncés sur ses petits yeux verts.

Liam, le dos droit et les poings serrés, supporta le regard incisif de son géniteur. Il se tenait prêt à raconter dans les moindres détails l'épouvantable scène dont il avait été témoin. Derrière lui, il percevait le souffle court de Constance. Il ne pouvait contrôler l'instinct protecteur qui transpirait de son être. Il espéra que son père ne le remarquerait pas. Quoi qu'il en soit, il ne bougerait pas d'ici tant que Ian n'aurait pas avoué son abjecte conduite.

— Dans mon bureau.

Liam sentit Constance entamer un mouvement. De la main, il arrêta son élan et invita d'un geste sec du menton Ian à grimper en premier. Il ne le laisserait pas approcher d'elle.

— En avant, ordonna William.

En dépassant son cadet, le patriarche leur lança un coup d'œil perçant.

— Constance, descendez à la cuisine aider votre mère.

— Elle est concernée ! s'écria Liam.

Son père, entamant la deuxième volée de marches pour atteindre le dernier étage, se retourna vivement :

— Il est préférable qu'elle n'assiste pas à la joute verbale que je pressens entre ton frère et toi.

Liam comprit qu'il voulait tenter de sauver l'honneur de la famille. Comme si les Roy s'entendaient merveilleusement bien.

Trop tard, songea-t-il.

Cette réaction le débecta. Peu importait ce qui se déroulerait dans son bureau, Constance vivait avec eux depuis seize ans. Elle était au courant de tout. Elle faisait partie de cette maison, de cette famille. Aux yeux de Liam, il n'y avait rien à sauver devant elle.

— Et puis, poursuivit William, il me semble que tu la défendras très bien.

Liam encaissa sans honte. Il en fut le premier surpris, tant la phrase de son père pouvait contenir de sous-entendus.

Monsieur Roy grimpa les escaliers, enfin suivi par son cadet. Il ne put retenir un regard pour Constance, qui s'engageait vers le premier étage. Elle gardait la tête basse.

Liam s'était toujours senti impressionné par le bureau de son géniteur. Il s'en dégageait une sensation de pouvoir, de patriarche sage qui décide pour sa famille. Le fouiller pour trouver des indices sur Luc avait été une épreuve pour lui. À peu près une année s'était écoulée depuis, mais il ne pouvait s'empêcher de penser qu'avec un tel acte, il avait démystifié ce lieu. En réalité, c'était William Roy lui-même qui exhalait cette énergie spectaculaire.

Il s'installa derrière son grand bureau au bois verni, puis rassembla un dossier en cours pour le mettre de côté et ainsi pouvoir croiser devant lui ses mains couvertes de poils noirs. Il n'invita pas ses fils à s'asseoir. À brûle-pourpoint, il demanda des explications.

Jamais Liam n'avait lu autant de désapprobation sur le visage harmonieux de son père.

Et il n'a même pas encore entendu l'histoire...

— Ian a coincé Constance dans le demi-palier. Je l'ai vu approcher sa main pour la toucher.

— C'est un divertissement, justifia Ian en levant les yeux au ciel.

— Elle était morte de peur ! s'énerva Liam en le dévisageant de la tête aux pieds. Et quel genre de jeu tordu t'autorise une telle familiarité avec elle ?

— Un jeu auquel tu aimerais bien participer, vu les regards que tu lui lances.

— Suffit ! trancha William.

Liam, outré, fixait Ian avec une fureur mal contenue. Comment osait-il parler ainsi devant leur géniteur ? Comment pouvait-il justifier son comportement comme s'il était normal et approprié ? Pourquoi se permettait-il de faire des allusions sur une chose aussi taboue que l'attirance envers une femme ? Une servante, qui plus est ?

Et puis Liam se souvint des mots de Luc. William Roy avait tout simplement décidé de couper les ponts avec son meilleur ami qui avait engrossé son employée. Il ne laisserait pas passer un tel irrespect sous son toit. À demi soulagé, l'adolescent se tourna vers lui, dans l'expectative.

Ses iris marron clair épinglèrent Ian avant de chercher ceux de Liam.

— On ne s'amuse pas avec les bonnes.

Le cœur de Liam dégringola dans ses talons. Son ton sonnait bien trop détaché. Ian s'autorisa un sourire vainqueur avant de répondre un sobre :

— Oui, père.

— Rien de plus ? s'offusqua Liam. Il harcèle Constance depuis des mois et vous vous contentez de ces quelques mots ?

— Comme tu y vas ! s'écria l'aîné, moqueur.

— Depuis des mois ? Tiens donc, comment es-tu au courant d'un tel détail, Liam ?

Liam n'en croyait pas ses oreilles. William ne pouvait pas avoir réagi avec autant d'indifférence. La situation ne pouvait pas se retourner contre lui, alors qu'il n'avait fait qu'observer et défendre une victime !

Il suffoquait d'injustice.

— Je n'ai qu'ouvert les yeux, père, cracha-t-il. Constance est l'ombre d'elle-même. Elle a perdu je ne sais combien de kilos. J'en ai compris la cause en assistant à ces sévices.

— Tu emploies le bon terme, souligna William en s'adossant à son fauteuil du même bois que son bureau. Se faire « agresser » par deux hommes en si peu de temps suggère probablement un comportement inapproprié de la part de Constance.

Liam tombait des nues.

— Vous connaissez Constance aussi bien que nous-mêmes, vos propres enfants. Comment pouvez-vous affirmer cela ?

— Et toi ? retourna William sans l'ombre d'une hésitation. Comment peux-tu croire ton frère capable de cela ?

— Parce que je l'ai vu ! s'emporta Liam.

Il se retint de justesse de taper sur le bureau.

— Osez certifier que vous n'avez pas constaté de changement chez Constance.

— Liam, lâcha le patriarche en se relevant. Je t'interdis de me parler sur ce ton belliqueux. En outre, tu apprendras qu'à partir d'un certain âge, les petites filles deviennent des femmes. Ces modifications incluent une émotivité exacerbée et une métamorphose corporelle. Oui, Constance a évolué au cours des derniers mois. Je comprends que cela puisse te choquer au vu de ton éloignement. Mais que les choses soient claires : son état ne te regarde pas.

— Vous avez raison, vomit Liam, acerbe. Le bien-être de vos employés *vous* regarde. L'énergie que vous déployez à nier les *faits* me révulse.

Liam toisa son père par-dessus le bureau. Il découvrit que l'internat lui avait permis de quitter le nid familial et ainsi, de s'affranchir en partie de cette autorité paternelle qu'il rejetait aujourd'hui en bloc. William avait peut-être raison concernant les changements féminins, c'était en tout cas ce qui circulait entre garçons sur leur compte... Mais il se trompait sur tout le reste. Ian faisait partie de ces hommes dominateurs aux pulsions détestables. Et Constance était sa victime.

L'adolescent ne se contenterait pas de quelques mots balancés avec condescendance. Il ne sortirait pas d'ici avant d'avoir réglé le problème.

D'un mouvement vif, il se tourna vers son frère, shoota dans sa canne, qui s'écrasa contre le meuble près de l'entrée où William rangeait ses missives, pour le rattraper par le col. Avec violence, il le plaqua contre le mur derrière lui. Le choc expulsa l'air des poumons de Ian, qui toussa pour reprendre sa respiration. Presque front contre front, Liam proféra :

— Si ton sale regard pervers effleure encore une fois Constance, je te brise l'autre genou.

Il le balança sans ménagement sur le côté en direction de leur père qui se précipitait vers eux. William s'empressa de le relever.

Essoufflé, Liam rajusta sa chemise. Il ignorait s'il devait sa force physique insoupçonnée à la boxe ou à son amour. Un mélange des deux probablement.

Un regard glacial vers son aîné lui assura qu'il avait saisi la menace.

— Liam ! appela son père, furieux.

— Je ne m'excuserai pas, prévint-il en tournant les talons.

Il s'empêcha de claquer la porte. La nécessité d'extérioriser sa colère le consumait, mais il savait aussi que son géniteur n'accuserait pas un tel manquement à la règle. Liam l'avait déjà largement outrepassée.

Il s'arrêta dans sa chambre, où Florent le dévisagea, ouvrit sa valise au milieu de la pièce et sortit ses chaussures de sport pour les enfiler à la va-vite.

— Que...

— Je serai de retour pour le dîner.

Il dévala les escaliers, toujours autant à fleur de peau. Il s'invita dans la cuisine sans frapper. Madeleine et Constance se figèrent, interdites.

Devant la jeune fille qui s'apprêtait à plonger une spatule en bois dans une grande casserole, un violent besoin de la serrer contre lui lui souleva le cœur.

— S'il recommence, articula-t-il péniblement tant l'émotion l'étreignait, je vous ordonne de me prévenir.

Les lèvres de Constance tremblèrent quand elle opina. Liam ne tint plus, dévasté par son allure si misérable et l'intense soulagement qu'il lisait dans son regard océan. S'il la contemplait une seconde de plus, il la prendrait par la main et s'enfuirait avec elle.

Il détala. Chaque foulée le consolait, car l'éloignait de son père, qui l'avait terriblement déçu, et de son frère, à qui il ne pourrait jamais pardonner. Mais chacune d'elles l'arrachait à Constance, alors que son âme brûlait de partager le moindre instant avec elle.

Liam traversa le village et s'enfonça dans les bois, qu'il connaissait par cœur grâce à ses excursions avec Marc et les autres écoliers ainsi qu'aux parties de chasse avec son grand-père Louis. Il atteignit l'un des nombreux ruisseaux et s'y désaltéra en s'aspergeant.

Penché au-dessus de l'ondée vivifiante, il prit conscience de ses larmes. Comment s'assurer que Ian dompterait ses instincts ? Comment protéger Constance alors qu'il vivait à des centaines de kilomètres ?

Chapitre 20 – 1903 – 7 ans

Constance sentit un énième courant d'air s'entortiller autour de ses chevilles. Pas assez fort pour faire voler sa robe d'hiver épaisse, suffisamment pour la recouvrir de chair de poule. Assise à son pupitre, elle se recroquevilla en lançant un regard envieux aux filles établies près du poêle. Bon, la plus proche n'avait pas tant de chance que cela : elle s'épongeait régulièrement le front d'un coup de manche. Mais les autres... comme elle aurait aimé s'installer à leur place !

Sa voisine éternua, la ramenant aux lignes d'écriture qu'elles devaient finir. Ghislaine Borgnie avait son âge (bientôt sept ans). Ses grands yeux marron clair, un peu trop espacés, lui donnaient un air parfois bizarre. Les autres filles se moquaient d'elle, mais Félicité, sa sœur de trois ans son aînée, se chargeait de les calmer. Constance aurait aimé pouvoir compter sur une fratrie. En tant que fille unique, elle devait encaisser les railleries liées à sa gaucherie. Heureusement, l'institutrice la défendait.

Studieuse, Constance se concentra à nouveau sur ses lignes d'alphabet. Ne pas faire de pâtés lui demandait un effort extrême. Elle avait essayé d'écrire de la main droite, comme tout le monde, comme sa maman avait tenté de lui enseigner durant presque un an, mais Constance, indéniablement, était gauchère. Elle se remémora les histoires terribles de Liam et Ian. Un garçon gaucher, dans leur classe, gardait le poignet attaché dans le dos presque toute la journée. Nul ne savait si les deux étaient liés, mais le pauvret avait développé un bégaiement qui l'empêchait de s'exprimer.

L'école doit être un enfer pour lui, songea Constance une fois de plus.

Elle ne le connaissait pas vraiment, mais vu les insultes qu'elle avait essuyées l'année passée, lorsqu'elle avait rapporté son manuel de lecture à Liam, elle se doutait que les autres élèves devaient le harceler. Elle espéra que Liam n'en faisait pas partie, même s'il avait changé cet été après son séjour à Valence chez son grand-père Louis.

Ghislaine laissa échapper un petit soupir en s'adossant à leur banc. Elle posa sa plume dans le creux du bureau prévu à cet effet pour effectuer des moulinets avec son poignet. Après une heure d'écriture, Constance aussi avait mal à l'articulation. Mais si mademoiselle Laktas se révélait progressiste dans sa façon d'enseigner, elle n'en faisait pas moins régner une discipline de fer parmi ses élèves. Elle tança Ghislaine vertement de se remettre au travail. La petite obéit avant de glisser à Constance :

— Dis, tu veux bien être mon amie ?

Voilà trois mois qu'elles se tenaient assises l'une à côté de l'autre et qu'elles jouaient de plus en plus souvent ensemble à la récréation. Cette demande emplit de joie la fillette, qui murmura :

— Oui !

Constance se garda bien de relever la tête lorsqu'elle sentit le regard brûlant de l'institutrice posé sur elle. Mais elle ne put empêcher un sourire bienheureux de s'épanouir sur ses lèvres.

Pour sceller leur amitié, à l'heure du déjeuner Ghislaine raccompagna Constance jusqu'à chez elle.

— Pourquoi ne viens-tu jamais en classe l'après-midi ?

— J'aide ma mère à tenir la demeure des Roy, expliqua Constance en traversant la place du village.

— C'est pour cela que tu n'étais pas à l'école l'année dernière ? demanda la petite fille curieuse.

— Oui. Mademoiselle Laktas a dû insister auprès de maman pour qu'elle accepte. Je crois même...

Constance baissa la voix en passant devant l'épicerie, consciente que dans le bourg, les murs avaient des oreilles et que Mady et elle n'étaient déjà pas très appréciées :

— ... je crois que mademoiselle Laktas l'a menacée d'en parler à monsieur le maire parce qu'elle ne respectait pas la loi.

Le cœur de Constance battait la chamade. Entrer à l'école lui avait permis de briser son isolement, qu'elle vivait en pointillés depuis quelques années grâce à Liam et aux quelques leçons qu'il lui avait dispensées. Avoir une véritable amie l'emplissait de bonheur. Une émotion brute, simple, qu'elle n'avait encore jamais éprouvée.

— Oh... En tout cas, je suis vraiment très heureuse que tu sois mon amie, Constance Roussel.

— Moi aussi, Ghislaine Borgnie.

Devant la porte des Roy, elles se serrèrent la main avec vigueur, un sourire jusqu'aux oreilles et le rouge aux joues. Puis Ghislaine courut à toute vitesse rejoindre Félicité, sa sœur, qui bifurquait déjà dans une ruelle adjacente.

Guillerette, Constance dévala les escaliers jusqu'à la porte de service. Pour une fois, elle ne ressasserait pas les tentatives d'esquives réussies de Liam pour éviter leurs cours particuliers secrets. Peut-être même parviendrait-elle à ignorer les rires des deux frères, devenus si proches durant l'été. Qu'avaient-ils pu faire chez leur grand-père pour s'entendre désormais si bien ? Pourquoi snobaient-ils Constance de la sorte ?

Heureusement, en plus de Ghislaine, la petite bonne pouvait compter sur les sourires grandioses de Florent, qui s'amusait à la suivre partout sur ses jambes encore mal assurées.

Oui, se dit la fillette en s'attablant, *je me sens bien, ici.*

Chapitre 21 – 1912 – 16 ans

— Tu as meilleure mine, constata Ghislaine en croquant dans une grosse cerise noire et juteuse.

Constance jeta son noyau rattaché à la queue verte derrière elle, sur les berges de la rivière en contrebas. Habituellement, les deux amies s'y retrouvaient pour tremper leurs pieds dans l'eau fraîche. La présence de Baptiste et de deux de ses copains les en avait dissuadées. Bien que le jeune homme n'ait pas colporté de ragots à son encontre, il l'évitait encore consciencieusement : son oncle ou, plus récemment, sa petite sœur s'occupaient désormais de livrer le lait chez les Roy.

— Ian a fini de t'ennuyer, n'est-ce pas ? insista Ghislaine en piochant dans le panier posé entre elles sur le muret de pierres.

Félicité arriva sur ces entrefaites, souriante.

— Je bénis mon jour de congé ! Ghislaine, as-tu terminé les achats pour maman ?

Les deux sœurs avaient en commun de longs cheveux châtains raides, actuellement roulés en chignon et cachés sous un fichu défraîchi. Si les yeux de Ghislaine s'avéraient un peu trop écartés l'un de l'autre, mais d'une jolie couleur noisette, Félicité, elle, contemplait le monde d'un regard sombre. L'aînée de dix-neuf ans dégageait une gentillesse palpable couplée à un caractère bien trempé.

Constance l'appréciait d'une part pour sa force : elle avait éconduit plus d'un prétendant en gardant la tête haute lorsque des rumeurs malveillantes avaient commencé à circuler dans le village. D'autre part, Félicité l'avait souvent défendue auprès des filles, à l'école, qui se moquaient de sa gaucherie.

— Tout est là, répondit Ghislaine en désignant un grand panier d'osier à ses pieds, près de celui de Constance.

Des fruits et des légumes du marché en dépassaient. Des denrées plus chères, du riz et du chocolat, entre autres, apparaissaient dans celui des Roy.

Félicité acquiesça, satisfaite.

— Constance, tu m'as l'air plus en forme que ces derniers mois. Je commençais à m'inquiéter, avoua la jeune femme en la détaillant.

L'adolescente lui rendit son examen visuel. Elle voulait s'assurer qu'elle pouvait lui accorder sa confiance. Seule Ghislaine était au courant de sa mésaventure avec Ian. Sa meilleure amie avait juré de tenir sa langue. Elle ne l'avait manifestement pas trahie. Aujourd'hui, Constance ressentait le besoin d'en parler. D'extérioriser ces mois terribles. Quelque chose chez Félicité, peut-être l'indépendance qu'elle s'efforçait de garder en rejetant le mariage, la poussait à se confier. Mais si Ian était mis en cause ici alors que les Roy employaient la moitié des habitants... Elle ne pouvait risquer de saper son autorité naissante de la sorte.

Il ne mérite pas que je le protège.

Sa prise de conscience subite, sous les prunelles volontaires de Félicité, libéra sa parole :

— J'ai vécu une situation très difficile à la maison. À cause de Ian.

— Je n'ai jamais pu le sentir, celui-là, confessa la grande à voix basse.

— Félicité ! s'exclama Ghislaine en se couvrant la bouche. Si papa et maman t'entendaient...

— Eh bien quoi, petite sœur ? Tu travailles dans l'entreprise des Roy, comme Yvonne, l'une de mes copines. Elle m'a rapporté que certains de ses regards s'avéraient plutôt... déplacés.

Constance opina. Son calvaire avait débuté ainsi. Elle se tourna vers Ghislaine, dans l'expectative. Elle ne laisserait pas sa meilleure amie subir ce harcèlement. Ghislaine n'avait pas de « Liam » pour s'interposer.

— Ghislaine...

— Il ne m'a rien fait, coupa l'adolescente. Je n'ai rien remarqué, mais il est vrai que certaines filles commencent à se plaindre de regards un peu trop insistants.

Constance se sentit soulagée, bien qu'une part d'elle-même se demandât si, pour protéger les autres, elle devait faire quelque chose. Mais quoi ?

— Voilà, attaqua Félicité, contrariée. Déjà enfant, je n'aimais pas son air hautain. Il est devenu l'un de ces hommes qui se croient tout permis parce que, justement, ils sont des hommes.

Elle croisa les bras sur sa poitrine.

— Ah non ! Ne recommence pas avec tes idées féministes à la noix ! Papa...

— Papa est un homme, trancha-t-elle avec véhémence. Né à l'époque de Napoléon Bonaparte, qui plus est. Il ne peut pas envisager le combat de ce nouveau siècle. Notre combat !

— Tu continues d'aller à tes réunions, gémit Ghislaine, les yeux écarquillés.

— Et père pourra me gifler autant qu'il le voudra que je continuerai à m'y rendre.

Constance, interdite, assistait à cette scène qu'elle ne comprenait pas.

— Des réunions ? interrogea-t-elle.

— Des rassemblements féministes, oui.

Félicité lui lança un regard encore courroucé par les remarques de sa petite sœur. L'esprit de Constance fonctionnait à toute vitesse.

Les journaux démolissaient les idées avant-gardistes et davantage les individus qui osaient les soutenir en public. Constance n'avait pas de réelle opinion sur le sujet. Elle admirait toutes ces femmes, pionnières dans leur domaine, surtout dans les sciences et l'aviation, pour leur courage certain. Mais question politique, elle ignorait quoi penser de leurs revendications. Voter ? Siéger au Parlement ? Il aurait déjà fallu qu'elle sache de quoi il retournait. Son éducation ne l'y avait pas préparée.

— Nous discutons de notre place dans la société, de nos envies... Nous ne sommes pas que des matrices, Constance. Nous ne sommes pas que des corps aux formes plus ou moins arrondies, insista Félicité. L'attitude de Ian sous-entend pourtant le contraire. S'il ne se sentait pas supérieur à toi, si pour lui tu n'étais pas qu'un amas de chair créé pour assouvir ses besoins primaires, il n'aurait pas eu ce comportement inconvenant. Voici la source de nos problèmes. Nous sommes invisibilisées dans l'espace public et chez nous, nous sommes réduites à...

— Félicité ! Cesse donc de nous bourrer le crâne avec tes idées.

— Non, intervint Constance, subjuguée par le discours de la grande sœur qui résonnait en elle avec puissance. J'ai déjà ressenti tout cela. Avec Léo, Ian et puis cette pression à épouser Baptiste...

Et cet amour pour Liam que je tais. Toutes ces convenances qui m'étouffent. Ce poids sur mes épaules pour préserver l'étiquette...

— Voilà ! trépigna Félicité. Oh ! Il y a tant à dire sur de si nombreux sujets !

— Quand se déroule la prochaine réunion ?

L'urgence dans sa propre voix surprit Constance. Elle se tenait d'ailleurs penchée en avant, tendue vers Félicité. En son for intérieur, elle bouillonnait. Comme lorsqu'un soir, après l'agression du jardinier, elle avait décidé de prendre sa vie en main en commençant par rompre avec le laitier. Ian avait miné cet élan, là où le départ de Liam en pension l'avait déjà affaiblie. Mais sous la fougue de Félicité, elle percevait à nouveau cette énergie électrisante ! Celle qui faisait vibrer son cœur et lui permettait d'oser.

Oser vivre comme elle l'entendait.

— Mardi prochain, à vingt-deux heures, chez notre ancienne institutrice, mademoiselle Laktas.

— Constance, ta mère ne voudra jamais que tu y assistes...

La voix de Ghislaine l'implorait de renoncer.

— J'irai. À vingt-deux heures, les corvées sont terminées et la famille est en général couchée. Je pourrai sortir en catimini.

Elle serra sa robe bleu pâle, qui mettait en valeur ses iris, pour calmer ses tremblements d'excitation. Félicité, la mine grave, se planta devant elle. Elle posa sa main chaude sur l'épaule de Constance :

— Tu viens de prendre l'une de ces décisions qui bouleversent la vie. Exactement comme lorsque tu as rompu avec Baptiste. Je t'en savais capable, Constance. Tu pourras nous confier tes mésaventures en tant que femme, ou simplement écouter. Dans tous les cas, je suis très fière de toi. S'intéresser à notre cause et oser s'investir demande beaucoup de courage. Et peut-être convaincras-tu Ghislaine de se joindre à nous ?

Un sourire en coin releva la bouche fine de Félicité. Elle se redressa pour jeter un coup d'œil à sa petite sœur, qui boudait sans retenue. D'un geste, elle attrapa le panier plein et s'en alla, adressant un dernier :

— À mardi !

Lorsqu'elle fut éloignée, Ghislaine se leva à son tour, raidie par l'amertume.

— Ne m'en veux pas.

— Constance. Tu es la bâtarde de ce village. D'accord, ils t'ont vue grandir et se sont adoucis avec le temps, mais reste sûre qu'au moindre faux pas, ils te lapideront sur la place publique. T'acoquiner avec des suffragettes s'apparente à leur offrir la première pierre.

Constance encaissa ces mots d'une justesse blessante sans sourciller.

— Peut-être que tu te sens prête à essuyer les salissures qu'ils vomiront sur toi, mais ta mère, elle, ne l'est pas. Tu le sais, tu me l'as dit : elle se terre chez les Roy à cause des messes basses et des regards qui l'ont tellement heurtée lors de son arrivée. Cela remonte à seize ans et elle ne s'en est toujours pas remise ! Constance, s'il te plaît, réfléchis. Les rumeurs commencent à circuler à propos de ces réunions féministes. Si tu y es vue...

Constance en avait assez entendu. Ghislaine avait raison sur toute la ligne. Elle se leva pour se planter face à sa meilleure amie :

— Je te promets d'y méditer plus sereinement.

Ghislaine la serra dans ses bras.

— Merci. Je cherche juste à te protéger, tu sais.

Constance acquiesça contre son épaule, puis se dégagea. Elle attrapa son panier.

— À bientôt.

— À bientôt, Ghislaine, répondit-elle en se retournant.

Elles s'adressèrent un lumineux sourire. Derrière son amie, dans le parc en contrebas près de la rivière, Constance aperçut Baptiste, le béret de côté. Son air canaille lui pinça le ventre. Il lui avait plu et quelque part, c'était un peu grâce à lui qu'elle avait découvert sa force intérieure. Celle qui la poussait à reprendre son destin en main, à se relever une bonne fois pour toutes des ravages que Ian lui avait fait subir, et surtout, à se défendre contre cette vie d'injustice liée à son sexe.

Elle se détourna, convaincue de son choix.

Et puis... une réunion n'engageait à rien.

*

Son cœur battait si fort que Constance le sentait pulser dans ses tempes. Légèrement étourdie, elle s'accroupit derrière un buisson de cassis. Les ombres envahissaient le jardin des Roy à mesure que le soleil tirait sa révérence. Des herbes folles chatouillèrent ses cuisses et, d'un geste de sa main moite, elle les repoussa.

La jeune fille inspira profondément pour se donner du courage. D'un regard en arrière, elle s'assura une dernière fois des volets clos de la chambre de Florent et de ses parents. Tout en haut sous le toit, les siens aussi gardaient le secret de son escapade.

Courbée en deux par précaution (elle ne pouvait vérifier la présence de voisins à cause des divers branchages), elle avança jusqu'au fond du petit parc. Là, elle savait qu'il manquait une planche à la haute clôture de bois. Elle gisait, vermoulue et presque recouverte de ronces. Léo avait eu pour mission de la réparer, mais il n'avait pas eu le temps de s'en acquitter. Il semblait que le nouveau jardinier, un vieux monsieur d'un village proche, ne l'ait pas fait non plus. Une aubaine pour la jeune fuyarde, qui ne pouvait prendre le risque de sortir directement dans la rue passante devant la porte principale.

Constance retroussa sa robe sombre et scruta les alentours. Ce n'était pas le moment de se faire mal. Elle jeta un coup d'œil de l'autre côté de la palissade, dans l'allée étroite en terre battue, puis se faufila par la fente. Aussitôt, elle se redressa, s'épousseta et avança d'un pas pressé vers le centre du village. Mademoiselle Laktas vivait derrière l'école, dans une petite masure.

L'adolescente rasait les murs de pierre et de brique en ne pensant qu'à son objectif : arriver sans se faire prendre chez son ancienne institutrice. Celle qui avait lutté pour que sa mère accepte de l'envoyer à l'école. Celle qui lui avait enseigné tout ce qu'elle savait aujourd'hui. Constance regrettait cette époque qui lui offrait une soupape pour souffler des travaux physiques difficiles. Elle aurait aimé, comme Ian et Liam, poursuivre ses études. Mais les lycées pour filles demeuraient réservés à l'élite et, de toute façon, on y apprenait surtout à tenir un ménage et à coudre, compétences acquises depuis longtemps pour elle.

Dans l'obscurité naissante, Constance tapa deux faibles coups contre un battant de bois simple. Devant la maisonnette s'étendaient un carré d'herbes folles et un petit potager, séparés par une allée étroite parsemée de nids de poule. De l'extérieur, le logement apparaissait décrépit. Tout le monde savait médiocre la paie des institutrices. Le maire, censé lui fournir un habitat décent, n'y voyait pas d'importance. Pour lui, l'instruction des femelles relevait presque de l'hérésie. Il n'allait pas non plus passer l'argent de la commune pour loger une demoiselle qui finirait à coup sûr vieille fille !

Un grincement. Puis un rectangle de lumière, pourtant douce, éblouit Constance une seconde. Machinalement, elle s'avança, pressée de se mettre à l'abri des regards indiscrets. Si sa mère apprenait son absence...

— Bonsoir, Constance, l'accueillit mademoiselle Laktas de sa voix affable au léger accent sévère.

— Constance ! Je suis heureuse de ta présence !

Félicité se précipita vers elle pour l'enlacer brièvement. L'adolescente ne s'attendait pas à un tel traitement, elle en fut d'autant plus déboussolée que l'adrénaline saturait déjà son organisme. Quand Félicité la relâcha, une troisième femme, Linda, la salua d'un signe de la tête. Constance la connaissait seulement de vue, elle venait du bourg voisin.

Voilà donc à quoi se résumaient ces fameuses réunions... Quatre personnes en se comptant elle-même. Constance ne savait si elle était soulagée par ce comité restreint ou si la déception l'emportait. Si peu de monde se sentait concerné par leur injustice.

— Assieds-toi, je t'en prie.

Le lit grinça sous son poids. Finalement, se trouver chez son ancienne professeure l'intimidait assez. Tant mieux si elles n'étaient que quatre !

Une tasse fumante de tisane à la verveine (Constance reconnut l'odeur) arriva entre ses mains. Nerveuse malgré l'accueil plutôt sympathique, elle se focalisa sur la chaleur diffusée contre ses paumes. Elle désirait retrouver son calme rapidement, mais la situation s'avérait si inédite qu'elle semblait encore incapable de se concentrer sur quoi que ce soit.

Le timbre particulier de mademoiselle Audrey Laktas retentit. Elle s'y raccrocha, puis laissa l'énergie posée de cette femme qu'elle respectait infuser en elle.

— Commençons, si vous le voulez bien. Comme promis lors de notre précédente réunion, j'ai cherché et trouvé une copie de la *Déclaration des droits de la femme et de la citoyenne*[3].

Un frisson d'excitation issu de Félicité, installée à sa gauche, fit relever la tête à Constance. Peu à peu, elle se sentait reprendre pied.

— Lisez-la, Audrey, encouragea Linda, le regard brillant.

— Avant cela, j'aimerais que nous prenions quelques secondes pour rendre hommage à son autrice, Olympe de Gouges, grande oubliée de la Révolution française et morte sur l'échafaud pour ses idéaux d'égalité entre les sexes et les races.

Constance ferma les paupières et répéta le nom de cette femme, effectivement inconnu pour elle. De toute façon, elle savait la date de la Révolution uniquement grâce à la fête

---

[3] Publié en 1791 par Olympe de Gouges, femme de lettres et femme politique française. 1748-1793.

nationale. Les filles n'apprenaient pas l'histoire, à l'école. Et la bibliothèque des Roy s'avérait mal fournie à ce sujet.

— « Préambule. Les mères, les filles, les sœurs, représentantes de la nation, demandent à être constituées en Assemblée nationale. »

— Vraiment ? coupa Constance, interloquée. Il y a plus d'un siècle, une femme a réellement écrit sur l'égalité entre les sexes ? Au point de revendiquer gouverner ?

Si elles s'étaient trouvées à l'école, mademoiselle Laktas l'aurait sévèrement réprimandée de l'avoir interrompue. Constance pressa ses lèvres l'une contre l'autre, dans l'expectative. Elle avait été bien trop interpellée dès la première phrase pour se retenir. Cependant, à la place de la remontrance, Audrey lui adressa un regard bourré d'espoir et de joie.

— Oui, Constance. Olympe de Gouges a même envoyé cette déclaration à Marie-Antoinette, encore reine à ce moment-là. En fait, de tout temps, des voix se sont élevées pour prôner cette égalité. Elles ont été punies et volontairement effacées de l'histoire, donc des mémoires.

— Pourquoi ? souffla l'adolescente.

Jusqu'à présent, son infériorité, son invisibilité, puisqu'elle n'avait aucun droit sur sa vie, lui étaient apparues non pas naturelles, mais indiscutables. Sa propre mère lui avait transmis cette vision d'elle-même. Et là, en moins de cinq minutes, elle découvrait qu'il n'en était rien ! Plus d'un siècle auparavant, des femmes avaient déjà remarqué et combattu l'injustice liée à leur genre. Elles s'étaient battues pour la faire cesser. Et elles avaient été opprimées.

Soufflée, Constance prenait conscience qu'elle n'avait jamais été seule à ressentir cette iniquité. Si la lutte féministe semblait prendre de l'ampleur depuis l'avènement de ce nouveau siècle, le mouvement datait en réalité de très, très longtemps.

Ce n'était pas une naissance, c'était une sorte de continuité de cette bataille pour l'égalité. Constance se sentit galvanisée, soutenue par ces dizaines de générations de femmes qui avaient fait avancer leur cause, bien que cela ait été savamment tu par les hommes au pouvoir.

En l'espace de quelques longues secondes de réflexion, où ses sentiments et ses révélations s'entrechoquaient pour se lier, elle saisit qu'elle venait d'embrasser les revendications féministes.

Au diable les critiques des journaux. Au diable tous ces hommes qui cherchaient coûte que coûte à empêcher leur libération. Depuis toujours, les femmes pensaient et comprenaient. Constance ne pouvait faire autrement que de continuer à le prouver. Pour elle-même. Et pour celles du siècle prochain qui liraient la *Déclaration des droits de la femme et de la citoyenne* et appréhenderaient ainsi que les générations précédentes œuvraient plus ou moins dans l'ombre pour qu'elles vivent libres. Libres de leur corps. Libres de leurs pensées.

Soudain, les gonds de la porte d'entrée grincèrent.

— Ah ! V'là qu'le vent s'est l'vé !

Constance se tétanisa. Les concepts soulevés par ce tourbillon interne de prise de conscience retombèrent comme un soufflé.

— Tiens ! Une nouvelle.

Des prunelles grises comme le pelage d'un loup s'attardèrent sur elle. Elles brillèrent, mais la jeune fille ne sut interpréter ce signe.

— Salut, la bâtarde !

— Louise. Entre, je t'en prie. Et n'insulte pas Constance, s'il te plaît.

Ladite Louise referma derrière elle sans délicatesse, puis s'installa sur le tabouret bancal occupé jusqu'alors par la maîtresse des lieux.

Discrètement, Félicité déposa sa main chaude sur celle de l'adolescente, gisant entre elles sur le lit.

Louise n'avait pas quitté des yeux Constance.

— T'es choquée d'me voir là, mmh ? T'crois qu'écarter les cuisses m'empêche de penser ?

Constance se raidit. Elle ne se laisserait certainement pas insulter par la péripatéticienne du village !

— Louise, cela suffit, trancha Audrey en lui offrant un bol de tisane. On en a déjà parlé. Nous subissons assez de remarques malveillantes de la part des hommes et de la société sans en ajouter entre nous. En faisant partie de ce cercle, nous nous acceptons telles que nous sommes, avec nos histoires passées et présentes.

— C'est elle qui m'regarde méchamment.

Constance s'apprêtait à baisser les yeux, mais se retint au dernier moment. Elle avait fait ce premier pas par curiosité, parce que les mots de Félicité, au marché l'autre jour, avaient résonné en elle. Ce qu'elle avait compris sur elle-même et sur la lutte des femmes en l'espace d'une poignée de minutes seulement valait la peine qu'elle se batte pour sa place au sein de ce groupe. Constance voulait faire partie de ce cercle. Elle était prête à accepter chacune des participantes, pourvu qu'elles la respectent.

— Tu m'as insultée de bâtarde alors que tu n'avais même pas franchi le seuil. Excuse-toi et restons-en là.

Un silence surpris plana sur la petite assemblée.

— C'est c'que t'es, non ?

— Très bien. Alors je t'appellerai « la putain ». Ainsi, nous nous sentirons vraiment sereines pour échanger sur la place des femmes dans notre pays.

Constance ne se savait pas capable de tant d'ironie. Se défendre pour la première fois de cette insulte la soulagea profondément.

Louise la fixa intensément, Constance ne cilla pas. Puis la dame marquée par la vie éclata de rire :

— T'en as suffisamment dans l'corset pour discuter avec nous ! Bienvenue, Constance !

Saisie de stupeur, Constance ne savait plus comment réagir. Elle lança un regard interrogatif à Félicité, qui lui offrit un petit sourire en coin gêné. Constance se détendit progressivement. Elle venait apparemment de prouver sa valeur, bien qu'elle jugeât cette façon de faire franchement dégradante.

Chapitre 22 – 1900 – 4 ans

Ce matin, l'employé de l'usine textile que William Roy avait mandaté pour défricher son jardin avait terminé son dernier travail : construire une plateforme dans le saule devant la véranda. Les enfants la nommèrent aussitôt « cabane », bien qu'en l'état, seul existait le plancher.

Ian, Liam et Constance la scrutaient depuis la terre ferme, des étoiles plein les yeux. Pour sûr, les adultes ne s'y risqueraient pas ! Ces quelques planches étaient *leur* endroit !

— Et si nous prenions une chaise pour atteindre la première branche ? proposa Liam en observant son aîné.

— Nous la salirions. Maman et Mady nous disputeraient.

Constance se figea en entendant cette vérité. Comment grimper, alors ? Liam et elle étaient trop petits... Comme son ami, elle se tourna vers le plus âgé, dans l'expectative. Ian, fort de cette attention et de cette assurance inébranlable qu'ils lui témoignaient pour trouver une solution, décréta :

— Nous allons emprunter un tabouret.

Après un tour d'horizon, il pointa du doigt une assise en bois vermoulu qui soutenait un pot de géraniums rouges. D'un pas décidé, il s'approcha de la véranda, abandonna au sol le vase de terre cuite beaucoup plus lourd que prévu, puis revint avec le siège préalablement épousseté d'un geste de la main. Il le cala sous le saule, posa un pied dessus pour en éprouver la solidité, bien conscient que l'aspect vieilli pouvait laisser présager une chute douloureuse.

— J'y vais. Je vous hisserai si besoin, mais Constance, tu ne devrais pas venir.

— Pourquoi ? s'étonna la fillette.

Ian cherchait encore à l'évincer dans le but de garder son frère pour lui tout seul !

— Parce que tu es une fille ! Les filles ne grimpent pas aux arbres.

Ian débuterait l'école le mois prochain, pourtant, il savait déjà plein de choses ! Il releva un peu le menton, signe évident qu'il avait raison. Constance ouvrit la bouche, mais ne trouva rien à répondre. Elle ne comprenait tout simplement pas pourquoi, en tant que fille, elle ne pouvait pas profiter de cette superbe plateforme sylvestre.

Liam, incrédule lui aussi, garda le silence. Lorsque Ian s'élança, il observa avec attention chaque mouvement de son frère afin de le recopier. L'aîné atteint le plancher sans encombre, puis ce fut au tour de Liam, et enfin, Constance les rejoignit. Personne ne souffla mot quant à la réussite de l'escalade.

Les enfants, les pieds dans le vide, allongés sur le bois, laissèrent leurs regards se perdre dans les petites feuilles. Les jeux de lumière les absorbèrent.

— Nous sommes dans un pays féérique, chuchota Liam.

— Oui, comme dans notre album !

— Amusons-nous à la fée et aux pirates, proposa Ian en se redressant.

— Constance !

La fillette s'assit aussitôt pour jeter un coup d'œil en bas. Si Madeleine levait les bras, elle atteindrait la plateforme. Mais Consty n'était pas aussi grande et le sol lui apparut assez lointain. Peu rassurée, elle s'éloigna du bord.

— Descends immédiatement, ordonna Madeleine, arrivée entre-temps.

Elle avait pris son geste de recul pour une opposition.

— Mais maman, nous allions jouer à la fée et aux pirates !

— Regarde tes mains ! Et je suis sûre que ta robe est toute crottée !

Constance baissa les yeux. En effet, sa jupe bleue affichait des traces vertes et marron un peu collantes.

— Je la laverai, promit l'enfant. S'il te plaît, laisse-moi avec Ian et Liam.

Le visage rond de Madeleine se chiffonna.

— Obéis !

Elle s'approcha du tronc et entreprit de redescendre, les larmes au bord des paupières.

— Constance ! Grimper aux arbres est inconvenant. Regarde ton état. Une petite fille bien élevée reste propre et se divertit calmement.

Constance baissa la tête, l'émotion lui pesait.

— Ce n'est pas juste ! s'écria-t-elle.

La claque tomba, sèche. Les perles salées dégringolèrent sur les joues rebondies rosies de colère, de tristesse et de douleur.

— Ne t'avise plus de me répondre. Ce plancher a été construit pour les garçons de monsieur Roy. Je t'interdis d'y remonter.

C'en était trop pour Liam. Il ne supportait pas d'être le témoin de la détresse de Consty sans rien faire. Il s'approcha du tronc quand Ian le retint. Ce dernier craignait Madeleine lorsqu'elle affichait une telle colère, mais pas Liam.

— Nous allons descendre jouer avec elle, affirma le cadet à voix basse.

La bonne entendit et le fusilla du regard.

— Vous devez arrêter de vous amuser ensemble. Constance, file dans la cuisine.

Désemparée, la fillette chercha l'aide de son ami. Ils ne méritaient pas d'être punis ainsi !

Madeleine fixa sombrement les deux garçons qu'elle avait en partie élevés pour asseoir son dernier ordre.

— J'ai dit à Constance qu'elle ne devait pas grimper avec nous ! s'exclama aussitôt l'aîné.

— C'est bien, Ian. Si elle recommence, viens me chercher.

Il opina vivement, ses iris verts trahissaient sa crainte et son désir d'obtempérer. Constance fondit en larmes pour de bon. Sa joie de découvrir leur cabane s'envolait en fumée et l'éloignement forcé avec Liam terminait de saccager son cœur.

Chapitre 23 – 1913 – 17 ans

Liam, étendu sur la plateforme construite près de treize ans auparavant dans le saule du jardin, se laissait bercer par la douce brise de ce début de soirée. *Les Misérables*, de Victor Hugo, reposait ouvert sur son torse. Liam appréciait ce roman, malgré quelques longueurs.

Le plancher, désormais un peu petit, ne lui permettait pas beaucoup de mouvement. Il plaça néanmoins ses mains sous sa nuque et plissa les paupières de contentement. Il décompressait enfin de sa première année de pensionnat.

Il songea à ces dernières quarante-huit heures, à son retour au domicile familial.

Une certaine froideur enveloppait sa relation avec Ian, bien que celui-ci semblât se tenir correctement vis-à-vis de Constance. Liam ne parvenait tout simplement plus à lui accorder sa confiance.

Ses retrouvailles avec Florent, ses mots moitié chuchotés, moitié bredouillés, dans l'obscurité de leur chambre. Son petit frère fêterait ses onze ans en septembre prochain et il commençait à se poser des questions concernant les rapports intimes. Liam se remémora sa onzième année : son grand-père Louis, par son discours extrême, douchait les frémissements de son attirance pour Constance. Puis elle avait renversé une soupière sur lui...

Il sentit les commissures de sa bouche se soulever en se rejouant ce souvenir. Constance l'avait tout simplement ébloui. Que dire de la voluptueuse jeune femme qu'elle devenait ? Comme à l'accoutumée dès qu'il pensait à elle, la température de son corps grimpa.

Il distingua soudain le son ténu de pas étouffés par l'herbe. Une chevelure blond cendré qu'il connaissait bien pour rêver souvent d'y plonger ses doigts se faufila sous sa cachette. Un peu plus loin, près des cassis, Constance marqua une courte pause. La tension dans son être convainquit Liam de ne pas bouger. Il devina plus qu'il ne vit son mouvement de tête vers l'arrière, vers lui ou peut-être la maison. Les épaules voûtées, elle se glissa ensuite derrière les buissons.

Que fabrique-t-elle ?

— Bonsoir.

— Bonsoir, Constance, répondirent les trois femmes déjà attablées.

Comme à l'accoutumée, la jeune servante prit place sur le lit de son ancienne institutrice. Auparavant, elle se servit un verre d'eau : entre la chaleur de l'été augmentée par le manque d'air dans la bicoque et les discussions parfois endiablées, elle savait qu'elle le siroterait avec plaisir tout au long de la soirée.

Dehors, la nuit tombait. Malgré les vingt-deux heures sonnées, elle avait dû redoubler de vigilance pour arriver à destination. Les gens profitaient volontiers de la brise en échangeant les derniers ragots avec leurs voisins. Constance ne voulait surtout pas s'y retrouver mêlée !

Sans parler du retour de Liam, qui l'enchantait, certes, mais qui lui fournissait une préoccupation de plus. Elle n'avait pas su localiser le jeune homme avant son départ, elle l'avait donc soupçonné d'être aux toilettes au fond du jardin. L'arrivée de l'eau courante ne lui avait jamais paru aussi lointaine... Même si la brèche de la palissade se trouvait à l'opposé de la maisonnette d'aisance, elle n'avait pas du tout apprécié cette source de stress !

Mais ce qui l'angoissait véritablement tenait en deux mots : sommeil léger. Liam, depuis toujours, dormait mal. Le moindre son le tirait des bras de Morphée. S'il l'entendait regagner sa chambre à une heure avancée en la découvrant non pas en chemise de nuit, mais habillée de pied en cap, il la démasquerait. La jeune fille se rassurait en songeant que même s'il la prenait en train de faire le mur, il lui demanderait sûrement des explications avant de la dénoncer. Ce lien qui l'unissait au garçon l'emplissait de joie. Un discret sourire amoureux naquit sur ses lèvres, coupé par Audrey Laktas :

— J'ai une triste nouvelle à vous apprendre. Linda ne viendra pas ce soir. En réalité, je pense que nous ne la reverrons plus.

— Oh, non ! Pourquoi ? s'enquit Félicité, sincèrement peinée.

— Son mari bouffe les pissenlits par la racine !

Constance, choquée par la désinvolture de Louise pour un sujet si dramatique, chercha du regard confirmation sur le visage rond d'Audrey. Cette dernière acquiesça.

— Hier, il est tombé du moulin qu'il réparait.

— Un ivrogne de moins qui battait sa femme et ses gosses. Amen !

Louise joignit le geste à la parole et leva sa tasse fumante de tisane vers le plafond noirci de suie de la chaumière avant de la porter à ses lèvres. Machinalement, Constance trinqua.

— Pensons à Linda, délivrée, bien sûr, mais veuve avec ses enfants à charge.

— Rha ! s'exclama la prostituée. Linda, intelligente et travailleuse, s'en sortira bien mieux qu'avec ce bonhomme rond comme une barrique du matin au soir !

— Intelligente, travailleuse et courageuse, ajouta Félicité en levant à son tour sa boisson. Voilà ce à quoi une telle femme est réduite : attendre le trépas de son époux pour retrouver la sérénité de vivre !

— Nous avons l'autorisation de divorcer depuis quelques années, souligna Constance en s'accoudant sur ses genoux pour se tenir au plus près de ses compagnes.

— Faut-il encore pouvoir se payer un avocat, dit Audrey. Comment faire lorsque l'argent que nous gagnons est perçu par le mari ?

Constance acquiesça. Leurs conversations finissaient inlassablement sur ce point : l'inexistence de l'indépendance financière des femmes. Elles n'avaient pas le droit d'ouvrir un compte en banque à leur nom et ne pouvaient travailler que sur permission de leur époux. Comment partir sans moyens ? Si Constance, jusqu'à présent, ignorait la situation familiale délicate de Linda, elle savait qu'au sein même de son village plusieurs personnes la vivaient.

— Il n'y a pas que cela, argua Félicité en croisant les bras sur sa poitrine. Il faut aussi montrer une immense force morale pour divorcer. Les messes basses sont si méchantes... et les réputations se font si vite.

Louise tapota l'épaule de la jeune lavandière devenue pâle.

— Ignore-les, ma grande.

Depuis une semaine, certaines mauvaises langues faisaient courir le bruit que le refus de Félicité pour le mariage s'expliquait par une attirance interdite par la Bible.

— Félicité, interpella la maîtresse d'école. Tu es une femme et les femmes qui n'entrent pas dans les cases sont moquées.

— J'ai tout juste vingt ans ! Je ne suis même pas encore majeure ! Cela n'est pas un drame si je ne suis pas penchée sur cette cérémonie !

Audrey inspira profondément avant de confier :

— Ces rumeurs m'ont atteinte aussi. J'ai quitté ma Bretagne natale pour ce mobile. Comme dit Louise : ignore-les. Ta conviction à vivre ta vie est ta force. Tu as entièrement raison, le but de notre existence ne se résume pas qu'à cette union. À nous de le prouver.

— Cela est vrai, intervint Constance. Ne t'oblige pas à entrer dans le moule, tu serais triste. Notre lutte s'inscrit dans nos actions quotidiennes. Nous combattons pour que nous, femmes, puissions choisir notre destinée sans pression sociétale. Malheureusement, cela induit d'essuyer quolibets et on-dit. Et puis, comme tu l'as souligné, tu as vingt ans. Cette rumeur bête et infondée s'éteindra d'elle-même. La majeure partie d'entre nous se marie rarement avant vingt-cinq ans.

— Mais les autres attendent avec impatience cette union, contra la sœur de Ghislaine. Et elles le font savoir. Moi... je ne cache pas que je refuse cette voie.

— Et c'est tout à ton honneur. À notre honneur, compléta mademoiselle Laktas en pressant sa main par-dessus la table couverte d'une nappe fleurie. Nous devrions pouvoir affirmer haut et fort nos opinions, mais ce n'est pas encore le cas. C'est également l'une des raisons pour lesquelles nous nous battons.

Félicité opina, mais son visage demeurait soucieux. Constance aurait aimé trouver de nouveaux mots pour la rassurer, pour la consoler. Malheureusement, mis à part la soutenir en public si besoin, elle ne voyait quoi faire. Et puis... elle aussi se dirigeait vers un avenir pénible : tant qu'elle chérirait Liam, elle n'unirait pas sa vie à un autre homme.

Un ange passa.

— Le problème, recommença la jeune domestique, ce sont ces injonctions et ces tabous. Ces amours interdites. De quel droit un sentiment si beau peut-il devenir une arme pour nous blesser ? Nous devrions pouvoir aimer n'importe qui. Sans s'en cacher, sans honte, sans même que notre famille trouve à y redire quoi que ce soit !

— Tu essayes de rallier la cause des homosexuels à celle des féministes ? s'étonna Audrey.

— Pourquoi pas. Nous sommes opprimés de façon semblable. Peut-être même que les femmes lesbiennes le sont doublement.

Constance touchait du doigt un tabou si ancré dans son éducation qu'elle en frissonna. Tout le monde savait que ces attirances existaient depuis le commencement de l'humanité, ce sujet subissait le poids de siècles de silence.

Louise applaudit, un large sourire s'ouvrant sur sa bouche édentée.

— Ah ! L'émancipation sexuelle des femmes ! Nous y voilà enfin !

— Elle parlait d'amour, pas de... cela, contra Félicité.

— Tu apprendras, jeune pucelle, que l'amour mène au sexe, mais c'est pas toujours vrai pour l'inverse ! ricana Louise.

Constance se sentait si ignare en la matière qu'elle préféra se taire. Audrey, elle, intervint :

— L'amour peut tout à fait être platonique. Certaines personnes ne sont pas intéressées par les choses de la chair.

Louise balaya sa remarque d'un geste de la main pour appuyer :

— N'empêche, le jour où la femme pourra faire c'que bon lui semble de son propre corps, elle aura remporté une sacrée victoire ! C'pas normal qu'on risque la prison si on s'fait avorter alors que ces m'sieurs n'ont rien de rien ! Eh ! un moutard, ça s'fait à deux !

— Tout de même, Louise. Interrompre sa grossesse...

— Qu'on nous apprenne à pas avoir de gosses, si les faiseuses d'anges les dérangent tant. Mais on connaît qu'dalle. Enfin... moi j'suis au courant grâce à mon métier, mais vous autres... Même les hommes y savent rien. Et y savent même pas qu'nous aussi, on peut prendre du plaisir à la chose.

Louise éclata de rire devant les yeux écarquillés de Constance. Félicité, rouge comme une pivoine, aurait pu se rouler en boule sous la table tant elle baissait la tête. Audrey, elle, ne se laissa pas démonter par la franchise habituelle de la prostituée.

Depuis des mois que les villageoises se retrouvaient autour de cette table pour échanger à propos de divers sujets, des liens profonds de confiance s'étaient tissés entre elles. Constance, au fil des réunions et bien qu'elle fût la dernière arrivée, depuis à peine quelques semaines, l'avait immédiatement senti. Cela permettait la libération de la parole entre elles, même si elles n'avaient jusqu'à présent jamais abordé ce thème. Elle se souvenait d'une seule fois où, sous l'impulsion de Louise, elles avaient évoqué leurs menstruations et leurs petits « trucs » contre la douleur ou pour absorber un flux abondant.

— Dis-nous tout, Louise, encouragea l'institutrice.

Accoudée sur sa table, elle posa sa joue dans le creux de sa main. La prostituée se figea une seconde. Son hilarité mourut en même temps qu'elle replaçait une mèche de cheveux blond filasse. Sa jeunesse s'était fanée avant l'heure dans les caniveaux et les lupanars de Brest. Puis elle était tombée amoureuse d'un marin qui l'avait emmenée jusqu'au Havre, où il avait embarqué pour ne jamais revenir. Au fond de ses yeux gris, le sérieux chassa la résignation habituelle.

— Alors, déjà, quand ces m'sieurs prennent du plaisir, ils lâchent leur foutre. C'est d'ça qu'il faut s'méfier, pas de leur engin. Le mieux, c'est d'vous laver tout de suite après avec de l'eau et du vinaigre. Sinon, vous pouvez aussi mettre une éponge imbibée de vinaigre au fond d'votre vagin.[4]

— Du vinaigre ? répéta Audrey d'une voix blanche.

— Les p'tites choses dont j'ai oublié le nom, dans leur foutre, elles aiment pas ça. Bien sûr, si m'sieur y arrive, il peut se retirer avant... mais bon, j'compterais pas trop là-dessus si j'étais vous...

Les trois ignorantes acquiescèrent, médusées.

— Ça va ? s'enquit Louise en dévisageant l'assemblée. Eh ! on va passer aux joyeusetés, alors !

Constance ne voyait pas comment, alors que l'acte se terminait par un bain intime vinaigré en cas de non-désir d'enfant, il pouvait exister des « joyeusetés ». Elle avala une gorgée d'eau pour se donner du courage, mais à sa stupéfaction, elle comprit rapidement que le rapport sexuel pouvait être source de plaisir pour les partenaires.

Sous le parler familier, voire parfois carrément grossier de Louise, elle apprit l'existence du clitoris, les façons de le toucher, de le lécher, de l'émoustiller... pour poursuivre sur les

---

[4] Les prostituées utilisaient effectivement cette méthode « contraceptive ». On imagine sans peine les vaginites et autres maux dont elles devaient souffrir... Il faut savoir qu'à cette époque, le préservatif existait déjà. Fabriqué à partir d'intestins de mouton et réutilisable, il était très cher, donc rare.

différentes positions en fonction de la vigueur de monsieur ou madame.

Louise transmettait ses connaissances sans ce tabou propre à leur époque. Constance, au fur et à mesure que la soirée avançait, sentait la parole se libérer. Félicité et Audrey osèrent quelques questions. Quant à elle, elle but les mots de cette fille de joie.

Sans s'en apercevoir, cette dernière expliquait les ressentis de Constance, ce désir qui éveillait son corps. Elle en comprit la normalité, alors que sa mère, avec ses silences et sa propre honte, lui avait transmis son poids malveillant.

Lorsque Constance se retrouva sous le ciel étoilé devant la maisonnette de mademoiselle Laktas, elle inspira profondément. Jamais de sa vie elle n'avait envisagé de suivre une telle leçon, qui plus est avec Louise ! Dans une prise de conscience essentielle, elle saisit son épanouissement nouveau issu de ces réunions où elle apprenait à accepter sa force féminine.

— Tu vas bien ? demanda Félicité à voix basse en refermant derrière elle.

Constance opina du bonnet, le sourire aux lèvres.

— Il est tard, je ne te raccompagne pas ce soir, chuchota encore la lavandière.

— Rentre-bien et passe le bonjour à Ghislaine.

Félicité la salua et se fondit dans les ombres de la nuit. Constance s'engagea à son tour sur la placette du village. Elle prit soin de longer les murs, à l'affût du moindre bruit suspect. Sa rue s'avérait plutôt calme, mais d'expérience, elle savait que les hommes soûls pouvaient cuver (ou plus rarement beugler) là où on ne les attendait pas.

Enfin, elle arriva à l'entrée des domestiques, qu'elle avait laissée ouverte. De nuit, il lui était impossible de passer par le jardin : non seulement elle peinait à repérer la planche manquante dans la clôture, mais en plus, les ronces et autres plantes piquantes transformaient le chemin en un parcours semé d'embûches. Elle avait été bien en peine de justifier sa robe déchirée à sa mère, la première fois...

En silence, elle verrouilla le battant, puis gravit les marches à tâtons. Elle repensa à l'injonction de Louise, après ses explications détaillées : « Touchez-vous, les filles. C'comme ça qu'vous vous connaîtrez et qu'vous prendrez du plaisir avec vot' homme. »

Tout à ses pensées, elle poussa la porte de la cuisine. Éblouie, elle cligna des paupières le temps que sa vue s'adapte. Que faisait une bougie allumée posée sur la table à cette heure indue ?

Les prunelles bleues cerclées d'ambre de Liam l'épinglèrent sur place.

Dire que Liam s'inquiétait s'apparentait à un euphémisme. Il avait entendu minuit sonner à l'horloge du salon... Depuis bien avant, il se rongeait les sangs, attablé, la tête plongée entre ses mains. Il en était arrivé à ressasser les paroles de son père concernant les filles... concernant Constance. Une part de lui niait en bloc l'idée que la jeune femme se déprave, une autre, plus insidieuse, lui susurrait qu'il n'en savait rien.

Maintenant, elle se tenait devant lui, immobile et interdite. À la seconde où il avait perçu des pas dans les escaliers, il s'était levé.

Il la toisa, désapprobateur. Constance reprit ses esprits et, loin de se laisser intimider, contourna la table qu'elle balaya du regard.

Elle nota la présence des restes du gueuleton de Liam. Des miettes de pain, une croûte de fromage... Elle aurait presque pu croire qu'il avait assouvi une fringale nocturne. Son air pincé la convainquit du contraire. Il savait et l'attendait.

Intérieurement, elle rassembla son courage pour lui faire face. Liam se mordillait les lèvres en la dévisageant.

— Tu m'as vue partir ou tu me cherchais et tu ne m'as pas trouvée ?

— J'étais dans le saule.

— Merci de ne pas m'avoir dénoncée.

Liam balaya sa phrase d'un geste agacé de la main. Il déglutit, comme pour s'empêcher de lancer une pique désobligeante, mais, n'y tenant plus, il lâcha :

— J'espère au moins qu'il t'honorerait si ton escapade nocturne venait à s'ébruiter.

Constance fit les yeux ronds. Qu'il la croie avec un garçon l'énerva. Plus encore qu'il souligne les potentielles et injustes remarques auxquelles elle s'exposerait si c'était le cas... Plus le temps passait, plus son esprit repérait les critiques imméritées auxquelles elle était soumise du fait de son sexe.

— Je n'ai aucun prétendant.

Le regard franc qu'elle lui adressa persuada Liam. Et puis, Constance n'avait aucune raison de lui mentir.

— Ghislaine ne m'a pas l'air du genre à faire le mur... Encore moins jusqu'au milieu de la nuit...

Ghislaine, non, mais sa grande sœur, oui !

Que Liam mette un nom sur sa meilleure amie toucha la jeune fille. Elle l'accueillit comme une marque d'attention de sa part.

Soudain, la scène lui parut irréelle. Elle contempla Liam, ses cheveux bruns en bataille, sa chemise unie de pyjama, trop petite au niveau de ses épaules arrondies et de ses poignets, sa mâchoire plutôt carrée. Il prenait les traits d'un homme. Même sa voix, depuis Pâques, avait baissé d'un ou deux demi-tons. Leur proximité la chamboula. Jamais elle n'aurait pensé pouvoir le retrouver si simplement. Elle lui sourit, heureuse, mais son masque sérieux la doucha. Il attendait des explications.

Constance pesa le pour et le contre. Elle se rendit compte qu'elle avait *envie* de partager son secret avec Liam. Pour jauger sa réaction, mais aussi pour lui prouver qu'elle lui accordait sa confiance, entièrement, même s'il s'en doutait sûrement déjà.

Et puis... il patiente depuis deux heures et demie. Je lui dois bien une confidence !

— J'étais avec d'autres femmes, et non, Ghislaine ne figurait pas parmi elles. Ne me demande pas de noms, je ne t'en fournirai pas. C'est une promesse entre nous pour nous protéger des médisances.

Loin d'énerver Liam, ses paroles sibyllines titillèrent sa curiosité. Il résuma :

— Des femmes, non des amies. Et un besoin de garder secrètes vos identités.

Ses yeux s'agrandirent comme des soucoupes.

— Une suffragette ! Tu es une suffragette ?

— Chut ! Pas si fort ! Je ne sais pas si nous pouvons nous désigner ainsi, nous n'engageons aucune action...

Au soulagement de Constance, d'ailleurs, qui, si elle admirait Hubertine Auclert[5], ne se voyait pas sous le feu des journalistes.

— Mais vous parlez des droits des femmes… ?

— En effet.

Constance n'entra pas dans les détails, resongeant avec gêne au cours d'éducation sexuelle reçu le soir même.

Liam glissa une main dans ses cheveux drus en la fixant, le regard brillant et un petit sourire en coin. Son changement d'humeur était flagrant. Constance, en face de lui, croisa les bras sous sa poitrine et soutint son examen visuel.

— Qu'en penses-tu ?

— Je ne t'ai jamais vue si sûre de toi.

Après une demi-seconde de silence, il confessa :

— Cela te va bien. Et je suis soulagé de constater ton mieux-être.

Il posa ses fesses sur le rebord de la table sans la quitter des yeux. Elle imita sa position au niveau de la cuisinière. Dans d'autres circonstances, ils ne se seraient jamais permis une telle familiarité dans leur posture. Cela contribua à renforcer le lien qui les unissait.

— Tu es en grande partie responsable, Liam. Merci. Merci infiniment d'avoir osé parler à ton père.

— William n'y est pour rien dans le revirement de Ian, lâcha-t-il, amer.

---

[5] Journaliste, écrivaine et militante féministe française qui s'est battue en faveur de l'éligibilité des femmes et de leur droit de vote (10/04/1848 – 8/04/1914). Source : Wikipédia.

Sous le regard interrogateur de la jeune fille, il expliqua :

— Enfin... Il lui a demandé de... de cesser. Ou plutôt de se maîtriser. Mais... euh...

Il ne voulait pas rapporter les paroles désobligeantes de William, qui ne manqueraient pas de la blesser.

— Tu as enfoncé le clou ? devina Constance en se penchant légèrement vers lui.

— Nous pouvons le formuler ainsi, oui.

Les prunelles fuyantes de Liam apprirent à Constance qu'il n'ajouterait rien. Elle accepta ce jardin secret en souhaitant qu'un jour, il ose le lui confier.

— Il a arrêté avec moi, mais je sais de source sûre qu'il... qu'il recommence dans votre usine.

— Qu'il recommence *quoi* ?

Liam sentit les battements de son cœur s'accélérer. Constance baissa subitement le visage. Il eut envie de la prendre dans ses bras, comme durant les dernières vacances, dans la bibliothèque, lorsqu'elle s'était blottie contre lui.

À la place, il planta ses ongles dans le bois de la table derrière lui. Mille fois, dans l'obscurité de sa chambre d'internat ou dans la lumière crue de sa salle de classe, il s'était demandé ce que Ian lui avait infligé. Mille fois, il s'était interdit de spéculer à ce sujet tant les divers scénarios lui broyaient les entrailles. Mais dans le but d'intervenir pour des scènes dont il n'avait pas été témoin, il lui fallait des détails. Constance dut le comprendre, car elle murmura :

— Cela débute par des regards trop appuyés.

Chapitre 24 – 1913 – 17 ans

Une vague de honte brûla son corps de l'intérieur. Constance pensait pourtant s'être débarrassée de cette émotion, mais s'ouvrir à Liam augmentait le risque qu'il la dédaigne, qu'il imagine que ces mois de calvaire étaient en réalité de sa faute, non celle de son aîné.

— Tu veux bien que l'on s'asseye ? demanda la jeune fille.

— Bien sûr.

Liam tira la chaise près de lui pour Constance, puis prit place en bout de table.

La bonne s'installa. Aussitôt, elle entreprit d'émietter un morceau de croûte de pain. Liam ignorait si elle lui raconterait en détail son histoire tant elle paraissait chamboulée. Il s'attendait à devoir patienter plusieurs minutes, mais Constance attaqua :

— Avant que tu ne partes à Paris, après ta lettre sur mon père et l'agression de Léo, je voulais absolument te voir. Mais en plusieurs mois, je n'y suis jamais parvenue. Dès que l'on aurait pu se retrouver seuls, Ian apparaissait. J'ai pris cela pour de fâcheuses coïncidences. À ce moment-là, j'ai senti plusieurs fois son regard sur moi, mais je n'y ai pas fait attention. Au lendemain de ton départ, il ne me lâchait plus des yeux. Il s'organisait pour être dans la même pièce que moi quand j'y effectuais mes tâches et il me fixait sans un mot.

— Les autres membres de ma famille n'ont-ils rien vu ? Tout de même, un tel comportement...

— La plupart du temps, il s'arrangeait pour s'installer dos à la personne qui se trouvait là, sinon nous étions seuls. Ce n'était pas longtemps. Par exemple, il venait plus tôt dans le salon lorsque je dressais la table. Tous les jours.

Un petit monticule de miettes s'érigeait désormais devant elle. Constance attrapa de la mie de pain, qu'elle entreprit de rouler en une boule parfaite.

— Au fil des jours, j'ai commencé à me sentir mal à l'aise devant cette attention soutenue. C'était comme si... le poids de son regard exerçait une sorte de pression constante sur mes épaules. Je me suis demandé s'il ne cherchait pas à ce que je commette une erreur pour en parler à votre père et me faire renvoyer. Je n'en comprenais pas la raison, mais pour moi, c'était la seule explication. Je suis devenue anxieuse et... je faisais sans cesse tomber des objets. On aurait dit que mes mains s'étaient transformées en passoires. J'avais peur.

— Constance, il faudrait vraiment que tu réalises une faute irréparable pour que mon père te chasse. Tu es née dans cette maison. Et ta mère...

— Ma relation avec Madeleine s'avère très tendue, coupa la jeune fille. Et sache que rien ne me protège. Si Ian commençait à se plaindre de moi, s'il décidait de m'inventer une conduite déplacée, par exemple, ce serait ma parole contre la sienne. Nous savons tous les deux qui l'emporterait. Ma voix ne vaut rien parce que j'appartiens au peuple et que je suis une femme. C'est la double peine, pour moi.

Liam se figea.

Elle a raison, comprit-il avec effroi.

Il aurait voulu lui opposer des arguments, mais les propos de William allaient entièrement dans le sens de Constance. Parce qu'elle était femme et pauvre, on ne l'écoutait pas, on ne la croyait tout simplement pas.

Cela le révolta.

Constance ne méritait pas un tel dédain. Encore moins à cause de sa naissance, qu'elle n'avait pas choisie. Il perçut son mouvement infime d'épaules en train de se voûter et il sut que son amie entamait un épisode particulièrement pénible :

— Un dimanche matin, reprit-elle en déglutissant, il a fait tomber un verre de lait dans sa chambre, à moitié sur le parquet et sur le tapis.

Elle jeta sa boulette de mie par-dessus la table. Son regard océan prit la teinte du tranchant des vagues en pleine tempête. D'une voix dure, elle narra :

— Il est resté allongé sur son lit pendant que je nettoyais. Comme d'habitude, il ne me quittait pas des yeux. Et puis sa main est descendue jusqu'à son entrejambe.

Son menton trembla. Elle n'osait pas observer Liam tant elle craignait qu'il la repousse comme elle s'était repoussée elle-même. Ian l'avait souillée. Sa dégringolade aux enfers avait commencé à cet instant précis, lorsqu'elle avait compris les intentions du jeune homme. Elle aurait préféré qu'il cherche à la faire renvoyer.

Liam ferma les paupières avec force, puis les rouvrit d'un coup. Tant de sentiments se bousculaient dans ses tripes que la nausée le gagna. Il voyait Constance mortifiée. Sa honte manifeste lui broyait le cœur.

— Je vais le boxer, lâcha-t-il d'une voix blanche.

Surprise, la jeune fille redressa la tête. La pâleur de Liam faisait écho à son ton déformé par la rage et l'écœurement.

Il me croit et je ne le dégoûte pas.

Ce constat la soulagea à tel point qu'elle s'adossa contre sa chaise.

Intérieurement, Liam bouillonnait. Pourquoi n'avait-elle rien dit ? Pourquoi n'était-elle pas partie ? Pourquoi ne s'était-elle pas défendue ?

Comme en réponse à ses questions, les paroles de la jeune fille flottèrent dans son esprit : « Ma parole ne vaut rien parce que j'appartiens au peuple et que je suis une femme. »

Son statut et le déshonneur que Ian lui avait infligé l'avaient muselée.

— Je suis désolé, Constance. Je suis désolé qu'ils t'aient tous laissée t'enfoncer moralement et physiquement. Et je suis désolé qu'un monstre comme lui t'ait approchée.

— Tu es intervenu.

Ils échangèrent un long regard. Constance reprit :

— À la suite de cette matinée dans sa chambre, il m'a presque évitée pendant au moins trois semaines. Je me suis dit qu'il avait réalisé son indécence. Puis les lorgnades trop appuyées ont recommencé. Je n'étais qu'une biche effrayée sous l'attention d'un loup affamé.

— Tu as raison. Il est un prédateur.

— Après, il m'a frôlée dès qu'il le pouvait. (Son débit de paroles ralentit, comme si elle formulait son supplice pour la première fois et qu'elle devait trouver les mots justes. C'était effectivement le cas.) Un jour que j'avais fini de recharger la cheminée du salon, il s'est installé sur un fauteuil, son bras étendu le long de l'accoudoir. Il a touché ma robe au niveau de ma cuisse. Une autre fois, il a insisté pour me tenir la porte ouverte pendant que je ramenais le chariot plein de vaisselle sale à la cuisine. Il m'a touché le bras. Le jour où tu es revenu, c'était la première fois qu'il osait me coincer ainsi et qu'il essayait de me toucher le visage.

Liam comprit que s'il n'avait pas agi cet après-midi-là, s'il ne l'avait pas inquiété en étant prêt à mettre sa menace à exécution – briser son genou valide – Ian aurait pu passer à l'acte peu de temps plus tard.

Jusqu'où serait-il allé ?

Plus que jamais, il voulait la tenir contre son torse, la protéger entre ses bras. Mais avec ce que son frère lui avait fait vivre, il n'osait se permettre le moindre mouvement vers elle.

Constance tourna la tête vers la cuisinière derrière elle. Elle se leva, jeta un coup d'œil dans la bouilloire que Liam avait remplie d'eau des heures au préalable et la positionna sur le fourneau qui irradiait encore un peu de chaleur. Entre-temps, l'adolescent s'était redressé et posait devant sa place une tasse vide.

Elle se rassit, stupéfaite qu'il la serve si naturellement.

— De quel comportement as-tu eu vent à l'usine ?

— Des regards insistants envers une jeune couturière et une lavandière. Mais il a compris la leçon, ce sont des filles sans frère ni père pour les défendre.

— Il est prévu que je les accompagne à l'entreprise dès la semaine prochaine. Je vais essayer de le prendre sur le fait. Sinon...

Il soupira en frottant ses yeux. La fatigue commençait à tirer ses traits. Il lui avait semblé entendre l'horloge sonner une fois, peut-être deux, lors du récit de Constance. Il avisa la fine buée sortir de la bouilloire et se leva pour les servir. Une tisane chaude ne leur ferait pas de mal.

Constance attrapa la miche de pain et découpa deux tranches. Elle lui en proposa une, qu'il accepta.

— Peux-tu me donner le miel, s'il te plaît ? dit-elle en désignant la porte du buffet à côté de lui.

Il n'eut qu'à tendre le bras. Qu'elle se permette de lui demander un tel service l'emplit de joie. Les barrières dressées par leur éducation s'effondraient les unes après les autres. Il lui offrit un sourire, reflet de son âme à peu près apaisée grâce à elle, à sa simple présence. Elle le lui rendit.

Et, au milieu de la nuit, ils petit-déjeunèrent. D'abord en silence, puis Liam lui demanda comment elle était entrée dans un cercle féministe.

Constance se livra avec plaisir. Elle lui expliqua dans quelles mesures ces discussions lui avaient permis de comprendre les injustices qu'elle essuyait jour après jour. Ce qu'elle aimait par-dessus tout résidait en l'instruction. Grâce à mademoiselle Laktas et l'une de ses amies à Paris, elle avait pu étudier l'histoire et ses quelques rares figures féminines. Elle raconta à Liam comme les femmes, depuis longtemps, étaient tout simplement effacées de la vie quotidienne et des grands moments de la France, alors qu'elles y avaient pris part autant que les hommes ! Elle lui avoua son plaisir d'apprendre une matière réservée à la gent masculine et sa fierté de se rendre compte qu'elle l'assimilait. Elle aurait aimé pouvoir lire sur le passé de leur pays. Liam se promit de lui offrir son propre manuel. Il prétendrait l'avoir perdu dans le train...

En serait-il de même pour les mathématiques ? Elle l'ignorait, mais brûlait d'envie de le découvrir.

— Je t'enseignerai.

— Vraiment ?

— Bien sûr.

Autre sourire.

Constance le bombarda alors de questions sur l'internat et ses cours. La discussion s'orienta naturellement vers Antonin.

— Tu t'entendrais bien avec lui, avec ses idées progressistes.

Constance émit un rire bref.

— J'espère le rencontrer un jour, oui. Il t'a l'air très précieux.

Et puis l'horloge les surprit tous les deux : cinq heures ! Il était cinq heures ! Mady devait être en train de se lever ! Vite ! En un tour de main, ils débarrassèrent. Constance avisa la réserve d'eau potable vide. Catastrophe ! Comment justifierait-elle cela ?

Elle attrapa les deux seaux, mais Liam la retint d'un mot :

— Attends ! Quand ta prochaine réunion se déroulera-t-elle ?

— Mardi.

— Je peux... Tu voudrais... ?

— J'espère que tu seras là à mon retour.

Ils prirent encore une poignée de secondes pour se contempler, heureux.

Chapitre 25 – 1913 – 17 ans

La soirée battait son plein. Marie-Charlotte, la fille des voisins, se préparait pour la devinette suivante. À la dérobée, Liam observa son grand frère. Ian discutait avec leur mère, tous deux assis sur le sofa près du benjamin de la famille qui semblait s'ennuyer. Il était question de sa dernière création au crochet, qu'ils incorporeraient sur une pièce unique, une robe pour la collection de l'hiver prochain.

Jamais Liam n'aurait pu imaginer qu'il partageait le sang d'un pervers. Ian, sentant probablement son regard peser sur lui, releva ses prunelles vertes perçantes. La relation entre les deux frères, depuis les révélations de Constance quelques jours auparavant, s'était encore dégradée. Liam bouillonnait d'écraser son poing dans son nez droit. Un uppercut parfait, qu'Antonin n'aurait pas manqué féliciter. Mais agir de la sorte aurait l'effet d'un aveu, celui que la bonne le prenait pour son confident et donc qu'ils se retrouvaient en cachette... Impossible.

— Hum, hum.

L'attention convergea vers Marie-Charlotte, qui débuta une série de gestes. Les invités et les hôtes riaient, s'exclamaient ou criaient des réponses que la demoiselle refusait ou approuvait. Liam ne participait pas, déjà las de ces scirées jeux. Il aurait préféré boxer ou discuter avec Antonin en sirotant un verre de vin ou, encore mieux, retrouver Constance. Il aurait pu la contempler tout son soûl en échangeant sur les dernières actualités. Le service militaire qui passerait bientôt de deux à trois ans, par exemple. Cela lui semblait un bon sujet de conversation puisque l'adolescente souhaitait se politiser. Ou il aurait pu lui apprendre les bases des mathématiques... Ou déjeuner avec elle, comme s'ils formaient un couple de jeunes mariés...

— Hum. Liam, n'as-tu point de réponse à me proposer ? Tu es le seul à ne pas encore avoir participé...

La voix harmonieuse de Marie-Charlotte le sortit de sa rêverie. Un serre-tête piqué de strass retenait ses larges boucles savamment relevées afin de dégager son cou. Deux petites collines de chair laiteuse débordaient de son décolleté carré liseré de dentelle. Impatiente, elle recommença une série de gestes à son intention spéciale. Liam remarqua alors sa silhouette en S, sa croupe rejetée en arrière par le dernier corset à la mode d'Inès Gaches-Sarraute. Il aurait dû juger belle sa voisine de trois ans son aînée, mais sous l'étoffe soyeuse de sa robe couleur de pêche, il devinait que Constance n'avait rien à lui envier.

— Je donne ma langue au chat, lâcha Liam platement.

— Je sais ! s'écria Florent. Une libellule !

— Oui !

On applaudit tandis que le plus jeune du groupe prenait place au centre du salon.

Marie-Charlotte s'installa alors près de Ian. Elle lui adressa un grand sourire, auquel il répondit timidement.

Comment parvient-il à tromper son monde de la sorte ?

Écœuré, Liam se leva de sa chaise pour s'excuser : la fatigue le rattrapait. En sortant, il entendit sa mère justifier son départ par son année intense au pensionnat, récompensée par ses très bonnes notes. Pour dire, mercredi, il avait même dormi une partie de la matinée !

Liam rit sous cape en grimpant les escaliers jusqu'au premier. Si elle savait... Bien sûr que le rythme au lycée se révélait éreintant. Il enchaînait les journées d'une dizaine d'heures de cours, sans compter les devoirs, malgré les lois en faveur d'un allègement du programme. Cela ne l'empêchait pas de s'entraîner avec Antonin ou d'effectuer quelques sorties nocturnes...

Sur le palier du premier, il entendit les marches au-dessus grincer. Avec un peu de chance...

La jeune servante apparut, un chandelier à la main pour éclairer ses pas. Il la salua d'un signe en souriant. Elle s'arrêta près de lui. Son visage encore un peu chiffonné trahissait son récent repos.

— Je vais prendre la relève, chuchota-t-elle.

— Mady reviendra-t-elle pour t'aider à ranger ?

Elle fit non de la tête.

Les yeux brillants, ils s'observèrent.

— M'autorises-tu à te rejoindre ?

Florent le réveillerait obligatoirement lorsqu'il viendrait se coucher.

Elle opina.

Un regard. Un sourire. Et Liam entra dans sa chambre, au comble du bonheur. Constance rallia la cuisine, où sa mère retirait son tablier pour monter s'aliter.

— La confiture devrait être bientôt prête. Tu peux également préparer la tarte aux courgettes pour demain midi.

— Bien, maman. Bonne nuit.

Mady quitta la pièce. Constance trépignait d'impatience à l'idée de retrouver Liam.

La lumière du plafonnier, pourtant assez douce, ne rendait pas l'atmosphère aussi intimiste que lors de leur premier tête-à-tête.

À son grand désarroi, son frère avait mis du temps à s'endormir, si bien qu'il ne restait à Constance que la vaisselle à faire.

Son éternel tablier au tissu épais noué autour de la taille, elle plongea les mains dans l'eau tiédie. Liam s'étira et bâilla avant de se laisser aller contre le fourneau encore chaud. S'il se sentait fatigué, la jeune fille, avec ses petits yeux et ses traits tirés, affichait son épuisement. Liam avait toujours admiré son endurance. Constance ne se plaignait pas, elle abattait le travail.

— Si tu le pouvais, reprendrais-tu tes études ?

— N'importe quelle filière ?

Il opina.

— Je ne sais pas... Pour commencer, il faudrait que je découvre la matière qui m'intéresse. Ensuite, que j'aie suffisamment d'argent. Enfin, je pourrais étudier.

— As-tu apprécié vivre à Paris lorsque tu as rencontré ta grand-mère ? Est-ce que... Le village et la maison t'ont-ils manqué ?

Sous la cascade de questions de son ami, Constance sourit, bien que le ton hésitant de Liam l'interpellât. Son cœur s'emballa lorsqu'elle songea à ces mois loin de lui. Elle avait pleinement pris conscience de son amour là-bas, à la capitale.

La discussion houleuse avec sa grand-mère à propos du bourgeois l'avait marquée.

— Paris... je n'en ai pas vu grand-chose, mais la ville m'a paru immense et l'air y était souvent irrespirable entre les voitures, les égouts et le crottin. La maison dans laquelle j'étais employée ne souffrait pas de ce problème. Dans le quartier de Marie, en revanche, il n'y avait pas beaucoup de véhicules, mais le reste...

Elle grimaça.

— J'ai trouvé les grands boulevards assez impressionnants, ajouta-t-elle après réflexion.

— Moi aussi.

— Je t'avoue que si je m'étais fait au moins une amie là-bas, je m'y serais sans doute davantage plu. Je pense qu'Antonin t'aide et te soutient lorsque ta famille te manque beaucoup, non ?

— Oui, admit Liam en accrochant son regard. Je lui dis tout, et évoquer avec lui les personnes qui me sont chères me permet de surmonter les coups de déprime.

— Je comprends.

Elle rompit le contact visuel pour se replonger dans la vaisselle bientôt terminée. Liam espéra qu'elle avait deviné qu'il parlait d'elle à son meilleur ami. La croiser à nouveau et passer ce temps seul avec elle le faisait brûler de lui avouer ses sentiments. Il ignorait comment s'y prendre et lorsqu'il essayait d'y réfléchir, les tabous imposés par son éducation brouillaient ses idées.

— Je pensais qu'avec ta grand-mère, tu avais pu discuter à cœur ouvert... Après tout, c'est elle qui a levé le voile sur ta conception.

— Oh ! Elle l'a fait pour...

Constance soupira en secouant la tête de gauche à droite. Elle lança un petit coup d'œil à Liam, qui ne cachait pas sa curiosité. Elle lui sourit avant de reprendre :

— Marie avait un fichu caractère. Elle ne m'a pas révélé mon histoire par bonté d'âme.

— Elle voulait te blesser ? s'étonna Liam.

Constance s'apprêtait à esquiver la question, trop dangereuse à son sens, lorsqu'un grincement les figea.

Quelqu'un descendait.

Avaient-ils parlé trop fort sans s'en rendre compte ? Liam doutait soudain ; quant à Constance, il lui semblait avoir gardé un ton bas, mais comment en être certain ?

Le bruit des pas contre le bois s'intensifia, signe que l'habitant atteindrait bientôt le rez-de-chaussée. Liam se redressa d'un bond et observa les alentours, paniqué. Pas un recoin en vue pour se cacher.

Constance pointa les chaises et il s'accroupit juste derrière. À moitié sous la table, ramassé près du buffet entre deux sièges, il s'immobilisa. La porte s'ouvrit. Liam eut l'impression qu'un étau enserrait sa cage thoracique. Il cessa de respirer. De sa position, il n'apercevait que la robe balayer les bottines usées de Constance.

— Mes intestins recommencent à me jouer des tours. Tu te lèveras demain matin pour le petit-déjeuner.

— Oui, maman.

La porte entrouverte se referma. Liam n'osa pas esquisser un geste. Mady ne voulait pas utiliser son pot de chambre... Si elle se retournait sur le chemin de la cabane d'aisance, elle risquait de le voir à travers les vitres de la véranda. L'électricité n'avait pas que du bon, Liam le découvrait.

Constance s'essuya les mains sur son tablier, relevant légèrement sa robe sombre au passage. Liam aperçut ses bas. Cela suffit à lui chauffer les joues. La jeune fille ouvrit le four afin d'utiliser une braise pour allumer une bougie. Enfin, elle éteignit le plafonnier.

Ils avaient entendu la porte du jardin se refermer depuis quelques minutes déjà. Désormais, Madeleine devait se trouver aux toilettes... Liam se releva quand Constance retira son tablier pour le suspendre au gros clou derrière le battant de bois.

— Monte vite, intima-t-elle dans un chuchotement.

— Attends... Tu as employé l'imparfait pour parler de Marie...

— Elle est décédée en décembre l'année dernière. Une grand-tante nous a averties. Les obsèques avaient déjà eu lieu... Il n'aurait pas fallu que nous décidions de lui rendre hommage.

— Je suis désolé, murmura Liam en posant sa main sur celles de la jeune fille, nouées au niveau de son abdomen.

— Merci, dit-elle en rougissant.

Il rompit le contact, les pommettes colorées de rose, lui aussi. Mais ni l'un ni l'autre ne détourna le regard. S'ils avaient pu entendre leurs cœurs à ce moment précis, ils se seraient rendu compte du galop effréné entamé.

— À mardi ?

— À mardi.

Dans l'obscurité de son foyer, Liam se coula le long des murs en grimpant les degrés le plus silencieusement possible. Au bout de cinq, peut-être dix minutes, tandis que son souffle recouvrait un rythme normal, il perçut les pas légers de son amour passer sur le palier. Furtive, la lueur d'une flammèche se glissa sous le détalonnage avant de disparaître. Puis, juste au-dessus de lui, il entendit Constance dans sa propre chambre.

Il ferma les paupières pour se laisser bercer par les bruits ténus. Son ouïe fine l'aidant, il s'imagina la jeune fille retirer ses chaussures, puis les poser doucement sur le parquet. Elle traversa la pièce et son tabouret, probablement celui devant sa nouvelle coiffeuse achetée sur une brocante, grinça sous son poids.

La rêverie de Liam s'épanouit. Il fantasma l'eau épouser le visage ovale de Constance. Le tissu l'éponger. Les boutons de sa robe qu'elle défaisait un à un... Son corps réagit dans la seconde suivante.

Constance régla son réveil, qui sonnerait dans moins de quatre heures, se coucha et souffla sa bougie. Elle remonta sa couverture sous son menton, les températures se montraient moins caniculaires ces jours-ci.

Elle s'endormit presque aussitôt, éreintée par cette journée excessivement longue. Sa dernière pensée fut pour Liam, juste en dessous d'elle. Elle mourait d'envie de se blottir contre lui, de lui tenir la main, de l'embrasser... Mais être une femme lui interdisait de faire le premier pas vers lui.

*

Au-dessus de Constance, l'orage éclata. Les nuages noirâtres se crevèrent. Des trombes d'eau se déversèrent dans la rue où vivait la famille Roy. Sous ses bottines, les pavés se transformèrent en patinoire. Un éclair zébra le ciel, le tonnerre roula comme une vague avant de se jeter sur la grève.

Trempée et aveuglée par l'énergie de mère Nature, Constance n'en menait pas large. Elle resserra les pans de son manteau contre elle, remerciant d'une pensée le *Vûs*[6]. Tous les mardis matin au marché, la jeune fille lui achetait du cidre. Son patois s'avérait si mâchouillé par ses gencives édentées qu'elle n'en comprenait souvent pas grand-chose, mais cette fois-ci, elle avait saisi l'essentiel : un sacré orage se préparait. À ce moment-là, le ciel affichait pourtant son azur estival...

Enfin, elle reconnut les marches arrondies du perron. Elle se jeta presque contre le mur pour se protéger des rafales qui forcissaient et entama la descente jusqu'à l'entrée de service. Un deuxième éclair illumina les escaliers de pierre ruisselants. Heureusement, elle les connaissait par cœur. Malgré tout, elle prit un luxe de précautions pour atteindre la porte, qu'elle poussa avec soulagement.

Dans le calme de la cave, elle se rendit compte de son essoufflement et de la peur sournoise insinuée dans son organisme. Elle n'aimait pas rentrer de nuit, trop peu habituée aux ombres et aux bruits décuplés par l'obscurité. Essuyer un orage, même si ça n'avait été que sur deux dizaines de mètres, l'avait effrayée.

À tâtons, elle commença à grimper les degrés qui menaient à la cuisine et, elle l'espérait, à Liam. Elle ne fut pas déçue lorsqu'un carré de lumière douce, puis la silhouette du jeune homme se découpèrent. Elle monta les dernières marches en lui souriant de toutes ses dents, à la fois ravie de le retrouver et légère de se sentir enfin en sécurité. L'inquiétude de Liam se gomma sous ses yeux.

---

[6] Le Vieux, en patois normand.

— Tu es trempée, lui reprocha-t-il dans un chuchotement.

— Pas tant que cela...

Elle ôta son manteau et le suspendit derrière la porte. D'accord, on aurait dit qu'elle venait de laver ses cheveux... et que ses pieds barbotaient dans une bassine d'eau glaciale, mais mis à part cela, elle s'en tirait plutôt bien, vu le tintamarre des gouttes contre les volets.

Elle se laissa presque tomber sur la chaise près du fourneau et se pencha aussitôt pour retirer ses chaussures. Mince ! Elles ne seraient jamais sèches le lendemain... Pourvu que sa mère ne remarque rien !

Liam s'installa à sa place devenue habituelle, en bout de table. Il se gorgeait de Constance, apaisé par sa présence. Il ne pouvait s'empêcher d'angoisser lorsqu'il la savait à ses réunions clandestines.

Silencieux, il gravait dans sa mémoire ses traits brillants d'eau à la lueur de la bougie. Encore un souvenir qu'il emporterait précieusement en lui et qu'il ne manquerait pas de se repasser à l'internat.

Constance, d'un geste sûr, attrapa un torchon et ouvrit la porte du four. Elle attisa les braises rougeoyantes puis y casa une bûchette. Lorsque le feu prit, elle se leva de sa chaise et, penchée au-dessus de l'âtre chaud, entreprit de retirer ses épingles.

Une à une, sous le regard stupéfait de Liam, les boucles lourdes de pluie dégringolèrent. Pour chaque large mèche, des gouttelettes s'écrasaient contre la porte du four juste en dessous. Sa blondeur se parait des reflets cuivrés des flammes, qui rendaient la scène irréelle. Constance gardait les paupières plissées en tâtonnant son crâne.

La dernière épingle, longue d'une quinzaine de centimètres, rejoignit ses sœurs sur le coin de la table. La jeune femme se pencha vers l'évier près du fourneau et, en un tour de main, essora sa chevelure. Lorsqu'elle se replaça au-dessus du four pour la peigner à l'aide de ses doigts, elle sourit timidement à Liam.

En se présentant cheveux détachés et en paire de bas, Constance lui témoignait une confiance absolue. Elle invitait Liam dans sa bulle intime. Le jeune homme, la respiration saccadée, en avait conscience jusque dans les fibres les plus profondes de son corps.

— Comme tu es belle...

Son souffle eut l'effet d'une caresse dans le creux de l'oreille de Constance. Sa peau se couvrit de chair de poule. Dans les prunelles si particulières de Liam, elle lut son désir. Non pas bestial, comme celui de Léo ou Ian, mais teinté d'une vraie tendresse.

Elle lui offrit un deuxième sourire, un peu plus assuré cette fois-ci, en guise de réponse à ce compliment inattendu. Sous ce regard étincelant, Constance sentit son bas-ventre s'embraser. Elle détourna les yeux. Jamais elle n'avait ressenti une telle attirance.

Elle lutta pour repousser le sentiment de malaise qui la gagnait. On lui avait inculqué que le désir n'était bon que pour les filles de mauvaise vie. Louise s'imposa à son esprit. Ses mots crus pour expliquer l'éveil des sens et le plaisir normal qu'une femme pouvait en tirer résonnèrent dans sa tête. Être maîtresse de son propre corps, pas seulement pour la conception, mais pour toutes ces choses taboues pourtant communes à la terre entière.

Constance jeta un coup d'œil à celui qu'elle aimait. À ses joues rouges et son regard désormais abîmé dans la contemplation des rainures du bois de la table, elle comprit que grâce à lui, elle pourrait se libérer un peu plus de ses chaînes.

Elle se redressa pour s'éloigner du feu. Il lui semblait bouillonner de l'intérieur. Son mouvement attira l'attention de Liam, qui se leva. Avec un naturel non feint, il remplit la bouilloire au seau d'eau et la posa sur la cuisinière.

— Tu devrais te sécher davantage, tu risques d'attraper froid, dit-il à voix basse.

Constance suivrait son conseil. Après ses cheveux, elle s'occuperait de ses pieds gelés.

Liam installa leurs tasses, puis prépara la tisane. Entre eux, cela devenait un rituel. Ils petit-déjeunaient en pleine nuit, volant quelques heures ensemble à la barbe de leurs parents.

Quand le breuvage fut prêt, Constance s'assit à son tour et, en attrapant son mug fumant, elle posa ses talons sur la porte du four. La chaleur irradiante déclencha une série de picotements désagréables dans ses orteils, mais elle tint bon : elle en avait besoin.

Elle avisa le regard en coin de Liam sur ses chevilles gainées de bas. Elle avait à peine remonté sa robe pour les faire sécher.

— Cela te dérange-t-il ? demanda-t-elle doucement.

— Quoi donc ? Que tu sois si familière avec moi ?

Elle opina.

Il lui répondit par un sourire bourré de charme. Elle avala une gorgée de tisane pour se donner contenance.

Je lui plais.

Cette constatation souleva son cœur de joie.

— J'ai eu une idée, embraya Liam.

Constance arqua un sourcil un peu épais.

— Je vais t'enseigner la boxe.

Elle recracha dans sa tasse. Ils pouffèrent.

— Pardon ?

— Tu as bien entendu. J'ai trop peur pour toi, de te savoir dehors en pleine nuit. Et puis... cela pourrait te servir ici aussi, au cas où Ian recommencerait...

Constance ne pipa mot.

— Je vais t'apprendre à te battre.

— Comme... un homme ?

Il l'épingla de ses iris captivants.

— Comme une femme probablement trop indépendante pour son époque.

Un pli caractéristique de son état de réflexion apparut entre les sourcils de la bonne.

— Ou plutôt comme une femme que je considère comme mon égale, se rattrapa Liam.

L'émotion étreignit la jeune fille, bouche bée.

— D'accord ?

— Oui !

— Dans ce cas, debout.

Constance referma le four. Ses bas étaient presque secs, mais ses cheveux humides lui provoquaient des frissons le long de la nuque. Elle confectionna un chignon rapide dans lequel elle planta deux épingles et se positionna devant Liam.

— Très bien. Ne bouge plus. Je vais te montrer les mouvements et tu les copieras.

D'un geste du pied, il retira ses pantoufles. Les dalles de la cuisine se révélèrent froides, mais il ignora la pénible sensation. Il écarta un peu les jambes pour trouver son équilibre tout en gardant une certaine souplesse et l'expliqua en même temps à Constance. Puis, il remonta ses poings devant lui.

— Pas trop près de ton visage, sinon...

Il tapa gentiment dans les poings serrés de son amie, qui frôlèrent le bout de son nez à cause du recul.

— Voilà, plus bas. Ainsi ton adversaire ne pourra pas se servir de ton propre corps pour te faire mal.

Il lui montra ensuite les trois coups de base : le direct, le crochet et l'uppercut. Lorsque ce fut au tour de Constance, elle tenta de retranscrire les gestes de Liam. Il se plaça en face d'elle et l'invita à cogner dans ses paumes.

— Je ne vais pas te taper, s'offusqua-t-elle.

— Alors comment veux-tu apprendre à maîtriser ta force ?

Elle garda le silence, mais reprit sa position.

— Sois moins rigide. Détends tes épaules. Remonte tes coudes.

Elle le frappa. Timidement.

— Constance.

Le deuxième coup, un direct du poing gauche, fut à peine mieux.

— On inverse les rôles, décréta Liam.

Il s'amusait follement. En réalité, il n'aurait jamais imaginé qu'enseigner la boxe à Constance lui plairait à ce point. Il aimait la voir se dépasser. Il aimait par-dessus tout transgresser l'ensemble des règles de bienséance de leur éducation.

Constance eut à peine le temps d'offrir ses paumes que Liam y envoya son poing.

— Aïe !

— Oh ! je t'en prie ! Je sais que tu caches des muscles sous ton joli chemisier. Je t'ai aidée à faire la lessive, une fois, t'en souviens-tu ?

— Oui, répliqua la jeune femme, piquée et ravie en même temps. Je n'étais juste pas prête.

Ils enchaînèrent les coups chacun leur tour et, la nuit passant, Constance osa libérer sa force. La part d'elle qu'elle découvrit l'enchanta. Au lieu de se museler comme elle avait appris à le faire avec des phrases du type « Une fille ne se comporte pas ainsi ! », elle puisa dedans. Liam appréciait pénétrer cette zone autant qu'elle, elle le lisait dans ses sourires, ses encouragements et ses conseils.

Bientôt, il se permit de corriger lui-même ses positions. Il était doux, tout le temps, mais ferme.

— Bien. Tu as saisi le concept...

— C'est tout ?

— Comment cela ?

— J'ai juste compris l'idée ? répéta-t-elle à bout de souffle.

— Il va falloir t'exercer, maintenant.

Il éclata de rire devant son air dépité.

— Tu t'en sors très bien, Consty. Et puis, crois-moi, aucun homme ne s'attendra à ce que tu lui décoches un uppercut. L'effet de surprise compte beaucoup. Mais nous continuerons à nous entraîner.

Il ne lui laissa pas le temps de répondre qu'il l'interrogea :

— Connais-tu *le* point faible des garçons ?

Elle hocha négativement la tête avant de terminer sa tisane froide d'un trait. Soudain, Liam lui parut embarrassé.

— Tu t'apprêtes à me confier un secret de polichinelle, c'est cela ?

Il se dandina avant d'insister :

— N'en as-tu pas la moindre idée ?

Elle croisa les mains sur sa poitrine. Plusieurs fois, Liam avait remarqué sa gêne à se mouvoir. Entre sa robe ample et son corset serré, Constance partait avec un handicap pour se défendre.

— As-tu du mal à reprendre ton souffle ? s'enquit-il en notant sa respiration courte.

Lui inspirait normalement depuis plusieurs minutes déjà.

— Oui. Je dois... je vais délacer mon corset, si cela ne t'ennuie pas... Je suis confuse et...

— Fais-le. Tu as l'air de souffrir.

Il se détourna en fermant les yeux. Les vitres de la véranda devaient la refléter. L'idée de la trahir ne l'effleura même pas, en revanche, une foule de questions le percuta de plein fouet. Peut-être devait-elle se retrouver seule ? Peut-être ne s'agissait-il pas que d'un lacet à dénouer ? Ou bien celui-ci se trouvait-il à un tel endroit dans son dos qu'elle avait besoin de défaire entièrement sa chemi... ?

— Tu peux te retourner.

Liam ne savait plus où se mettre. Constance balbutia :

— Alors, ce fameux point faible ?

Liam choisit de rire, sinon il mourrait de honte sur-le-champ. Il plongea dans sa manche pour étouffer son hilarité, mais ses nerfs lâchaient pour de bon. Constance le suivit, entraînée par cet éclat qu'elle aimait tant. Son embarras s'envola dans les airs aussi bien que les notes mélodieuses.

Elle se laissa tomber sur sa chaise et tamponna ses yeux à l'aide de sa serviette de table. Liam se cramponna au dossier de sa propre assise avant de déclarer :

— Il s'agit de l'entrejambe, Constance.

— Oh !

Ses doigts rugueux se plaquèrent contre sa bouche ouverte. Liam repartit aussi sec dans une crise de fou rire. Il chut à son tour, le front posé entre ses mains.

— J'aurais pu m'en douter, hoqueta Constance.

— Si tu es vraiment en danger, tapes-y le plus fort possible. Je te promets que tu auras le temps de t'éclipser après cela.

— Compris. Mais je ne préfère pas que l'on s'entraîne, cette fois-ci.

Ce fut au tour de Liam d'afficher son choc. La cascade de rires qui s'ensuivit les chamboula. Ils n'osaient croire à leur discussion. Ils n'osaient croire à la complicité qui s'épanouissait entre eux.

Chapitre 26 – 1906 – 10 ans

Pointe talon. Pointe talon. Pointe talon... Debout dans le couloir du deuxième et dernier étage, Constance se balançait d'avant en arrière. La tête basse, elle n'osait porter son attention au-delà de la frange laineuse du tapis élimé. Son cœur cognait de plus en plus fort contre ses côtes. Elle avait peur.

Derrière elle, la porte à droite menait à la petite chambre qu'elle partageait avec sa mère. Celle de gauche desservait un grenier. Elle faisait face à deux autres battants qui recelaient son avenir, lui semblait-il. Constance avait fêté ses dix ans le mois dernier (le 21 mars, précisément) et, en soufflant ses bougies, elle s'était fait la promesse de se montrer forte. Secrètement, elle avait dressé une liste pour y parvenir. Elle la cachait sous le matelas de son côté du lit.

Aujourd'hui, elle franchirait la première étape pour se prouver à elle-même qu'elle valait mieux que ce que monsieur Dejoubert Louis crachait à son encontre.

En songeant à ce hideux bonhomme, une traînée glaciale dévala son échine. Son univers avait volé en éclats depuis l'emménagement du grand-père sous ce toit. Soudain, des voix en provenance du bureau de monsieur Roy lui firent stopper net ses réflexions :

— Ah ! Je t'en prie, Jeanne ! Depuis quand les personnes en dépression nerveuse sont-elles à ce point véhémentes ?

— Mon père réagit selon son tempérament ! Il est couvert de honte à l'idée de souffrir d'une maladie typiquement féminine.

— Il doit arrêter de s'en prendre à Madeleine. La pauvre femme rase les murs en sa présence.

— Il s'adoucit au contact des garçons… Mon chéri, tu ne peux nier qu'en trois mois, il recouvre progressivement la santé…

Constance, mue par la curiosité, s'approcha à pas feutrés et tendit l'oreille. Jeanne et William poursuivirent leur conversation à voix normale, il lui était difficile de saisir leurs propos. Néanmoins, elle se sentait soulagée par les mots de son patron, qui prenait la défense de sa mère. Cela l'aiderait probablement pour sa propre requête.

— D'ici quelque temps, il pourra sûrement retourner chez lui.

Le bruit d'un tissu que l'on frotte se glissa sous le détalonnage. Constance imagina sans peine madame Roy caresser tendrement l'épaule ou le bras de son mari pour appuyer ses propos. D'où lui venait une telle image ? Elle n'en avait aucune idée. Elle n'avait jamais été témoin d'un geste si intime entre eux, mais ne doutait pas que le couple puisse se montrer affectueux.

William lâcha un profond soupir avant de répondre :

— Je ne suis pas certain qu'il ait repris du poids, mais il est vrai qu'enseigner la chasse aux garçons semble lui procurer du plaisir. Le grand air probablement…

Cette activité lui fait peut-être du bien, mais pas à Liam, songea la fillette, amère.

Constance ne se voilait pas la face : cela faisait des années qu'ils s'éloignaient l'un de l'autre. Pourtant, il y avait toujours un évènement minime pour les rapprocher à nouveau. Un genou écorché pour un mouchoir tendu. Des larmes liées à une mauvaise note pour une douceur culinaire offerte. Mais depuis l'arrivée de Louis, de sa voix tonitruante et de ses idées arrêtées,

Constance voyait Liam avaler les enseignements de son grand-père sans sourciller. Plus il s'en gorgeait, plus il la méprisait.

La colère teintée de tristesse qu'elle ressentait toujours en songeant à eux, à ce qu'ils avaient été l'un pour l'autre et qu'ils ne seraient plus jamais, lui brûla l'estomac.

— Nous devons néanmoins surveiller le comportement de Ian, prévint William d'un ton ferme. Je refuse qu'il manque de respect à nos domestiques dans l'unique but de suivre l'exemple de son grand-père.

— Bien sûr, mon chéri. Veux-tu que je te l'envoie dès à présent ?

Constance paniqua.

Non ! Pas Ian !

Elle avait enfin réussi à rassembler son courage pour parler à son employeur ! Si l'aîné montait maintenant, monsieur Roy la renverrait à ses corvées en lui demandant de repasser plus tard ! Mais elle n'aurait jamais la force de venir à nouveau... Ce qu'elle s'apprêtait à quémander était trop... inconvenant. Osé.

Une gamine comme elle n'en avait tout simplement pas le droit.

Elle se dégonflait. Comment pouvait-elle prétendre à l'instruction alors qu'elle n'était qu'une domestique ? Qu'une fillette qui se devait d'être sage, d'acquiescer sans se rebeller. Sans penser. De toute façon, pouvait-elle seulement aspirer à réfléchir ? Le sexe féminin de sa condition ne cogitait pas, il servait. Voilà ce pour quoi elle était faite. Voilà ce à quoi sa naissance la destinait. D'ailleurs, si elle avait pu ambitionner cela, sa mère la laisserait aller à l'école même l'après-midi, n'est-ce pas ? Et elle ne lui apprendrait pas à tenir une maison comme si sa vie en dépendait...

La destinée de Constance lui paraissait toute tracée. Monsieur Dejoubert Louis l'avait bien assez sous-entendu : « Prenez son exemple, les garçons. Sa constitution la désigne pour mettre bas, et son statut social, pour nous servir. Voilà son rôle. Elle l'a bien compris, la bougresse, c'est pourquoi elle garde sa place. »

Le regard hautain de Ian. Celui dégoûté de Liam.

En se remémorant cet ignoble souvenir, les larmes affluèrent avec violence. Constance perdit le fil de ce qui se disait derrière la porte. Elle s'égarait dans son propre écœurement de n'avoir rien rétorqué à cet épouvantable personnage. Elle était juste restée là. Sidérée. Avec un goût affreux de vérité sur la langue. Et une nausée intense à la saveur de mensonge humiliant.

C'était le jour de son anniversaire.

Elle avait pleuré toutes les larmes de son corps, cachée au fond du jardin.

Constance connaissait son genre et, à ce titre, son éducation tant scolaire que privée se révélait différente de celle des garçons. Mais n'avait-elle pour autant pas le droit au respect ? Sa condition serait-elle toujours synonyme de rabaissement ?

Le battant s'ouvrit doucement, lui faisant ravaler son sanglot. Elle releva la tête en même temps que madame Roy refermait silencieusement derrière elle. Cette dernière sursauta en apercevant sa petite employée. Puis elle se pencha en notant ses yeux rougis et le mouvement de Constance pour éponger ses larmes et sa morve d'un large geste de l'avant-bras.

— Qu'y a-t-il, Constance ?

— Ri... rien, Madame. Je... j'ai besoin de m'entretenir avec Monsieur Roy. Enfin... ce n'est pas... euh... vous pouvez venir avec moi, si vous le désirez...

Sous la vague de stress qui la submergeait, Constance se noyait.

— Oh ! Cela est très aimable à toi, mais je dois prévoir le menu de la semaine avec ta maman. Je te propose de te débarbouiller tandis que je t'annonce à monsieur Roy. Qu'en dis-tu ?

Constance n'en revint pas. Non seulement Jeanne n'allait pas chercher Ian, mais en plus, elle lui offrait la possibilité de reprendre contenance avant de s'entretenir en privé avec William ! Quelle aubaine ! C'était bien joué de se faire cette promesse à elle-même lors de son anniversaire : elle s'était attiré le bon œil. Car tout le monde le savait, n'est-ce pas ? nous pouvions tout demander à nos anges gardiens le jour de notre naissance, sauf de l'argent !

— Merci, Madame !

Elle tourna les talons pour pénétrer à toute vitesse dans sa chambre. Heureusement que sa mère ne jurait que par l'hygiène : le broc d'eau était ainsi toujours rempli. Elle s'aspergea le visage en prenant soin de ne pas mouiller le col Claudine de sa robe beige, puis se jeta une œillade critique grâce à la psyché à côté de la coiffeuse.

Maudits yeux clairs qui marquent facilement ! songea-t-elle avant de lisser les deux petits frisottis rebelles au-dessus de ses oreilles.

Mince ! L'eau les fit boucler de plus belle.

Tant pis, décida-t-elle, *Monsieur Roy n'est pas Monsieur Dejoubert. Il se fiche pas mal de mes épis !*

Son patron l'attendait, installé derrière son imposant bureau d'acajou. Pour se donner du courage, Constance jeta un coup d'œil à la seconde porte, celle qui recelait les trésors de connaissances qu'elle convoitait, puis elle s'approcha.

D'un geste, monsieur Roy lui intima de refermer puis de s'asseoir. Constance ignora la chamade de son cœur et essuya ses paumes moites sur sa robe en faisant mine de la lisser. Ses pieds ne touchaient pas le sol et, d'un mouvement nerveux, elle se mit à les balancer avant de se reprendre aussitôt. Elle devait paraître grande. Mature. Digne de sa requête.

— As-tu un problème, Constance ?

William Roy était la figure paternelle qui lui manquait tant. Elle l'adulait en même temps qu'elle le craignait. Sous son attention somme toute bienveillante, la jeune fille sentit son stress se diluer un peu. Suffisamment pour qu'elle ose ouvrir la bouche afin de déballer le speech qu'elle avait préparé des soirs durant dans sa tête, allongée aux côtés de sa maman :

— S'il vous plaît, Monsieur. Laissez-moi lire des livres dans la bibliothèque.

Flûte ! Ce n'était absolument pas ce qu'elle avait prévu de lui dire ! Cela n'aurait jamais dû sortir aussi crûment... !

William se recula sur sa chaise, sonné. Il la fixa droit dans les yeux avant de détailler ses traits. On aurait dit qu'il se perdait dans les limbes de ses souvenirs. Ses sourcils épais se rencontrèrent presque. Constance craignit d'avoir tout gâché. Si seulement le stress ne lui avait pas embrouillé l'esprit !

— Bien sûr, entendit-elle de loin.

William avait soufflé sa réponse. Devant la mine incrédule de sa petite bonne à tout faire, il se ressaisit. Il carra ses larges épaules avant d'affirmer :

— Je t'autorise à emprunter les livres qui te feront envie, Constance. Je te demande simplement d'en prendre soin. Mais je sais bien que tu le feras naturellement.

— Oh ! Merci, Monsieur !

Une main sur le cœur, Constance bondit de sa chaise de cuir vert rembourrée et cloutée. Le sourire qu'elle affichait parlait pour elle. Jamais elle n'aurait cru cela si facile !

Chapitre 27 – 1913 – 17 ans

— Comprends-tu ?

— J'ai découvert ton secret, lâcha Florent à voix basse.

Liam releva la tête du livre de mathématiques de son petit frère. Une vague de panique déferla en lui. Instinctivement, il épia les alentours. La porte fermée de la bibliothèque les isolait.

— Je n'ai pas de secret.

Il observa le benjamin de la famille droit dans ses prunelles brunes pour jauger l'efficacité de son mensonge.

— Il y a quatre jours, je me suis réveillé en pleine nuit pour me soulager et tu n'étais pas dans ton lit.

Mardi dernier, comprit Liam avec horreur. *La nuit où j'ai appris la boxe à Constance.*

— Et alors ?

Il connaissait Florent. Sa capacité d'analyse s'avérait fine.

— Je t'ai attendu longtemps. Si longtemps que j'ai fini par me rendormir.

Liam garda le silence, dans l'expectative. Constance et lui avaient fait du bruit en s'entraînant, et plus encore après, lorsqu'ils avaient ri à en pleurer. Comment réagir si Florent avait découvert sa relation avec la bonne ? Liam refusait de renoncer à Constance. Hors de question. Inimaginable...

— Où étais-tu ?

— Aux toilettes, répondit-il du tac au tac.

S'il m'interroge, il ne doit pas détenir tant d'informations que cela.

— J'ai remarqué vos regards avec Constance.

Liam perdit ses couleurs. Bon sang ! Comment pouvait-il faire un lien si précis avec si peu de renseignements ?

— Ah ! J'avais deviné !

— Florent. Fais attention à ce que tu comptes insinuer. Tes conclusions hâtives pourraient faire renvoyer Constance. Tu pourrais me faire punir jusqu'à l'été prochain...

Florent se referma sur lui-même.

— Alors, dis-moi où tu as passé ta nuit mardi.

— Je te le répète : aux toilettes. Aurais-tu préféré que je me vide dans notre chambre ?

Florent encaissa, son nez en trompette en l'air. Comme chaque fois qu'il se vexait, il prenait les gens de haut en relevant un peu le menton.

— Je suis désolé, petit frère, si tu t'attendais à une explication plus... romanesque.

— Mais j'ai vu vos regards. Il y a quelque chose entre vous. Il y a toujours eu une sorte de... Je ne trouve pas le mot. Et je sais qu'il s'est passé quelque chose avec Ian à propos d'elle. Elle avait peur de lui, mais depuis ton retour cet été, ce n'est plus du tout le cas. Qu'y a-t-il ? Pourquoi Ian et toi ne vous adressez-vous plus la parole ?

Les mots se bloquèrent dans la gorge de Liam. Il repensa au désir pervers de son aîné. À l'indifférence à peine voilée de son père. Au récit horrifique de son amour. Pouvait-il se décharger sur les épaules de son petit frère de onze ans ? Cela aurait forcément un impact sur les relations familiales.

— Je te promets de te raconter cette histoire quand tu seras plus grand.

— Non !

— Un serment fraternel. Je peux jurer sur ton ours en peluche préféré si tu le désires, taquina-t-il dans l'espoir de désamorcer la situation.

— Liam ! Je n'ai plus huit ans !

Cette fois, Florent boudait pour de bon. Son air enfantin reprit le dessus. Une bouffée de tendresse enroba le cœur du cadet.

— C'est grave si tu ne veux pas me dire.

Liam ne nia pas.

— Tu la regardes pour t'assurer qu'elle se porte mieux, n'est-ce pas ?

Comment se tirerait-il de cette conversation ? Il pressentait qu'il devait lâcher du mou pour assouvir sa curiosité. Mais le moindre mot se soumettait à tant d'interprétations...

— Oui. Je me suis inquiété pour Constance à Pâques dernier. As-tu constaté qu'elle allait très mal à ce moment-là ?

Le benjamin opina.

— Pour notre... lien... Tu ne t'en souviens pas... En fait, tu n'étais même pas né. Elle et moi avons grandi ensemble. Aujourd'hui, nous n'avons plus aucune affection l'un envers l'autre, mais il est naturel que je m'assure de son bien-être. Comprends-tu ?

— Je le savais. J'ai vu les photos dans notre album.

Liam ne l'avait pas feuilleté depuis des lustres, mais il se souvenait vaguement des clichés. Sur le premier, Ian posait entre deux bébés potelés. Le seconde, prise devant la maison, dévoilait sa famille ainsi que leur domestique et sa fille. Dans les bras de leurs mères respectives, ils se tenaient la main.

Liam inspira. Il lui semblait avoir toujours aimé Constance. Il devait éloigner son frère de leur relation...

— J'ignore où tu es allé chercher l'idée que je puisse passer une nuit avec la bonne, Florent, mais tu dois la retirer de ta tête. Et surtout ne jamais en reparler. Si quelqu'un t'entendait...

— Oui, oui, j'ai compris, coupa Florent en levant les yeux au ciel. Je déteste lorsque tu me sermonnes comme un adulte.

Il referma son livre et son cahier d'un coup sec. Heureusement, l'encre avait eu le temps de sécher. Mi-figue, mi-raisin, il quitta la pièce sans un mot en emportant ses affaires.

Une fois seul, Liam soupira. Comment s'empêcher de contempler Consty ? La plupart du temps, il luttait, pour mieux capituler. Souvent, il croisait ses iris océan. Il y plongeait avec plaisir.

Si Florent l'avait remarqué, nul doute que ses parents, Ian, ou même Mady, le constateraient à leur tour. D'ailleurs, son frère n'avait pas hésité à le piquer à ce sujet, à Pâques dernier, alors que sa dulcinée et lui ne se retrouvaient pas encore en cachette à ce moment-là...

Liam ne renoncerait pas à ces instants volés avec la jeune fille, mais le reste de la semaine, ils devraient se maîtriser.

*

— Ghislaine !

Constance sauta dans les bras de sa meilleure amie, surprise et contente de la retrouver chez mademoiselle Laktas. Elles s'éloignèrent quelque peu pour se jauger.

— Ta sœur t'a enfin convaincue.

Ghislaine haussa les épaules.

— Tu n'es pas étrangère à sa présence ici, intervint Félicité.

Ghislaine et Constance prirent place sur le lit. Cette dernière brûlait de savoir ce qui l'avait poussée à franchir le pas. De plus, sa venue tombait à pic : l'ordre du jour pour la réunion soulèverait la problématique du manque d'engouement pour la cause féministe.

— Tu nous raconteras tout quand Louise sera arrivée, pressa Constance.

— Justement, Louise s'absente pour la soirée. Un rendez-vous important.

Le regard entendu d'Audrey suffit à intimer le silence aux anciennes. Avec les préjugés que se traînait la prostituée, mieux valait ne pas encore la mentionner devant Ghislaine. Après tout, sa présence avait bien failli rebuter Constance, la première fois...

— Louise... la fille de monsieur Lambert ?

— Tu verras si tu reviens, esquiva la maîtresse d'école.

Tout sourire, elle lui tendit une tasse de tisane aux feuilles de verveine et de framboisier. Ghislaine l'accepta et Constance en profita pour embrayer. Certes, elle avait hâte de savoir pourquoi Ghislaine avait enfin sauté le pas, mais elle avait encore plus hâte de retrouver Liam...

Elle pensait à lui nuit et jour. Le croiser accentuait son désir de partager des moments avec lui ! Pourtant, ces derniers temps, le garçon lui avait paru distant.

— Pour être honnête, je ne me sens pas vraiment passionnée par le droit de vote pour les femmes... Je suis trop écervelée pour comprendre la politique, je crois.

— Bien sûr que tu es trop écervelée ! s'écria Félicité en enroulant une mèche friponne autour de son chignon bas. Tu n'as appris qu'à coudre et à laver le linge. Comment veux-tu t'investir en politique puisque personne ne t'a jamais donné les outils pour la décrypter !

— Félicité, doucement...

— Eh ! Je sais lire et écrire, aussi !

— Calmez-vous, les sœurs !

Comme lorsqu'elles étaient encore les élèves d'Audrey, elles obéirent. Même Constance se redressa par automatisme. La maîtresse, un sourire en coin, invita d'un geste de sa main fine Ghislaine à reprendre la parole.

— Eh bien voilà... J'ai constaté certains changements chez vous deux.

Les deux jeunes filles concernées s'entre-regardèrent, étonnées.

— C'est difficile à décrire, mais... c'est comme si vous vous sentiez bien. Vous avez pris confiance en vous. Ces réunions sont votre unique point commun, j'ai pensé que cela provenait d'ici.

— Elle a raison, admit Constance en réfléchissant à voix haute. Au fil des jours, plus j'en apprends sur moi-même, sur ma capacité à... à choisir ma destinée, plus j'ose le faire. Avoir cet espace de discussion où nous débattons sans tabou me libère.

— Moi, je me rends compte que la vie que la société nous trace en tant que femmes contient peut-être des aspects positifs, mais qu'il n'y a pas que cela.

— Nous ne sommes pas obligées de nous épanouir à travers un mari et des enfants, conclut Audrey, la voix vibrante d'émotion. Tu comprends, Ghislaine ? Il ne s'agit pas que du droit de vote. À vrai dire, si tu ne te sens pas apte à voter, rien ne devrait t'y contraindre non plus. Du moins, nous devrions avoir le choix.

— Pour tous les domaines de notre vie, ajouta Constance d'un air grave.

— C'est beaucoup de responsabilités, contra Ghislaine d'une petite voix.

— Nous en sommes capables, Ghislaine ! Même si les parents t'ont rabâché le contraire depuis toujours !

— Cela m'a pris du temps pour accepter cette idée, apaisa Constance en posant une main compatissante sur celle de son amie. S'en rendre compte est comparable à un séisme dans sa vie, dans ses convictions. En tant que femmes, nous ne sommes pas moins méritantes ou plus bêtes que les hommes. Même si toute notre éducation nous inculque le contraire.

— Après tout, je suis certaine que tu connais le nom de certaines sportives ou scientifiques... Nous nous battons pour qu'elles ne soient plus des exceptions.

Ghislaine opina, muette. Dans ses grands yeux marron clair, Constance voyait tourbillonner sa crainte teintée d'une petite pointe d'envie.

— Je rêve juste d'une vie simple.

— Elle le sera davantage lorsque nous pourrons avoir notre propre compte en banque, décider quand nous voudrons avoir un enfant, choisir les matières que nous apprendrons à l'école..., assena Félicité.

Ghislaine pressa les doigts de sa meilleure amie. Constance se tut. Elle comprenait son tourment. Lorsqu'on ouvrait les yeux sur les inégalités quotidiennes que l'on subissait, cela pouvait paraître une montagne insurmontable.

Audrey croisa les bras devant elle avant de lâcher :

— Mesdemoiselles, il est clair que le mouvement féministe français reste loin derrière celui des Britanniques ou des Américaines. Nous devons lui donner du souffle.

Au-dessus de la petite assemblée, l'air agréable de cette soirée d'été se suspendit. Constance et Félicité prenaient la mesure des propos de leur mentor. Ghislaine, elle, se recroquevillait.

— À mon sens, intervint Constance, je crois que le problème majeur vient des idées reçues. Par exemple, les journalistes opposent sans cesse les suffragettes à la maternité. Comme si choisir notre vie risquait de nous en éloigner et de mettre sens dessus dessous notre société... Il faudrait que nous puissions rassurer tant les hommes que les femmes, poursuivit-elle en désignant Ghislaine, qu'obtenir des droits supplémentaires n'est pas synonyme de mort de l'enfantement.

— Gagner les mêmes droits que les hommes nous permettrait de nous libérer de leur joug, voilà tout, approuva Félicité en hochant la tête, convaincue.

— La seule solution pour y parvenir est d'en parler autour de nous, conclut Audrey. Briser ces règles, échanger nos convictions... Il n'y a qu'ainsi que les femmes françaises comprendront que le féminisme ne se résume pas qu'au suffrage universel et qu'il n'ouvre pas la boîte de Pandore.

Constance retint son souffle.

Se dévoiler.

Passer à l'action, en somme.

Commencer par de simples mots, puis... se découvrir une âme guerrière, comme Emily Davison[7], Alice Paul[8] ou Madeleine Pelletier[9] ?

La prise de Ghislaine sur sa main lui fit reprendre pied. Elle tremblait. De peur ? D'excitation ? Elle l'ignorait. Elle rompit le contact pour mieux se reconnecter à elle-même.

— Réfléchissons-y, termina mademoiselle Laktas dans un souffle. Réfléchissons aux conséquences sur nos vies quotidiennes et futures si nous décidons de... de nous exposer au grand jour. Parlons-en mardi prochain.

Sage décision. D'autant que Constance voulait connaître l'avis de Louise.

— Vous allez vous exposer de la sorte ? contra Ghislaine. Ce sera sans moi ! Je refuse...

— Du calme, sœurette. Il est évident que tu ne seras pas notre porte-étendard...

---

[7] Emily Davison : militante britannique qui a lutté pour le droit de vote des femmes. (11/10/1872 – 08/06/1913.) Source : Wikipédia.

[8] Alice Paul : militante féministe américaine. (11/01/1885 – 09/07/1977.) Source : Wikipédia.

[9] Madeleine Pelletier : féministe et première femme médecin diplômée en psychiatrie en France. (18/05/1874 – 29/12/1939.) Source : Wikipédia.

Les femmes pouffèrent devant la mine soulagée de la jeune fille. Ce trait d'humour eut le mérite de détendre l'atmosphère, sauf pour Ghislaine :

— Avec les rumeurs qui courent déjà sur toi, si tu t'exposes ainsi, c'en est fini de ma réputation et de celle de notre famille !

— Voici précisément le problème. Mes choix de vie ne devraient pas avoir un impact sur la tienne. Bon sang ! J'ai le droit de retrouver ces femmes pour discuter ! J'ai le droit d'avoir un avis personnel sur le mariage ou sur n'importe quel autre sujet ! J'en ai marre, Ghislaine ! éclata Félicité. J'en ai marre du qu'en-dira-t-on, j'en ai marre de devoir me tenir de telle façon parce que je suis une fille. Tu veux que je te dise ? J'en ai même marre de porter des robes à longueur d'année, peu importe la météo. Je rêve d'un pantalon, je rêve de me débarrasser de ce corset qui me comprime les poumons et torture mon dos et mon ventre ! Et cela ne devrait avoir d'incidence ni sur toi ni sur les autres membres de ma famille.

Bouleversée par ce cri du cœur, Constance sentit les larmes lui monter aux yeux. Quand elle avait perdu beaucoup de poids à cause de Ian, elle avait dû délaisser son corset. Les premiers jours l'avaient mortifiée. Elle avait enfilé chemise sur chemise tellement elle s'imaginait nue et vulnérable. Et puis, elle avait noté d'une part que personne ne remarquait qu'elle n'en portait pas, et d'autre part que ses mouvements étaient beaucoup moins entravés. Elle respirait mieux.

Elle repensa au mardi soir dernier, où elle avait fini par desserrer le lacet à la fin de son entraînement de boxe pour ne pas tourner de l'œil. Peut-être que leur soumission passait aussi par leurs vêtements qui les limitaient ? Après tout, dès le plus jeune âge, les filles revêtaient des robes. Des robes peu pratiques pour marcher à quatre pattes, puis se mettre debout et enfin, grimper aux arbres... Des robes qui les empêchaient d'explorer le monde, en fin de compte.

Elle fit part de sa réflexion aux autres. Ghislaine l'observa comme si elle se transformait en éléphant sous ses yeux. Mais Audrey et Félicité, elles, réfléchissaient.

La professeure attrapa son carnet, celui dans lequel elle griffonnait certaines idées et notait les ordres du jour de leurs réunions.

— Ne plus porter de corset... ? Cela me laisse rêveuse !

— Ce serait indécent ! s'épouvanta Ghislaine.

— Ce serait la liberté ! La liberté de mouvement, s'amusa Constance devant la mine ahurie de sa meilleure amie.

Elles éclatèrent de rire. Ici, dans ce logis décrépit, tout lui paraissait possible. Constance appréciait particulièrement cela. Elles se quittèrent sur ces bonnes paroles en se souhaitant bonne nuit. Elles avaient matière à réflexion jusqu'à mardi prochain !

La jeune fille se sentait pousser des ailes à l'idée de retrouver Liam. Si d'habitude elle abordait peu le contenu de ses réunions avec lui, il en irait autrement ce soir. Que penserait-il de l'idée de s'afficher en tant que féministe ? Hum ! Elle éviterait de lui parler pantalon et corset, cela dit. Elle n'était pas réellement prête, même si, elle le pressentait, le garçon pourrait se révéler ouvert à ces idées novatrices.

Lorsqu'elle se glissa dans l'obscurité de la cave, elle tâtonna à la recherche d'une petite panière qu'elle avait rangée le matin même sur une étagère près des escaliers. Elle y récupéra sa robe de chambre et l'enfila. Elle se félicita d'avoir enfin pensé à ce stratagème : si un membre de la maisonnée la surprenait, elle pourrait au moins feindre d'être en pyjama ! Elle avait eu cette brillante idée grâce à Liam, qui emportait avec lui chaque mardi soir le sien.

Elle commença à gravir les marches. Sous le détalonnage, aucune lumière ne filtrait. Le cœur de la jeune fille se serra. Elle appréciait lorsqu'il lui ouvrait la porte pour l'accueillir d'un sourire...

Personne.

La cuisine sombre s'avéra bel et bien vide.

La réunion a duré moins longtemps que d'habitude. Je suis juste un peu en avance...

Sur le buffet à sa gauche, elle attrapa un bougeoir. En dessous, dans le tiroir, elle trouva la boîte d'allumettes. Voilà qui était mieux. Les ombres se tapirent dans les recoins.

Décontenancée, la jeune fille ne sut que faire. Elle n'avait qu'à attendre son ami et pourtant... une sourde anxiété commençait d'enserrer son cœur. Et s'il ne venait pas ? Après tout, elle n'avait pas croisé son regard depuis le dimanche précédent.

Elle balaya la pièce d'un coup d'œil à la recherche de quelque chose à faire. Elle n'avait pas envie de tisane et de toute façon, il faisait trop chaud pour allumer un feu. Elle n'avait pas vraiment faim non plus... et préférait attendre Liam pour casser la croûte. En fait, il faisait lourd dans cette cuisine. Dépitée de ne pas pouvoir ouvrir fenêtre et volets qui donnaient sur la rue, elle avisa la véranda en face d'elle. Son reflet fantomatique la happa.

Pour la première fois de sa vie, Constance se trouva charmante. Peut-être un peu trop pâle du fait de la fatigue, mais Ghislaine avait raison : son visage, sa posture, dégageaient une assurance nouvelle. Son dos droit et ses épaules hautes offraient cette impression. Ses grands yeux bleus, qu'elle fixait sans ciller, aussi.

Constance avait mûri. Elle devenait une femme. Et la femme qu'elle devenait lui plaisait. Elle ne se sentait peut-être pas encore assez sûre d'elle pour s'exposer en parlant de leur cercle de parole, mais cela viendrait.

Au fond d'elle-même, elle en était persuadée.

Puis son regard accrocha sa silhouette. Ses seins volumineux que son corset écrasait. La taille serrée de sa jupe gonflée au niveau de ses hanches. Elle savait ses cuisses galbées, ses genoux cagneux à force de nettoyer les tapis... Dans ses bottines, elle connaissait ses chevilles fines. Elle n'avait rien à envier aux bourgeoises de ce côté-là.

Oui, elle jugeait ses courbes belles. L'attention de Liam, ses œillades appuyées, le rouge qui teintait joliment ses joues à certains moments... tout cela contribuait à ce sentiment qui naissait pour son propre corps.

Une à une, elle retira ses longues épingles. Elle trouva ces gestes sensuels et comprit le trouble de Liam, la dernière fois.

Je lui plais. Je dois lui ouvrir mon cœur. Ce soir. Je ne peux plus me taire. Je veux vivre libre, l'aimer.

Elle se détourna subitement, le cœur battant. Elle venait de prendre sa décision.

Tant pis si une femme ne devait jamais faire d'avances.

Liam et elle transgressaient suffisamment les codes de bienséance. Constance pouvait aussi briser celui-ci. Elle se sentait la force de le faire.

Mais pour cela, Liam devait arriver...

Elle avisa l'horloge : vingt-trois heures quarante. Il ne devrait pas tarder. Elle attrapa la liste des courses, posée en évidence sur la table, et commença à se ventiler avec.

Pourquoi ne croisait-elle plus son regard ?

Elle se souvint alors du petit-déjeuner de dimanche matin. Tandis qu'elle cherchait à l'accrocher pendant le service, les iris bruns de Florent l'avaient épinglée. Elle n'en avait pas fait grand cas, mais... se pouvait-il que le petit frère ait deviné leur secret ?

Dans un hoquet de frayeur, elle tenta de se remémorer la scène dans les détails, en vain.

Elle n'avait plus qu'à attendre en espérant ne pas se faire prendre, en espérant que Liam se réveille (s'il s'était endormi), en espérant que Florent s'endorme (si ce n'était pas le cas...).

Les minutes s'égrenèrent. Constance essaya d'imaginer sa vie au village si on lui collait l'étiquette « suffragette » sur le dos, puis elle tenta de trouver les mots qu'elle chuchoterait à Liam pour lui avouer son amour... Mais elle ne parvenait à rien. L'attente fébrile la rongeait.

La porte s'ouvrit dans un lent silence. Constance ne s'était même pas aperçue qu'elle s'était adossée à la fenêtre, de telle sorte que Liam ne vit qu'une pièce vide éclairée par une bougie bien consumée. Du coin de l'œil, un mouvement attira son attention. Il se retourna en refermant derrière lui.

Il eut à peine le temps de réceptionner la jeune fille entre ses bras. Constance l'enlaça avec force :

— J'ai cru que tu ne viendrais pas...

Il réalisa qu'il la tenait contre lui. Ses longs cheveux bouclés chatouillaient son avant-bras à travers son pyjama. Oups ! Il avait oublié sa robe de chambre.

Puis la sensation de son corps chaud lové contre le sien lui coupa le souffle. Incapable d'émettre le moindre son, il la serra encore plus fort.

L'une de ses mains glissa le long de son échine jusqu'à son épaule et l'autre s'enroula autour de ses reins. La joue contre sa tempe, il inspira son odeur subtile d'eau florale mêlée à un peu de sueur. Comme c'était bon…

Constance posa son visage sur sa clavicule pour frôler de son front le cou du jeune homme. Son bras droit le maintenait contre elle.

Si son propre comportement l'avait ébahie aussi bien que Liam, il s'était ressaisi rapidement. Il profitait de cette étreinte autant qu'elle. La honte de Constance de s'être laissée emporter par ses émotions s'évaporait.

C'est le moment, songea-t-elle avec émoi.

Avec douceur, elle releva la tête. Leurs bustes se séparèrent. Aussitôt, Constance plaqua sa paume gauche contre le cœur de Liam. Les doigts du garçon parcoururent son dos tandis qu'ils s'éloignaient, hérissant chacun de ses poils au passage. Incapable de rompre le contact, il posa ses mains sur les hanches de Constance.

Enfin, leurs yeux se trouvèrent, bouleversés par cette intimité partagée.

Le rythme effréné du cœur sous sa paume correspondait parfaitement au sien. Constance inspira à peine. Ils se perdaient dans les prunelles de l'autre. Autour d'eux, tout s'effaça.

Elle se mit sur la pointe des pieds. Ses paupières papillonnèrent lorsque ses lèvres effleurèrent celles de Liam. Elle perçut le battement raté, puis le triple galop entamé dans la poitrine de son amour. Liam fondit sur sa bouche.

Ciel ! qu'il avait rêvé de ce moment. Le baiser de Constance avait été une caresse aussi voluptueuse qu'éphémère. Il voulait que ce contact continue.

Lorsqu'il sentit les lèvres de la jeune fille s'entrouvrir, sa langue s'y glissa naturellement. Jamais il n'avait fait cela auparavant. Pourtant, il ne doutait pas un seul instant de leurs gestes.

Les doigts de sa dulcinée appuyèrent à l'arrière de sa nuque pour approfondir davantage leur échange, Liam perdit le contrôle avec un évident plaisir. Ils pouvaient à nouveau se presser l'un contre l'autre. Il la plaqua contre lui et glissa sa main libre dans ces boucles qu'il affectionnait tant.

Ils se découvraient avec une avidité dévorante.

Chapitre 28 – 1913 – 17 ans

Liam, épuisé, revenait de sa journée au Havre. Il remercia une fois de plus poliment les parents de Marc, son ami d'enfance, puis tourna les talons. Il ne savait plus vraiment s'il pouvait encore employer le mot « ami » pour évoquer le garçon. Marc devenait l'un de ces snobinards qu'il fuyait au pensionnat. Il se prenait trop au sérieux, à parler avenir professionnel avec des idées désuètes à tout bout de champ. Si Antonin avait été là, il l'aurait sans doute qualifié de « réac ». Une insulte pour un jeune de leur âge qui, selon le Lyonnais, se devait d'accepter les concepts novateurs de ce nouveau siècle.

En traversant le village aux maisons de pierres grises et toits de tuiles noires, Liam songea à son ami, le vrai. Il se revit, le matin même, tracer fébrilement les mots sur un bout de papier.

Cher Antonin,

Je l'ai embrassée.

Hier soir, j'ai embrassé Constance.

Les souvenirs provoquèrent un frisson de plaisir de la pointe de ses pieds à la racine de ses cheveux. Ils n'avaient pas parlé. Ils s'étaient pressés l'un contre l'autre, leurs lèvres gonflées de tant se frôler et s'écraser.

Ce qu'il avait préféré ? Suivre du bout de l'index la courbe en arc de cercle de son épaule à sa nuque. Chatouiller la naissance de ses boucles blond cendré. La sentir se coller davantage contre son torse dans ses élans spontanés. Il avait cru fondre d'amour.

Ils s'étaient quittés échevelés vers une heure du matin. À cinq heures, le réveil de la jeune fille l'avait tirée des bras de Morphée. Il l'entendait souvent à travers le plancher. Penser à elle avait suffi à l'empêcher de se rendormir. Il avait hésité à lui voler un baiser au passage, lorsqu'elle était descendue, mais le moment s'était avéré trop risqué : la maisonnée aurait pu se lever d'un instant à l'autre.

— Oh pardon !

— Ah ! Ces jeunes ! Toujours dans la lune !

— Excusez-moi, bredouilla Liam en aidant la femme d'une cinquantaine d'années à retrouver ses provisions éparpillées sur le sol.

Elle l'expédia d'un geste de la main en bougonnant. Il reprit sa marche, à nouveau dans le tourbillon de ses pensées. Il devait prévenir Constance à propos des soupçons de Florent. Rapidement.

Comment jouer l'indifférence désormais ?

Mady avait servi le petit-déjeuner, puis il s'était éclipsé chez Marc pour passer ensuite la journée au Havre. Des forains avaient monté leur chapiteau près de la plage pour y diffuser *Les Derniers Jours de Pompéi*[10]. Liam aimait le cinéma, surtout les informations mondiales projetées avant la séance, mais pour le coup, sous la chaleur des toiles et avec ses quatre pauvres heures de sommeil, il s'était assoupi.

---

[10] Film muet de Mario Caserini et Eleuterio Rodolfi sorti en 1913.

Il rentra chez lui, retira ses chaussures qu'il rangea sous le miroir près du portemanteau, puis passa par la cuisine chiper une poire et localiser sa dulcinée.

Madeleine suait à la lessive, seule sous la véranda. Il se souvint que sa mère et Florent visitaient probablement les voisins. Ils adoraient y jouer aux cartes. Son père et Ian ne tarderaient pas, eux. Ils se trouvaient peut-être déjà dans le bureau paternel, ce qui signifiait...

Arrivé au premier, il aperçut Constance hissée sur la pointe des pieds. Le bras tendu, armé d'un plumeau, elle époussetait la tringle de sa chambre.

Avec un luxe de précautions, il referma le battant derrière lui et posa sa poire sur la commode près de l'entrée. La jeune fille lui offrit un large sourire. Ils s'approchèrent jusqu'à pouvoir plonger dans les prunelles de l'autre. Liam effaça les quelques centimètres entre leurs bouches.

Constance vivait un rêve éveillé. Elle ignorait où il les mènerait, mais perdue dans les sensations à la fois douces et électrisantes que Liam lui procurait, elle s'en fichait.

Jusqu'à ce que le jeune homme s'éloigne pour chuchoter :

— Florent se doute de quelque chose... Nous nous regardons trop...

Le pli soucieux entre ses sourcils apparut.

Les interdictions et les risques encourus à braver ces dernières les rattrapaient déjà.

Liam caressa sa joue, respectant ces secondes de silence où elle encaissait l'importance de l'information.

— Tu penses qu'il est trop aventureux de nous retrouver le mardi soir ?

— Je l'ai convaincu qu'il se faisait des idées, cela devrait aller. Mais nous devons nous ignorer la journée.

Les mots murmurés se terminèrent en un chaste baiser, interrompu par le bruit caractéristique de pas précédés d'une canne dans les escaliers.

Ils se séparèrent aussitôt. Constance n'eut que le temps de se retourner quand Ian toqua. Liam attrapa le premier bouquin disposé en rang d'oignons sur la commode et ouvrit le battant.

Lorsque l'aîné de la fratrie pénétra dans la pièce, l'atmosphère se glaça sur-le-champ. Constance, le cœur tambourinant, épousseta les rainures entre les planches horizontales du pied de la mezzanine. Du coin de l'œil, elle vit Liam se raidir tandis que le regard de Ian voguait de l'un à l'autre, soupçonneux.

Ils n'auraient jamais dû se retrouver seuls enfermés ici.

— Père désire te parler.

— Après toi, ordonna Liam en l'invitant d'un geste de la main à sortir.

Liam se décala ostensiblement, de telle sorte que Ian ne puisse plus observer Constance, même s'il avait déjà cessé par lui-même. Intérieurement, la jeune fille bouillonnait.

La chape de plomb suivit les deux frères. Constance soupira en se retrouvant isolée. Elle les entendait grimper au deuxième. Elle poursuivit ses tâches en se promettant une extrême prudence. Leurs regards ne devaient pas les trahir.

Mais si c'était le cas... ?

Soudain, comme Félicité la veille, elle en eut assez.

Assez de devoir cacher ses idéaux concernant la condition féminine.

Assez de devoir dissimuler son amour qui pétillait dans chacune de ses cellules dès qu'elle songeait à Liam.

Si quelqu'un la démasquait ?

Elle perdrait son travail. Serait la cible des messes basses, au village.

Et alors ? Je trouverai un emploi ailleurs, dans une ville où je pourrai être moi-même, inconnue parmi les citadins. Et Liam et moi vivrons notre histoire !

Au grand étonnement de Liam, son père les interpella depuis la bibliothèque. Ian afficha également sa surprise, mais, sans un mot, il s'introduisit dans la pièce.

— Ferme derrière toi, s'il te plaît, demanda le patriarche à son cadet, qui s'exécuta.

Face au fauteuil à oreilles fleuri où il siégeait, William avait installé les deux chaises sculptées d'arabesques qui se trouvaient normalement autour de la table ronde. Ses fils prirent place, le dos droit.

Et maintenant ?

L'adolescent savait que son père ne tournait jamais autour du pot. En effet, William attaqua d'une voix ferme :

— Liam. Tu es rentré depuis près de trois semaines. Je pensais qu'après votre accrochage d'avril, retourner au pensionnat te permettrait de prendre du recul vis-à-vis de ton frère, mais je constate qu'il en va à l'opposé.

Liam serra les dents. Pour lui, tout demeurait à l'identique. Rien ne changerait jamais, encore moins maintenant, alors que sa relation avec Constance virait dans le sens qu'il espérait depuis des années.

Il croisa les bras sur son torse en soutenant le regard courroucé de son père. William ignora son obstination manifeste pour se tourner vers son premier-né.

— Ian. Vous êtes voués à hériter de l'entreprise. Ensemble. Ce qui m'inquiète, ce que j'ai pu observer ces derniers jours sur le terrain, c'est que vous ne parvenez pas à mettre votre différend de côté, même pour le travail.

Les deux frères gardèrent le silence.

— Votre comportement puéril affecte votre mère. Les ouvriers finiront par le remarquer et jaser. S'ils ne vous respectent pas, vous n'aurez pas d'autorité. Ne pas leur montrer de faille s'avère indispensable.

William martelait ces mots en dévisageant tour à tour ses fils. Son faciès aux traits habituellement harmonieux reflétait son exaspération. Ni l'un ni l'autre ne semblait décidé à ouvrir la bouche.

— Parlez, gronda-t-il.

— Pour moi, tout est réglé. Mais l'animosité de Liam ne me donne pas envie d'aller vers lui.

— Pour moi, rien n'est réglé, puisque tu continues à l'usine. Et que tu aies pu mettre Constance dans un tel état de mal-être... Non. Que tu aies pu te *réjouir* d'avoir cette *emprise* sur Constance dans un tel état de mal-être me dégoûte.

— Tu divagues...

— Je t'ai vu ! cria Liam en bondissant de sa chaise. Ce ne sont pas les dires d'une domestique que tu nies, mais la propre vision de ton frère ! Je t'ai vu, Ian, avancer la main vers sa joue pour la caresser. J'ai vu son état déplorable, ses pommettes saillantes d'avoir perdu tant de kilos, sa peau terne et cireuse...

Comment as-tu pu lui infliger cela ? Comment as-tu pu ressentir cette joie perverse qui brillait dans tes yeux ?

Les poings de Liam se fermaient et s'ouvraient au rythme de sa respiration saccadée. Il ne savait ce qui l'enrageait le plus : la crainte quotidienne qu'il s'en prenne à nouveau à Constance ou l'incommensurable déception liée à sa conduite d'aîné qu'il chérissait tant. Lui dire ses quatre vérités ne le soulageait même pas...

Ian attrapa sa canne pour se lever, mais il se ravisa. Dans ses étroites billes vertes, Liam vit passer une étrange lueur avant qu'il ne déclare :

— Je suis désolé, petit frère, mais la servante dont tu t'es manifestement entiché est une aguicheuse. N'a-t-elle pas fait miroiter au laitier des fiançailles pour mieux le délaisser ? Qui sait combien d'amants se languissent d'elle à Paris ? Et toi ? Ne t'es-tu pas retrouvé seul avec elle dans ta chambre un peu plus tôt ?

William se leva pour s'interposer entre ses fils. Jamais il n'avait vu son cadet dans un tel état de fureur, pâle, tremblant, les mâchoires contractées à s'en fissurer les dents. Et jamais il n'avait entendu un ton si venimeux dans la bouche de son premier-né. À la posture de Ian, il sut qu'il n'en menait pas large malgré la suffisance qu'il essayait d'afficher. Il feignait de se servir de son dossier comme s'il était tranquillement installé, mais son corps n'était qu'une unique crispation.

— Dois-je renvoyer Constance ?

Les bras écartés comme pour les retenir au cas où ils décideraient de se jeter l'un sur l'autre, William avait lâché sa question d'une voix neutre.

Les deux frères écarquillèrent les yeux de stupeur. Liam sentit son cœur s'effondrer à la simple mention du départ de Constance.

Il ne vivrait pas sans elle. Jamais.

Cette évidence le frappa avec la force d'un uppercut.

Son père bluffait-il ?

— Si vous laissez une femme s'insinuer entre vous, notre famille se déchirera. Et il n'y aura pas d'avenir. Ni pour l'un ni pour l'autre. Si vous êtes incapables de passer l'éponge sur une peccadille de ce genre, vous ne parviendrez pas à diriger l'usine tous les deux, puis avec Florent.

Il marqua une courte pause, permettant à ses propos d'infuser, puis reprit en s'avançant vers la sortie :

— Il y aura d'autres « Constance ». Les femmes ont ce pouvoir-là de nous faire tourner la tête. Tenez-le-vous pour dit. Et si vous continuez d'infliger cette douleur à votre mère bien-aimée, je renverrai la petite bonne.

William quitta la pièce en claquant la porte, comme si ses enfants pouvaient bien s'entretuer maintenant qu'il avait proféré ses menaces.

Ian se leva en s'aidant de sa canne. Il semblait à Liam qu'il surjouait, comme pour mettre en avant son infirmité. Cela l'empêcherait-il de le frapper s'il allait trop loin ?

Non.

— Ne nous entendrons-nous plus jamais, petit frère ?

— Comprendras-tu un jour la gravité de ton comportement ?

— Ne prendrais-tu pas pour une invitation des regards appuyés de la part d'une jolie jeune femme ?

— Donc celles à l'usine sont à tes pieds également ? C'est cela, Ian ? Ces deux pauvres filles que je t'ai vu observer tel un loup contemplant des agnelles attendent en réalité de s'offrir à toi ? Samedi, tu es resté près de six minutes à dévisager la brunette. Celle qui coud les ourlets des chemises.

Ian pâlit en niant de la tête. Liam s'approcha. Une colère glaciale émanait de son être.

— Elle était soulagée que tu la délaisses enfin. Je ne sais pas comment tu parviens à te cacher de papa... à moins qu'il décide sciemment d'ignorer ton indécence. Moi, je ne fermerai jamais les yeux. Moi, je ne pardonnerai rien à un pervers dans ton genre.

— Je ne suis pas... Et Constance...

— Cesse avec elle ! grogna Liam. Te rends-tu seulement compte qu'elle risque sa place par ta faute ? Elle est innocente ! Son travail est impeccable, nous avons grandi avec elle ! Comment peux-tu lui infliger une telle pression ?

— Tu l'as toujours préférée.

Ian se rassit, défait. Stupéfait par cet aveu saturé de rancœur, Liam se figea, les bras ballants.

— Donc tu te caches derrière une jalousie mal placée. Quelle est ton « excuse » pour les ouvrières ? ironisa-t-il, dégoûté.

— Tu ne comprends vraiment rien à rien ! réagit Ian en se relevant vivement. Tout est simple pour toi. La vie, les études, les relations... Tu n'es qu'égocentrisme.

Ian cracha ce dernier mot à la figure de son cadet. Il suintait la rage. Cette amertume tenace qui le tenaillait depuis son accident dix ans plus tôt. Face à cette hargne, Liam eut l'impression de se libérer de ses chaînes. Celles qui l'avaient soumis à l'humeur aigrie de cet aîné meurtri. La pitié laissa place à une froide compréhension.

— Tu n'as pas besoin de harceler une femme pour qu'elle s'intéresse à toi, Ian. Arrête de te comparer à moi et retrouve confiance en toi. Cette confiance qui me faisait t'admirer quand tu m'enseignais toutes ces choses de grands.

Ian éclata d'un rire glacial.

— Parce que tu suis des cours de psychologie dans ton superbe lycée parisien ?

Liam mobilisa l'intégralité de sa patience tant il était persuadé que seul un direct dans son nez remettrait en place les idées de son frère.

— Nous en resterons là.

À l'instant où il prononça cette phrase, Liam sut que ce ne serait certainement pas aussi facile. Leur père leur avait demandé d'aplanir leur relation, de fournir un effort pour leur mère... Mais il était évident qu'ils en étaient désormais incapables.

Liam, du moins, ne pourrait jouer la comédie. Nul doute qu'il payerait les conséquences de cette franchise, puisque Ian paraissait leurrer leurs parents. Mais celle sur qui tout retomberait serait Constance.

Innocente. Simplement née femme et pauvre.

Liam en eut assez.

Assez de cette injustice criante que sa famille semblait pourtant juger normale.

Assez de trembler pour la jeune fille qu'il aimait.

Assez de devoir cacher son amour… Car s'il avait pu lui faire la cour, rien de tout cela ne se serait produit.

— Je suis étonné que tu n'essayes même pas de faire un effort pour elle. Après tout, nous avons *grandi ensemble*, susurra Ian.

Touché.

Écartelé, Liam ne savait quoi faire ou quoi répliquer. Constance ne le lui pardonnerait sans doute jamais s'il était la cause de son renvoi.

Non. Elle conclura qu'elle est la victime collatérale du chantage de mon père. Celui qui l'a accueillie alors que son propre géniteur rejetait sa mère. Celui qui s'apprête à la mettre dehors parce qu'il refuse de voir la monstruosité de son aîné.

Elle comprendra. Ce sera une terrible épreuve, mais elle verra clair. Femme et pauvre, donc jetable pour préserver l'unicité et l'entreprise des Roy.

Cette prise de conscience lui donna envie de vomir.

Debout l'un face à l'autre, les deux frères s'épiaient méchamment. Liam secoua la tête de gauche à droite, écœuré. La fracture avec les deux êtres qui avaient pourtant été ses modèles semblait irréductible.

Il déglutit péniblement.

— Ma menace concernant Constance tient toujours, lâcha-t-il en pointant du doigt son genou valide. Pour les deux ouvrières, je n'ai pas encore décidé.

Le pire dans cette situation réside en un point : même s'il ternit l'image de l'entreprise, cela ne changera rien. Nous trouverons des employées. Parce que les gens ont besoin de manger, de se loger... de vivre.

Liam préféra partir, quitter cette pièce à l'atmosphère irrespirable.

Chapitre 29 – 1913 – 17 ans

Constance se rongeait les sangs. Mercredi dernier, elle avait vu Liam chaussé de ses baskets de sport fuir la maison en trombe. Il n'agissait ainsi qu'en cas de mal-être extrême. Que s'était-il passé avec son père ? Avec son frère ? N'avaient-ils pas le droit de profiter de leur nouveau bonheur avant que les problèmes ne les rattrapent ?

D'autre part, il avait rompu leur promesse tacite de ne plus se regarder. Depuis la veille, lundi, elle avait croisé par deux fois ses yeux aux couleurs changeantes. Et la deuxième, ils n'étaient pas seuls. La première, elle en avait rougi de plaisir et de désir. Elle connaissait si parfaitement ses traits qu'elle avait immédiatement saisi son envie de l'embrasser. Pour elle aussi, l'attente se révélait longue. Ce soir, elle lui proposerait de se rejoindre une nuit en plus du mardi.

Audrey, l'institutrice, étant malade, la réunion avait été annulée. Les heures avant de retrouver Liam s'étiraient mollement. Mady monta enfin se coucher et sa fille lui fit signe qu'elle restait finir deux ou trois choses pour le lendemain. Elle mentit en affirmant ne pas se sentir fatiguée.

Elle termina d'éplucher les pommes de terre, qu'elle mit à tremper dans un saladier couvert d'un torchon dans le but d'éviter qu'elles noircissent. Elle attaqua ensuite la liste des courses grâce aux menus concoctés par madame Roy et Madeleine, ses paupières papillonnant de lassitude. Enfin, elle perçut des bruits discrets dans les escaliers et le battant s'ouvrit sur son amour. Son air sérieux s'effaça sous son sourire rayonnant.

Constance appréciait lui procurer une telle joie.

Elle se releva et, naturellement, ses bras se posèrent sur les épaules arrondies de Liam. Elle sentit ses mains glisser autour de sa taille avant qu'ils ne s'embrassent.

La familiarité avec laquelle ils se retrouvaient la ravissait. C'était comme si tout coulait de source entre eux, alors même que la bienséance interdisait aux jeunes de leur âge de se fréquenter sans chaperon. Alors même que leurs familles avaient tenté de les éloigner.

— Allons dehors, proposa Liam contre ses lèvres.

Elle donna son accord dans un souffle. Il enlaça ses doigts aux siens, moucheta la bougie et l'entraîna à travers la véranda, puis le jardin. La lune les éclairait suffisamment pour assurer leurs pas jusqu'au fond de la petite propriété. Sous le couvert d'un chêne au tronc imposant, Liam s'assit par terre.

Constance hésita une seconde, mais avec Liam, elle avait décidé de jeter aux ordures cette morale qu'elle jugeait restrictive. Elle s'installa entre les genoux du jeune homme, qui la pressa aussitôt contre lui. L'épaule de Constance reposait contre son torse, de telle façon que leurs visages, proches l'un de l'autre, demeuraient visibles parmi les ombres ambiantes.

— Je pars.

— Co... comment ? balbutia Constance.

Incapable d'émettre le moindre son tant sa gorge se nouait sous le coup de l'émotion, Liam s'empara des lèvres de l'adolescente.

Son baiser avait le goût de l'urgence et des regrets. Constance y ajouta sa passion, bien qu'elle ne comprenne pas, qu'elle ne veuille pas comprendre le chuchotis de Liam.

— Où ? Quand ? murmura-t-elle en posant sa paume contre la joue à peine râpeuse du jeune homme.

— Jeudi, par le train de onze heures dix-sept. Je retourne à Paris.

— Mais la rentrée...

Elle ne termina pas sa phrase, trop chamboulée. Les prunelles de Liam brillaient anormalement.

— ... est encore loin. Je sais. Ma mère, Florent et moi partons rendre visite à une cousine. Mon père me l'a appris aujourd'hui.

— Pourquoi ? s'offusqua Constance.

Démoli, Liam s'empara à nouveau de ses lèvres. Mais il ne pouvait pas fuir ainsi. Pas à l'aide de baisers empreints de tant de tristesse.

— Liam...

— J'ai beaucoup de choses à te révéler, dit-il à voix basse.

Le jeune homme trouva sa main et la serra avec force. Il puisa son courage dans le corps chaud de sa compagne, appuyée contre lui. Il devait la mettre au courant des moindres détails, même s'ils la meurtrissaient, afin qu'elle puisse prendre ses décisions en toute connaissance de cause.

À l'étonnement de Constance, Liam revint sur l'entrevue dans le bureau de son père, le jour où il avait surpris Ian. Mais cette fois-ci, il lui narra la réaction assez molle de William. À demi-mot, il confessa son propre emportement et ses menaces.

Constance frissonna. Jamais elle n'aurait imaginé que Liam était allé aussi loin pour elle. Si ses paroles à propos de monsieur Roy lui firent mal, une part d'elle n'en fut pas ahurie. Elle affichait un tel abattement à l'époque qu'il aurait été difficile de le manquer. Sa mère l'avait d'ailleurs interrogée, mais la jeune fille l'avait rabrouée. Soit William avait questionné

Madeleine, qui n'avait pu lui offrir de réponse, soit il avait tout simplement choisi de l'ignorer.

Cette dernière option lui fit mal au cœur. Son patron demeurait sa figure paternelle. Celui, aussi, qui l'avait autorisée à se servir dans la bibliothèque familiale, celui qui la nourrissait, la logeait... qui l'avait protégée d'une vie misérable avec une mère rejetée de tous.

Constance devait beaucoup à William Roy et, dans une certaine mesure, était attachée à lui.

Lorsque Liam raconta sa dernière conversation avec lui, lorsqu'il rapporta sa menace de la renvoyer comme si elle n'était rien d'autre qu'une simple employée qui semait la zizanie, une boule amère obstrua sa trachée.

Elle avait beau être la fille de son ancien meilleur ami, celui pour qui il avait accepté d'encaisser les qu'en-dira-t-on de la bourgade, Constance ne comptait pas.

Je n'ai aucune importance à ses yeux.

Aussitôt, elle se reprit. Elle se sentait déçue et repoussée, mais dans le fond, elle estimait les réactions de monsieur Roy normales. Sa famille passait avant tout.

Meurtrie, elle se recroquevilla contre Liam.

Elle était comme une funambule sur le fil de son destin. Elle acquit la certitude que si son appartenance aux suffragistes se savait, William la renverrait sûrement. Elle n'aurait même pas droit à une lettre de recommandation. Autant dire qu'il lui serait très difficile de retrouver un emploi...

— Je paye le prix de ma franchise concernant Ian.

Le constat douloureux de Liam estompa les préoccupations qui lui tordaient l'estomac d'angoisse.

— J'aurais tellement aimé profiter de toi jusqu'en septembre...

— Moi aussi. Mais nous nous reverrons pour Noël. Et en attendant, nous nous souviendrons de ces instants volés.

Son murmure s'échoua dans le cou du jeune homme. Sa réaction ne se fit pas espérer : il lâcha sa main pour la poser sur son bras, le long duquel il entama une douce caresse.

— Je pense à toi chaque seconde de chaque jour, Consty.

— Moi aussi...

Ils s'effleurèrent la bouche. Entre eux, l'air s'échauffait, alors même qu'une brise marine se levait.

D'un geste lent, Constance trouva une épingle dans ses cheveux et la retira. Une mèche dégringola dans son dos, balayant le bras de Liam. Elle faufila sa main sous la robe de chambre entrouverte pour glisser l'objet pointu dans la poche de poitrine du pyjama de Liam.

Une lame de désir enflamma les reins du jeune homme. Son pénis se gonfla immédiatement.

En sentant la réaction de Liam, Constance paniqua une seconde. La suivante, son sang entra en fusion dans ses veines. Sa paume, désormais à plat contre les pectoraux de Liam, remonta le long de son cou pour s'enfouir dans ses cheveux drus et l'attirer contre ses lèvres. Elle songea vaguement à Louise, cette prostituée et suffragiste qui l'avait éduquée de façon si crue sur les choses taboues de la vie. En son for intérieur, elle la remercia.

Puis ils perdirent la notion du temps. Ne restèrent que leurs souffles chauds et saccadés, leurs bouches affamées, leurs doigts sur leurs nuques... Liam finit par retirer les deux autres épingles et laissa libre cours à son envie.

Autour d'eux, les animaux nocturnes commencèrent à vaquer à leurs occupations. La brise forcit progressivement, jusqu'au moment où ils ne purent plus ignorer le picotement froid sur leur peau et l'humidité qui imprégnait leurs vêtements.

Des épingles retrouvées de justesse et un dernier baiser plus tard, Liam et Constance se séparèrent. La jeune fille se faufila dans la maison en premier, suivie de son amour, un quart d'heure après.

*

Jeanne observait son fils.

Elle ne pouvait ignorer son visage fermé ni le pli presque douloureux au coin de ses lèvres. Plus que tout, son regard profond teinté de tristesse la bouleversait. Le front posé contre la vitre, il ne semblait rien voir.

Elle aurait donné beaucoup pour savoir ce qui tourbillonnait ainsi dans son esprit. Son instinct de mère lui susurrait qu'il ne s'agissait pas uniquement du fait de quitter sa maison un mois plus tôt que la date prévue. Bien sûr, elle percevait parfois, entre les lignes de ses missives, sa nostalgie du foyer familial, mais elle était à peu près sûre qu'il se plaisait au pensionnat.

Il ne s'agissait pas non plus de ses amis d'enfance, qu'il avait vus quelques fois durant juillet, mais dont il avait ensuite décliné plusieurs invitations. Liam ne jurait plus que par un certain Antonin, dont elle aurait souhaité faire la connaissance, mais qui vivait trop loin et était trop jeune pour effectuer un tel séjour.

Il ne restait donc qu'une demoiselle.

Une fille qu'il ne voulait pas quitter si tôt.

Immédiatement, le visage ovale de Constance se superposa à celui de son enfant. Elle plissa ses paupières fines pour la chasser.

Ridicule.

Pourtant, elle ne voyait qu'elle.

Il aurait pu éventuellement s'éprendre de leur voisine Marie-Charlotte, mais il n'en avait pas donné l'impression : il ne lui accordait pas de réelle attention lors des soirées jeux.

Une fille du village que je ne connais pas ?

Possible. Mais aucune n'est bien née.

Un coude tapa son bras, la tirant promptement de ses élucubrations.

— Excusez-moi, mère, s'empressa de dire Florent en se repositionnant sur son siège molletonné de velours bordeaux.

Elle lui adressa un fin sourire. Juste ciel ! En voilà un autre qui lui causait de plus en plus de soucis. Son professeur le jugeait doué, mais son dernier-né se fichait de ses études comme de sa première chaussette. Et les effets de l'amour n'avaient pas encore pointé le bout de leur nez !

Du coin de l'œil, elle vit Liam fermer les yeux et s'humecter les lèvres. Comme son cadet avait mûri... Finalement, sa présence au sein du giron maternel lui manquait plus à elle qu'à lui... Elle n'avait jamais vécu cette émancipation avec Ian. La découvrir avec Liam, au caractère conciliant, mais affirmé, relevait du défi.

Une fois de plus, elle aurait aimé qu'il s'ouvre à elle, comme lorsqu'il était enfant, qu'il s'asseyait sur ses genoux pour lui confesser ses dernières bêtises avec Constance...

Encore elle, pesta Jeanne *in petto.*

Il s'était passé quelque chose avec la petite bonne. Elle ignorait quoi, mais les mois précédents avaient été éprouvants pour la jeune fille. Ian n'avait pas été en reste non plus, mais son œil de mère n'était pas parvenu à percer ce mystère. William lui avait à peine touché un mot sur la querelle qui opposait leurs fils...

Jeanne ne saisissait pas l'atmosphère glaciale entre eux. Il lui manquait trop d'informations cruciales. Interroger son mari n'aboutissait pas : il lui rétorquait inlassablement de ne pas s'inquiéter, qu'il ne s'agissait que d'une brouille de garçons qui grandissent.

En tant que fille unique, elle ignorait tout des relations fraternelles, mais elle était prête à mettre sa main au feu qu'elles ne pouvaient se détériorer aussi drastiquement du jour au lendemain sans raison valable.

Liam tourna enfin la tête vers elle, la catapultant à nouveau dans l'instant présent. Elle le dévisageait avec tant d'insistance depuis leur départ qu'il l'avait forcément remarqué.

Il supporta son inspection sans ciller.

Dans ses prunelles océan et ambre, la colère se mêlait désormais à la tristesse.

— M'en veux-tu ? demanda-t-elle à voix basse.

Liam se reprit aussitôt et balaya le wagon du regard. Seul Florent était à portée d'oreille.

Elle fit un vague geste de sa main fine pour chasser sa question. Elle lui avait échappé. On ne discutait pas d'affaires privées dans un train. Mais Liam en décida autrement :

— De qui provient l'idée ?

— Je ne comprends pas...

— Qui, de papa ou de vous, a prétexté de m'envoyer chez cousine Bénédicte pour me séparer de Ian ?

Jeanne fut seulement capable d'ouvrir la bouche puis de la refermer, à l'instar d'une carpe hors de l'eau. Outrée par une telle franchise, elle lissa sa toilette mauve d'une main fébrile.

— Je sais que la froideur de notre relation vous attristait, mère. Mais si vous aviez au moins pris la peine de m'interroger à ce sujet, vous... vous auriez sûrement compris.

Tout ouïe, Florent tourna la tête vers sa maman. Jeanne, malgré son teint laiteux, pâlissait.

— Ton père t'avait prévenu, siffla-t-elle dans un filet de voix. Tu as continué de battre froid à ton frère, voici les conséquences. Si tu veux tout savoir, cela faisait un moment que je repoussais l'invitation de ma cousine. J'ai pensé que nous retrouver ensemble, tous les trois, pourrait te faire du bien, Liam.

Ce dernier lui lança un regard si dégoûté qu'elle porta une main à son cœur palpitant.

— Bien sûr, lâcha-t-il, coléreux. Me priver d'un mois d'apprentissage auprès de père, alors que je ne rentre à la maison qu'une poignée de semaines par an, me fera du bien. Me priver de mon foyer alors que je vis déjà en internat tout le reste de l'année me fera effectivement du bien, mère.

Florent, bouche bée, le fixait. Jamais Liam n'avait usé de cette ironie mordante pour répondre à Jeanne.

Le train commença à freiner dans un crissement caractéristique de ferraille contre ferraille. La mère et le fils se jaugeaient, frémissants d'ire.

— Tu sais que les longs déplacements sont compliqués pour Ian. Bénédicte vit dans un hôtel particulier. Les étages à grimper et descendre à longueur de journée auraient été douloureux pour ton frère.

Liam secoua négativement la tête.

Derrière la vitre, les quelques voyageurs de première classe, pomponnés, se pressaient sur le quai.

Et si je quittais le train, là, maintenant ?

Le coup de tonnerre que provoqua cette idée lui permit de reprendre ses esprits. S'il sortait du wagon, il retournerait chez lui. Il embrasserait Constance et boxerait Ian.

Cet emportement ne lui ressemblait pas. Les conséquences en seraient désastreuses.

La locomotive s'ébranla.

Deux vieilles dames accompagnées de leur domestique prirent place dans les sièges près d'eux.

— Peut-être que Ian n'a jamais accepté son handicap à cause de toutes ces attentions. Après tout, il monte et descend des escaliers tous les jours au lycée, chez nous et à l'usine. Je ne vois pas ce que des marches parisiennes auraient changé.

Le jeune homme sentit les regards braqués sur lui, mais il garda la tête haute.

— Mais vous êtes sûrement la mieux placée pour prendre les meilleures décisions pour vos enfants, mère.

Avec ostentation, il tourna le visage vers la vitre. Il percevait la honte et la rage de sa génitrice le percuter par vagues. Jamais il n'avait vu Jeanne si tendue. Même Florent, installé face à lui, se fit tout petit au fond de son siège.

Où mon fils est-il passé ? songea Jeanne, de plus en plus peinée.

Jamais elle n'aurait cru qu'un jour Liam lui manquerait autant de respect. La voix de la maman lui susurrait qu'il devait être au plus mal pour oser lui parler ainsi. Une autre lui affirmait que la vie loin d'elle, des valeurs familiales, ravageait son éducation.

Jeanne se recomposa un visage neutre, offrit un sourire à ses nouvelles voisines avant de récupérer son ouvrage au crochet dans son sac.

L'espace d'un instant, elle regretta son époux. Liam n'aurait pas agi de la sorte en sa présence. Puis, en recomptant ses mailles pour la seconde fois, elle se rappela l'empressement de William à accepter son idée de visite chez sa cousine. Peut-être lui aussi perdait-il son ascendant sur leur progéniture ? Il avait juste trop de fierté pour le lui avouer.

Elle lutta pour fixer son attention sur son travail. Bien que l'irrespect de Liam la chagrinait encore, elle espéra retrouver son enfant durant ces semaines chez sa parente. Au visage figé de son fils, elle en douta sérieusement.

Pourquoi Liam éprouvait-il tant de peine et de colère ? Jeanne était décidée à percer ce mystère.

Chapitre 30 – 1902 – 6 ans

— Approche, que je noue ta coiffe.

Constance s'exécuta, muette. Mentalement, elle retraçait le chemin jusqu'à l'école des garçons.

— Voilà. Ne traîne pas, ordonna Madeleine en lui tendant le livre de lecture de Liam.

Elle l'attrapa avec respect, comme pour tout dès qu'il s'agissait d'éducation. Constance rêvait d'aller à l'école, elle aussi, mais sa maman refusait.

Cette dernière la poussa dans le dos vers la cave afin qu'elle sorte par la porte de service. La fillette ne concevait pas cette perte de temps et l'effort demandé : pourquoi descendre un étage pour ensuite le remonter pour parvenir dans la rue ? Il suffisait d'emprunter l'entrée principale ! Sa mère l'avait serinée. Il n'y avait rien à comprendre, rien à expliquer, c'était une question de bienséance.

Péniblement, Constance s'engouffra dans les escaliers sombres en tenant contre elle l'objet de ses convoitises. Liam l'avait oublié sur la table du petit-déjeuner et madame Roy, voyant cela, avait exigé qu'on le lui apporte : il en aurait besoin dans la matinée et risquait une punition s'il ne l'avait pas.

Le maître de Ian et Liam (elle ne se souvenait pas de son nom) était sévère. Ian était déjà rentré les genoux et les bouts des doigts meurtris. Pour Liam, qui avait commencé l'école seulement quelques semaines auparavant, cela ne s'était encore jamais produit. Même si leurs parents leur interdisaient de jouer ensemble et qu'ils s'éloignaient inévitablement, et bien que Constance l'enviât pour sa vie bourgeoise facile, elle ne souhaitait pas qu'il reçoive une correction. Elle pressa donc le pas dans la rue pavée, luttant contre les bourrasques.

Au bout, elle distingua le porche de la petite église. Elle n'y mettait jamais les pieds, bien que sa mère lui ait enseigné la prière. Constance avait saisi qu'elles n'étaient pas les bienvenues dans la maison de Dieu, mais elle ignorait pourquoi. Encore une question à laquelle Madeleine refusait de répondre, dans le meilleur des cas. Dans le pire, Constance s'en tirait avec une baffe.

Parvenue sur la place du village, elle bifurqua à droite en direction de la mairie. Deux annexes flanquaient le bâtiment : à droite, l'école des garçons et à gauche, celle des filles. Constance se figea en apercevant les fillettes se mettre sagement en rangs par ordre de taille, les plus petites devant l'institutrice. Elle rêvait de se trouver parmi elles. Elle fantasmait d'apprendre à lire. Elle adorait lorsque, avant, Jeanne Roy leur narrait des histoires. Désormais, Constance n'avait plus l'autorisation de rejoindre les garçons pour les écouter. Et sa maman s'avérait souvent trop fatiguée, le soir, pour lui en raconter une. Comme ces instants imaginaires lui manquaient !

Les écolières disparurent dans leur classe tandis que la porte de droite s'ouvrait. Constance s'approcha de la grille de fer forgé. Le vent, intense, la glaçait. Sa robe fouettait ses genoux grelottants.

Un garçon la montra du doigt. Puis un autre. Elle eut une mauvaise intuition, mais elle devait rester et localiser Liam.

Un groupe de trois s'avança. Là-bas, dans un coin de la cour, elle repéra Ian. Il lui tourna ostensiblement le dos. Où se trouvait Liam, bon sang ?

— Alors, la bâtarde, que fais-tu ici ?

Constance déglutit. Ce n'était pas la première fois qu'on la surnommait ainsi, au village. Sa mère avait toujours refusé de lui donner la définition de ce mot, qu'elle pressentait péjoratif.

— Je... je cherche Liam, articula-t-elle péniblement.

Enfin, elle l'aperçut sortir de la classe. Elle se décala du petit attroupement en espérant qu'il la repère. Il fronça les sourcils en se dirigeant vers elle.

— Liam, ta bonniche est là.

Le garçonnet n'accorda pas un regard au blondinet d'à peu près huit ans. À travers la grille, Constance lui tendit son livre de lecture. Sans un mot, il l'attrapa.

— Vous avez vu les canards brodés sur sa robe ? On dirait un rideau !

— Un tissu de rideau ! renchérit un deuxième élève, le plus grand de tous.

Ils ricanèrent.

Ils ont raison, admit Constance, *maman l'a cousue dans l'ancien rideau de la chambre de Liam...*

Elle leur lança un regard blessé. Elle ne pouvait pas nier.

— Tu es vraiment une misérable bâtarde, attaqua le blond.

Sa grimace de dégoût lui fit l'effet d'un coup de poing au creux de l'estomac. Les larmes montèrent. Désemparée, elle chercha des yeux le soutien de Liam. Il baissa les siens.

— Les filles comme toi méritent de...

Un sifflement strident interrompit le plus âgé. Synchronisés, les garçons tournèrent la tête vers leur maître. Constance ne demanda pas son reste. Elle s'enfuit. Le vent maltraitait sa coiffe de laine, dont les lanières lui cisaillaient le cou. Il gelait ses larmes avant même qu'elles aient pu rouler sur ses joues.

La petite, bouleversée, ne vit ni le salut poli de la quincaillière ni le regard étonné du postier. Ne résonnaient à ses oreilles que ses sanglots.

Elle lutta pour refermer la porte de la cave et s'accroupit derrière, frigorifiée et morte de honte. Elle rêvait d'aller à l'école, d'apprendre à lire et à écrire, comme Liam et Ian. De se faire des amies... Mais si les filles se révélaient aussi détestables que les garçons, peut-être valait-il mieux qu'elle reste à la maison. Si Liam était prêt à l'ignorer de la sorte... Son absence de réaction alors qu'elle se faisait maltraiter lui donnait la sensation d'avoir un couteau enfoncé dans le cœur.

Après tout, avec l'arrivée de Florent, madame Roy avait besoin d'aide. Madeleine ne pouvait pas tout assumer seule... Constance était aussi bien ici, dans le cocon de la demeure qui l'avait vue naître, plutôt que dehors, aux prises avec des gens qui la méprisaient.

Elle ferma les paupières et se répéta cette idée pour s'en imprégner, alors même que son être se révoltait. Au fond, elle voulait s'instruire. Elle ne désirait rien d'autre, pour pouvoir chercher les mots qu'elle ne connaissait pas dans le dictionnaire et ainsi répondre à ces garnements. Et tant pis si les filles étaient moins fortes et intelligentes que les garçons ! Constance demeurait persuadée que si on lui en laissait l'opportunité, elle pourrait rabattre le caquet de ces écoliers.

Elle renifla bruyamment. Osciller entre la soumission et la rébellion la fatiguait, même si elle n'en avait pas conscience.

— Constance ? Tu es rentrée ?

— Oui, maman.

— Viens faire la vaisselle du petit-déjeuner, s'il te plaît.

Elle soupira en grimpant les degrés grinçants.

— Avant cela, monte dire à Madame que tu as rapporté le livre à Liam. Es-tu arrivée trop tard ?

— Je ne pense pas, dit Constance en se frottant les yeux.

Les poings sur ses hanches, Madeleine l'observa attentivement.

— Tu as pleuré.

— C'est le vent, maman.

Le mensonge sorti tout seul parut convenir à la bonne. Constance tendit son manteau et son bonnet de laine à sa mère, puis elle quitta la pièce, perdue dans ses pensées.

Chapitre 31 – 1914 – 18 ans

Allongé dans la pénombre de sa chambre du pensionnat, Liam jouait avec l'épingle à cheveux de Constance. Simple, dans un alliage en fer de poids moyen, il s'amusait à piquer doucement la pointe contre la pulpe de son index. De temps à autre, il caressait l'objet lisse de haut en bas. Demain, les vacances de Pâques débuteraient : il rentrait chez lui. Il s'imaginait déjà reproduire son geste le long de l'échine de Constance. Il lâcha un soupir rêveur.

— Du nerf ! Dans moins de vingt-quatre heures, tu revois ta dulcinée...

Dans le couloir, le sifflet du pion signala l'extinction des feux, empêchant Liam de répondre. Antonin avait éteint leur lampe à huile un peu plus tôt. Épuisés par leur quinzaine d'examens, les garçons devaient fournir un ultime effort le lendemain matin pour une épreuve de latin. Ensuite, ils prendraient le train et rentreraient chez eux pour à peine une semaine.

Le surveillant effectua son tour habituel, à l'affût des retardataires probablement encore le nez dans un livre pour la dernière ligne droite. Il passa devant la chambre des deux compères sans s'arrêter. Son pas lourd claqua contre les dalles grises et polies par les passages.

Liam, qui n'avait pas lâché l'épingle, murmura :

— Tu n'as pas idée du manque que je ressens. Je ne l'ai pas vue depuis plus de neuf mois...

Il n'avait pas non plus reçu de nouvelles. Trop risqué. Sa seule consolation tenait dans le fait que s'il était arrivé quelque chose de grave à Constance, sa mère l'aurait averti par courrier.

Pas de nouvelles, bonnes nouvelles.

— Elle a probablement aussi hâte que toi, ne t'en fais pas.

Il ne doutait pas d'elle. Il s'agissait de Consty. Et puis, une fille qui prenait autant de risques pour un garçon et qui l'embrassait avec autant de passion était du genre fidèle.

— Ou peut-être qu'elle regrette de s'être laissée emporter de la sorte, vu que tu ne l'as même pas assurée de ton amour...

Antonin étouffa un petit rire. Il adorait taquiner Liam à ce sujet. Il connaissait ses repentirs. Après toutes les règles qu'ils avaient enfreintes, il aurait dû lui avouer qu'il la chérissait depuis des années. Mais entre Constance et lui, tout se révélait si naturel qu'il n'y avait pas songé. Elle le savait, ou s'en doutait, au moins. Après tout, elle l'appréhendait mieux que quiconque.

— J'ai élaboré un plan pour pouvoir vivre avec elle loin de nos familles.

— Comment ? s'étonna le Lyonnais.

Liam l'entendit se retourner dans son lit et distingua sa silhouette allongée de côté, la tête dans le creux de sa paume.

— Ma grand-mère était l'ambassadrice de nos vêtements à Londres. Enfin, elle ne portait pas ce titre, bien sûr, mais elle était un pilier pour nos revendeurs. Jusqu'à son décès en décembre dernier, tu te souviens ? Je n'ai pas vu Constance durant les vacances de Noël à cause de cela...

— Oui, oui.

— Eh bien, depuis, mon père effectue souvent des allers-retours. Cela le fatigue, selon ma mère. Et puis Ian ne dirige pas encore l'usine française. Je vais lui proposer de m'installer en Angleterre pour gérer cela.

— Ce qui signifie que tu ne vas pas poursuivre tes études à la faculté ? Tu vas obtenir ton baccalauréat et puis... Mais tu n'as aucune connaissance pour ouvrir... maintenir cette branche commerciale en outre-Manche.

Un silence accueillit l'opposition d'Antonin. Liam y avait réfléchi. Il ne le prenait pas mal, au contraire, son ami s'inquiétait pour lui.

— Il n'a jamais été question que je poursuive mes études au-delà du bac. Si encore il existait une fac d'économie... Mais pour effectuer le travail de William, je n'ai pas besoin d'un diplôme ès lettres ou sciences. Il m'apprendra. Comme pour Ian. Je resterai sans doute à la maison quelques mois, mais mon objectif sera de m'installer avec Constance en Angleterre. Nous pourrons y attendre notre majorité, puis nous marier.

— Crois-tu que ton père te laissera seul, mineur, dans un pays étranger et en compagnie d'une domestique de ton âge ? Liam... je sais à quel point tu aimes Constance, je devine ton empressement à vivre avec elle, la retrouver chaque jour sans vous cacher, mais là... Je crains que tu ne te sois emballé.

— Il me suffit de présenter les choses convenablement, argumenta Liam en se redressant à son tour pour qu'ils se retrouvent en face à face.

Il serra l'épingle dans sa main libre, l'autre soutenait sa tête, comme Antonin.

— Mon père a tout à y gagner. Je te rappelle que je fête mes dix-huit ans dans deux mois. S'il me forme... admettons un an, j'aurai le temps de lui prouver que je suis assez mature pour emménager à Londres. Constance et moi aurons alors dix-neuf ans. Il effectuera régulièrement les allers-retours, cela est sûr. Peut-être demandera-t-il aux voisins de jeter un coup d'œil sur nous... Peu importe. Tout sera préférable que de rester des années sous le même toit que Ian à me languir de Constance.

— Quels arguments avanceras-tu pour la prendre avec toi ? Elle est l'employée de ton père.

— Florent grandit. Ian va bien finir par s'envoler du nid... La charge de travail diminue beaucoup. Mady serait capable de gérer la maison seule. Ensuite, l'Angleterre est encore très vieux jeu. Ils n'ont pas de bonnes à tout faire comme chez nous. Ils ont une cuisinière, un valet, un jardinier... En se détachant de Constance, il économisera de l'argent. Et puis, hors de question que j'accepte une cuisinière anglaise. Leur nourriture est par trop insipide !

Antonin ne répondit rien.

— Qu'en penses-tu ?

— Je te souhaite que cela réussisse. Constance te suivra-t-elle de plein gré ?

— À mon avis, oui. Elle a l'esprit bien trop vif pour résider dans notre village natal. La vie londonienne devrait lui plaire. Et puis, le mouvement des suffragistes s'avère beaucoup plus intense là-bas qu'ici.

Antonin avait accueilli cette information à propos de Consty en sifflant de fierté.

— Parle-t-elle anglais ?

— Un peu, oui, et elle le comprend. Je te rappelle qu'elle a grandi dans une maison bilingue. Et puis, elle est intelligente et courageuse. Elle peaufinera ses connaissances en un rien de temps. Elle est...

— Exceptionnelle.

— Ne te moque pas !

— Je n'oserais pas !

Le sérieux dans la voix de son meilleur ami rassura Liam.

— Viendras-tu la rencontrer à Londres ?

— Si l'Allemagne et la France ne se déclarent pas la guerre, oui. Avec plaisir. Entrer en faculté me permettra peut-être de gagner en autonomie auprès de ma chère maman...

— Ne sois pas si désespéré.

Antonin bâilla discrètement.

— Nous ferions mieux de dormir, constata Liam en posant l'épingle sur sa table de chevet.

— Une dernière chose. Es-tu prêt à fournir les efforts nécessaires à la vie commune avec ton frère ?

Liam soupira en se frottant les yeux.

— Non. Mais je n'ai pas le choix. Je refuse d'être encore séparé de Constance à cause de lui.

— Parfaite motivation. Oh ! Tu devrais parler à Constance de ton plan avant d'en toucher un mot à ton père. Je suis sûr qu'elle le parachèvera au mieux.

— Évidemment ! Je ne déciderais jamais de son avenir à sa place.

Un grognement d'assentiment lui répondit. Liam se retourna et remonta la couverture sur ses épaules. Face au mur de pierre de sa chambre, il prit conscience que bientôt, il quitterait ce lycée pour de bon. Une part de lui se sentait soulagée. Le rythme s'avérait difficile à tenir, malgré les réformes gouvernementales. Une autre regrettait déjà son compagnon de dortoir. Il se surprit à rêver d'un jour prochain où, peut-être, Antonin et lui seraient voisins. Une jolie bague brillerait à l'annulaire gauche de Consty.

Ce jour-là, il serait comblé.

*

Constance profitait de cette journée ensoleillée d'avril pour dépoussiérer le tapis de l'entrée. Ghislaine, insupportée par l'humeur massacrante de sa mère, avait filé en douce pour se réfugier chez sa meilleure amie. Nul doute qu'une rouste l'attendait au retour, mais tant pis ! Elle empoigna le deuxième batteur, un objet en osier tressé grossièrement en forme de fleur, et se positionna.

— Ne te sens pas obligée, Ghislaine. Profite de ce répit pour te reposer.

— Impossible de te regarder trimer. À deux, le travail ira bien plus vite, tu le sais.

Constance la remercia d'un sourire.

Ce matin, elle s'était réveillée avec une envie de paresse difficilement contrôlable. Elle se languissait de Liam, les derniers jours à attendre son retour s'étiraient à l'infini, lui semblait-il.

Elle traînait donc dans toutes ses tâches ménagères. La surprise de découvrir Ghislaine sur le palier, en tout début d'après-midi, lui avait fouetté le sang. Les deux amies s'accordèrent d'un regard, et Constance donna le tempo.

Bientôt, des nuages poussiéreux s'envolèrent du tapis de belle facture, vite dispersés par la brise marine. La sueur perla à leur front, leurs biceps commencèrent à brûler, mais les filles gardèrent une cadence soutenue.

310

Ce moment harassant leur plaisait pourtant. Il leur permettait de passer une petite heure ensemble, instant commun qui se raréfiait avec le temps. Leurs charges quotidiennes de plus en plus nombreuses les happaient.

Enfin, Constance s'arrêta, essoufflée, en nage et couverte de fines particules grisâtres. Ghislaine n'avait pas meilleure mine. Elles s'épongèrent le front grâce à leur tablier, puis Constance fit signe à son amie de s'installer à table. Elle revint avec deux grands verres de vin coupés d'eau et se laissa choir sur une assise inconfortable de fer forgé.

— Je déteste le nettoyage de printemps.

— Ma mère voulait absolument battre ce tapis avant l'arrivée de Liam.

Ghislaine acquiesça en silence.

Constance ouvrit la bouche, puis la referma. Parfois, elle songeait à confier son amour secret à sa meilleure amie. Cela l'aurait soulagée, ou du moins, elle n'aurait plus eu cette impression de s'isoler. Et puis, elle n'appréciait pas lui cacher une chose si importante de sa vie. La domestique observa les alentours, le jardin calme et verdoyant, les fenêtres béantes de la demeure... Elle ne pouvait décemment rien dire ici.

Ghislaine finit son gobelet cul sec et se leva dans la foulée.

— À bientôt, Constance.

— Merci pour le coup de main.

La servante se redressa à son tour et épousseta sa tenue de soubrette. Son amie retira son tablier sali pour le déposer sur le dossier de sa chaise.

— Courage pour le retour de Liam. Je suppose que nous nous verrons après les vacances, tu vas être bien occupée avec une personne supplémentaire sous ce toit.

La gorge de Constance se contracta tandis qu'elle opinait. Si seulement Ghislaine connaissait son impatience à le retrouver ! Mais c'était trop risqué. La confiance n'entrait pas en compte dans sa décision, Ghislaine savait garder un secret et le lui avait largement prouvé en taisant le harcèlement de Ian. C'était une question de prudence : un mot un peu plus haut que l'autre, un regard entendu entre les deux amies... et la vie des deux amoureux basculerait.

Constance raccompagna Ghislaine jusqu'à l'entrée des domestiques, sûre de son choix, mais frustrée. Elle referma le battant et s'y adossa.

Liam rentrait dans quatre jours.

Son cœur tambourinait de hâte et un petit sourire retroussa le coin de sa bouche.

Chapitre 32 – 1914 – 18 ans

Les paupières de Liam papillonnèrent. Il faisait sombre dans sa chambre, mais il lui semblait percevoir les bruits d'une maisonnée éveillée. Quelle heure pouvait-il être ? Sous son lit, il n'entendait pas la respiration calme de son petit frère.

Il tâtonna à la recherche de son réveil pour aveugle et distingua les aiguilles : neuf heures ! Pour une grasse matinée… ! Après un bon repas comme seules Mady et Consty savaient en mitonner, il s'était écroulé, quasi désespéré. Sa douce aidait la cuisinière des De Lamiton, Joséphine, pour la soirée (les voisins recevaient de la famille). Mais aujourd'hui, il la croiserait forcément…

Liam sauta du lit, ouvrit rideaux et volets pour constater un temps printanier plus que maussade et s'en retourna effectuer un brin de toilette derrière le paravent. Il enfila pantalon droit, chemise et veston sombre, puis dévala les escaliers.

— Bonjour, Monsieur Liam ! Vous semblez en pleine forme, le salua Madeleine en l'invitant d'un geste à s'asseoir à la table du salon-salle à manger.

— Il est rare que je dorme aussi bien, vous le savez, affirma Liam en un sourire.

— Oh ! J'ai même disputé votre frère pour qu'il ne retourne pas dans votre chambre. Depuis, il boude dans le saule, emmitouflé dans son imperméable à cause des embruns.

— Vous êtes une vraie nourrice, Mady.

Ils s'offrirent à nouveau un sourire radieux.

Tandis que Madeleine s'en allait faire frire son œuf, Liam tartina une large tranche de pain de beurre salé et de confiture de cerise. Sur le pot, il reconnut l'écriture de Constance et ne put s'empêcher de se retourner pour jeter un coup d'œil vers la cuisine. Mais c'est sa mère qu'il aperçut.

— Bonjour, mon chéri. Déjeune vite, Marie-Charlotte vient boire le thé à dix heures.

Liam, la bouche pleine, ne put poser la moindre question. En quoi la visite de la voisine l'intéressait-il ? Mystère. Jeanne poursuivit :

— Je note que tu as choisi ton élégant veston, cela s'avère parfait.

Madeleine arriva sur ces entrefaites et Liam, après avoir dévoré son petit-déjeuner, se retrouva directement assis sur le sofa, une tasse de thé anglais entre les mains qui ne lui disait rien du tout. Lorsque Marie-Charlotte s'installa près de lui et cligna de ses lourdes paupières en le saluant, Liam sentit une pointe de compréhension chatouiller son estomac. Jeanne prit place sur un fauteuil et entama les banalités d'usage avec leur voisine.

Le parfum fleuri, presque âcre, de Marie-Charlotte envahissait l'espace vital du jeune homme. Il détourna le visage, le temps de chercher un peu d'air vers la sortie de la pièce, pourtant plus loin.

Deux prunelles océanes l'accrochèrent.

Leur échange dura une seconde, peut être deux. Puis la bonne retrouva contenance et s'avança, une assiette de biscuits à la main.

Liam apprécia sa démarche suffisamment chaloupée pour donner un léger mouvement de balancier à sa robe ample, mais pas trop, pour ne pas paraître vulgaire. Son poignet fin et ferme soutenait la soucoupe de porcelaine ouvragée, qu'il savait assez lourde. Lorsque ses yeux balayèrent la courbe de sa nuque, un incontrôlable frisson s'empara de lui. Sous ses doigts, il ressentit avec exactitude le toucher voluptueux de sa peau si délicate.

— Bonjour, Mademoiselle Marie-Charlotte. Bonjour, Monsieur Liam. J'espère que vous me pardonnerez de ne pas vous avoir accueilli hier au soir, j'étais occupée chez Mademoiselle...

Reprends-toi, s'ordonna-t-il.

— Évidemment, Constance.

Sa belle serra ses lèvres ourlées l'une contre l'autre et Liam crut s'embraser de désir.

— Constance, s'il vous plaît, avant de partir, portez-moi l'album photo.

— Tout de suite, Madame Roy.

Entre le sofa et l'horloge, un meuble de bois verni abritait le précieux ouvrage, que la bonne tendit à la maîtresse de maison.

Jeanne, d'un mouvement automatique, caressa la spirale en relief en bas de la couverture de cuir épais. Puis elle se pencha en avant, découvrant la première image figée : feu grand-mère Adélaïde, la posture rigide dans son ensemble victorien du siècle dernier.

La mère de famille débuta ses explications sur les origines anglaises de ses fils. Liam, coincé entre les deux femmes, se laissa aller contre le dossier confortable du canapé. La bienséance aurait voulu qu'il se tienne droit et participe à la conversation, mais plus le temps s'écoulait, plus il ignorait ces règles barbantes.

D'autre part, en grandissant, il prenait conscience que Jeanne lui passait de plus en plus de petites choses de ce genre, privilège de la gent masculine que de s'avachir quelque peu ou de snober un tel échange.

Il jeta un coup d'œil vers l'entrée de la pièce, mais Constance s'était déjà éclipsée, aussi silencieuse qu'un félin.

Le jeune homme voyait clair dans le jeu de sa mère. Au Nouvel An dernier, lors de leur passage en Angleterre pour les funérailles d'Adélaïde, elle avait innocemment évoqué Hetty. Elle lui avait fait remarquer l'adorable demoiselle raffinée qu'elle devenait. Liam n'avait pas compris le sous-entendu et s'était contenté d'acquiescer, indifférent. Ils ne s'écrivaient plus depuis très longtemps. Liam n'avait plus répondu à ses missives insipides. Et puis, son cœur ne battait que pour une certaine fille du peuple...

Avec la présence de Marie-Charlotte à ses côtés, il saisissait tout cela sous un angle nouveau qui lui déplaisait : sa mère commençait à tâter le terrain pour d'éventuelles fiançailles. Les hommes se mariaient rarement avant vingt-cinq ans (même si Liam n'attendrait pas ce temps-là pour dire « oui » à Constance), mais pourquoi diable Jeanne s'y prenait-elle si tôt ? Était-ce parce qu'elle pensait Ian incasable à cause de son infirmité ?

Son regard las accrocha le piano collé contre le mur, légèrement déporté sur sa droite. Plus tard, il proposerait à Florent de s'y dégourdir les phalanges. La musique lui manquait (au pensionnat, personne n'en jouait, faute de répit), tout comme son petit frère.

— Oh ! qu'il est chou !

Liam sentit deux paires d'yeux insistants peser sur lui. Il décocha un sourire factice avant de s'intéresser à l'album et retint une grimace en découvrant son aîné, potelé, et le regard vif, assis sur un patchwork entre Constance et lui. Il saisissait un petit cheval de bois, tandis que Liam agrippait un hochet et que Constance tripotait un chiffon informe.

L'image d'à côté de la famille au grand complet se révéla nettement plus captivante : Consty et lui, enfants, se tenaient la main. Le bras de Liam était d'ailleurs flou, signe qu'il avait esquissé le mouvement au moment où le photographe avait enclenché l'appareil. La grimace subtile de sa mère prouvait qu'elle tentait de le retenir. Peine perdue, Constance lui souriait de toutes ses dents, tendue vers lui.

Spontanément, il se saisit de la clochette posée sur la petite table octogonale à sa droite et sonna.

— Cela paraît... curieux. N'est-ce pas Constance sur ce premier cliché ?

La décence aurait voulu qu'elle n'apparaisse pas aux côtés des deux frères. La photo en compagnie de Ian prouvait les limites dépassées entre les Roy et leur domestique.

Constance pénétra dans le salon à cet instant-là.

— C'est elle, oui. Vous verrez que parfois, la vie nous réserve quelques surprises. Madeleine est une perle rare, mais il nous a fallu, à ce moment-là, composer avec les aléas.

— Approchez-vous, Constance, coupa Liam en ne la quittant pas des yeux. Je suis sûr que vous n'avez pas regardé ces clichés depuis longtemps.

Il tendit la main vers elle et l'invita, d'un geste, à rester debout entre sa mère et lui. Il venait de balayer les paroles blessantes de Jeanne en un tour de main.

Sa dulcinée ne pouvait être qualifiée « d'aléa ».

Constance s'avança néanmoins avec réserve. Elle avait noté le rictus crispé de sa patronne et celui, presque moqueur, de Marie-Charlotte.

Sans ambages, Liam déclara :

— Je me souviens de votre poupée Monique. Nous devions à peu près avoir cet âge-là lorsque nous y jouions.

La voisine manqua s'étouffer avec son thé. Constance s'autorisa un large sourire et répliqua :

— Je me souviens de vos cubes de bois colorés et des heures que nous passions à essayer de construire des immeubles.

— Oh ! cela est vrai ! Nous superposions des livres pour leur faire une base stable...

— Peine perdue !

Ils éclatèrent de rire.

Jeanne les contempla, horrifiée. Outre l'aveu de Liam concernant son attrait pour des jeux de filles, leur complicité manifeste lui donna la nausée. Marie-Charlotte n'en manquait pas une miette. Ce rendez-vous arrangé se muait en fiasco.

— Ce sera tout, Constance.

— Pardon, Madame.

La bonne s'essuya les paupières d'un revers de paume, comme Liam (et tant pis si ce geste ne se faisait pas), puis tourna les talons.

— Cela est fantastique d'avoir une domestique qui vous connaît si bien. Elle sera *absolument* parfaite pour vous servir lorsque vous aurez fondé votre famille.

Parvenue sur le seuil, Constance marqua un temps d'arrêt, sous le choc. Son visage se décomposa comme si la voisine l'avait giflée.

Elle attendit encore une seconde la réponse de Liam… qui ne vint pas.

Elle sortit de la pièce, démolie.

Liam s'était senti tel un lion en cage pour le reste de la journée. Il avait enchaîné cette désastreuse visite avec le déjeuner, puis Florent et lui avaient joué quelques morceaux avant que Marc ne passe. Pas une seule fois, il n'avait réussi à accrocher les prunelles de Constance.

Désormais immobile dans son lit, il se maudissait de n'avoir rien répliqué, trop abasourdi par cette remarque tendancieuse et, de son point de vue, abjecte. Il n'avait eu qu'à apercevoir les épaules soudainement voûtées de sa douce pour saisir avec horreur que cela l'avait atteinte.

Pour la énième fois, il regretta de ne pas s'être déclaré l'été dernier. Puisqu'il n'avait pas réussi à donner rendez-vous en urgence à Constance, il ne lui restait qu'une solution.

Bon sang ! Ils risquaient terriblement gros… Mais il ne pouvait pas la laisser dans cet état. Il devait se rattraper, lui parler de son plan pour qu'ils puissent vivre ensemble jusqu'à leur majorité, puis se marier. En outre, il ne s'imaginait pas partager une seule et unique soirée par semaine (le mardi, jour de réunion) en sa compagnie. Pas après neuf mois d'absence.

Liam voulait se fiancer à Constance. Il ne savait pas vraiment s'expliquer ce souhait peut-être un peu réactionnaire vu les codes vieux de plusieurs siècles qu'il brisait sans sourciller. Mais il désirait faire de Constance sa femme. Lui offrir la protection dont elle avait encore besoin aux yeux de la société française. Un espace où elle pourrait s'épanouir, où il la soutiendrait dans ses idées novatrices. Liam voulait lui proposer cela plus que tout.

Les aiguilles de son réveil indiquaient à peu près minuit dix. Tout le monde dormait depuis longtemps.

Il descendit l'échelle de sa mezzanine à pas de loup. À tâtons à cause de la nuit d'encre, il effectua trois pas droit devant. Ses doigts rencontrèrent le panneau de bois, puis glissèrent dans la direction de la poignée jusqu'à l'effleurer.

Parvenu dans le couloir, il retenait encore son souffle. Le point le plus périlleux de son aventure restait à venir.

Il grimpa la première volée de marches, parcourut le demi-palier toujours sur la pointe des pieds et à petits pas, entama le deuxième escalier. Certains degrés grincèrent faiblement sous son poids, mais il estima les craquements assez discrets pour ne pas réveiller les habitants.

Avec légèreté, il posa la main sur la porte de la bibliothèque et s'immobilisa. C'est alors que le rythme infernal de son cœur explosa dans ses tympans. Durant quelques secondes, peut-être une minute, il n'entendit que sa peur de se faire attraper.

Et ce n'est pas encore le plus osé...

À cette simple pensée, un seau d'adrénaline se déversa dans ses veines. Il retrouva l'ouïe, les sens aux aguets.

Si quelqu'un me surprend, je pourrai dire que je viens chercher un livre. Rien d'anormal pour un garçon avec un sommeil comme le mien. Rien d'anormal, se répéta-t-il.

Il prit plusieurs minutes pour se tranquilliser, mais aussi pour s'assurer que personne ne se levait. S'armant de courage, il pivota enfin sur lui-même et gomma la distance jusqu'à la chambre de Constance.

La dernière fois qu'il s'y était introduit remontait à des années, pour aider son père à placer les meubles de bois et le lourd matelas. Il avait alors envié Constance d'avoir un espace intime.

Il se rappela une fois de plus la disposition du mobilier. Face à l'entrée, son lit. Immédiatement à droite de la porte, une commode semblable à la sienne en taille, bien que moins ouvragée. Deux fenêtres perçaient le mur en face de la couche, encadrant une table censée servir de bureau. Tout au fond, une coiffeuse branlante et son coin toilette.

Les paumes posées contre le panneau de bois, Liam se dit qu'il pouvait se passer deux choses désastreuses : que Constance se réveille en hurlant ou qu'elle ait laissé traîner un obstacle au sol. Dans tous les cas, la maison serait tirée du sommeil en grande pompe.

Elle pourrait aussi ne pas te pardonner de la surprendre au lit ! Mais je viens la demander en mariage... Sans bague de fiançailles, mais...

Il se retrouva dans la chambre de Constance.

Avec un luxe de précautions, il referma la porte et se hâta à pas minuscules.

Il ne rencontra rien sur sa route.

Il ne pouvait même pas compter sur un éclat lunaire, le temps était resté nuageux toute la journée et les volets et le rideau l'auraient de toute façon masqué.

Tremblant de stress, Liam avança la main jusqu'à tâtonner l'arrondi d'un bras. Il le secoua à peine en chuchotant :

— Constance, c'est moi.

La respiration calme de la jeune fille changea d'un coup.

— C'est moi, Liam. J'en ai pour une seconde, je veux juste te parler, déballa-t-il d'une traite.

— Liam...

Constance n'avait jamais été aussi effarée de toute sa vie.

— Viens vite, dit-elle dans un souffle à peine audible, et si quelqu'un arrive, aplatis-toi comme une crêpe sous mes draps.

Le jeune homme marqua un temps d'arrêt, mais Constance se saisit de ce qui lui tomba sous la main (un pan de sa chemise de nuit) pour l'attirer dans son lit. Il se rattrapa de justesse et s'allongea.

— Pas du côté de l'entrée, grinça-t-elle.

Il obéit et l'enjamba, paniqué. Il n'avait pas du tout prévu de se retrouver sous la couverture de la fille qui faisait battre son cœur.

Constance rabattit le tissu sur eux, puis son édredon. Si jusqu'à présent Liam avait jugé la nuit d'encre, Constance venait de créer l'antre de la tentation. Il ne voyait absolument rien malgré ses yeux écarquillés, et la température s'envola. Pourtant, en dépit d'un lit une place, leurs corps ne se frôlaient même pas.

— Tu es fou...

— J'avais... Je...

Constance pouffa devant son malaise et Liam s'autorisa un rire à peine audible. Leur tension diminua.

— Je ne pouvais pas attendre mardi soir. Pas après la visite de ce matin...

Aussitôt, Constance se referma sur elle-même. Liam dut le sentir, car il murmura précipitamment :

— Je t'aime.

Les mots la percutèrent, puis l'enveloppèrent comme un cocon.

— J'aurais dû te l'avouer l'été dernier... Avec notre situation... Je suis désolé...

Les larmes lui montèrent aux yeux tant l'émotion la bouleversait.

Il lui disait « je t'aime ». Enfin.

Il piétinait absolument tous les codes de conduite pour lui chuchoter ces trois magnifiques petits mots.

Un sanglot lui échappa, minime.

— Constance...

Elle perçut la pointe de panique dans sa voix. Sans plus réfléchir, elle se colla contre lui. La même urgence que le soir de leur premier baiser s'emparait d'elle et, comme cette nuit-là dans la cuisine, Liam l'enlaça. Son bras droit demeura sous sa tête, à l'instar d'un oreiller, mais le gauche la serra de toutes ses forces contre lui.

Constance enfouit son visage dans son cou. Ses quelques larmes se mélangèrent au voile de sueur du garçon.

— Je t'aime, répondit-elle en écho.

Et Liam aplatit sa paume contre son échine. Constance se sentit fondre dans son étreinte. Une lame de désir souleva son bas-ventre.

Je ne veux faire plus qu'un avec lui.

Elle prit violemment conscience de leurs robes de nuit remontées jusqu'à mi-cuisses. De ce morceau de tissu collant à cause de la chaleur de leur cachette. De leurs peaux brûlantes en contact l'une avec l'autre. Des jambes musclées de Liam. De son bassin étroit. De ses abdominaux et ses pectoraux contractés. De sa respiration erratique.

Et le fruit de son désir gonflait entre eux, juste le long de son aine.

— Const...

Elle s'arracha à lui et, d'un mouvement brusque, rabattit les draps au-dessus de leur tête.

La goulée d'air frais fut salvatrice.

Allongée sur le dos, elle sentait Liam trembler à ses côtés, bien qu'ils ne se touchent plus.

Constance inspira profondément et lâcha :

— Je t'aime, et c'est pour cela que je ne servirai jamais ta propre famille.

Liam retrouva une respiration à peu près normale. Au moins, sa déclaration avait calmé leurs ardeurs.

— Je n'accepterais jamais une telle chose. Je veux dire... épouser une autre femme que toi.

Constance tourna le visage vers lui, son cœur entamant à nouveau un triple galop.

— J'ai eu le temps de réfléchir ces derniers mois, voilà ce que je te propose...

Elle s'était contentée de vivre au jour le jour leur histoire. Trop d'interdits leur barraient la route. Peut-être était-ce l'éloignement de Liam qui lui avait permis de prendre le recul nécessaire, ou peut-être se révélait-il simplement plus courageux qu'elle. Constance n'en savait rien, mais en écoutant le plan de son amour, elle sentit un flot d'espérance l'envahir.

Cela se passerait forcément mal avec leurs familles, ils en avaient tous les deux la quasi-certitude, mais ils n'en avaient pas peur. Au contraire, ils ne leur laisseraient tout simplement pas le choix. Et avant cela, s'ils se débrouillaient bien, ils vivraient ensemble.

— Tu pourras te servir de l'argument de Marie-Charlotte. Pour emménager dans un nouveau pays, même si l'Angleterre est aussi ta patrie, tu as besoin à tes côtés d'une personne qui te connaisse parfaitement pour te rassurer, et surtout, simplifier ton installation. Ma mère n'ira jamais, elle ose tout juste sortir de la maison. Il ne reste que moi.

— Dois-je prendre ton idée pour un assentiment ? Constance... veux-tu m'épouser ?

La pointe d'excitation et d'attente tendue qui perça dans son chuchotis la fit fondre. Elle posa sa main au hasard, à peine plus bas que là d'où provenait la voix de Liam. Elle frôla son épaule, puis caressa sa mâchoire droite et ses joues, qui perdaient l'arrondi de l'adolescence. Sous son pouce, elle découvrit les paupières closes, les cils fins et doux, alignés à la perfection, puis ses sourcils un peu épais.

Lentement, elle déposa un baiser sur ses lèvres fermées par la beauté du moment.

— Il y a trois ans, un soir, dans ce lit, je me suis promis de tout faire pour partager ta vie. À cette époque, je pensais que tu te fichais de moi.

Elle sentit son souffle chaud balayer sa pommette lorsqu'il lui fit un baiser aérien à la commissure de la bouche.

— Je t'ai toujours aimée, Constance. J'ai lutté, enfermé ce sentiment prohibé lorsque j'étais enfant, mais il était impossible à étouffer.

— Moi aussi, chuchota Constance contre ses lèvres avant de l'embrasser. Je veux t'épouser.

Ils profitèrent de ce baiser à la saveur nouvelle avec une infinie douceur. Puis Liam se redressa sur un coude pour enfouir sa main dans la chevelure libre de Constance (son bonnet de nuit était au sale) et ses sens s'emballèrent à nouveau. Il rompit le contact prestement.

— Je vais... Nous...

Constance gloussa.

— Oh bon sang ! Consty ! Tu me fais perdre la tête !

Il l'attira à lui sans ménagement pour l'embrasser fougueusement.

— Je retourne dans ma chambre, gémit-il en sentant ses seins volumineux écrasés sous son poids.

— Tu ferais mieux, oui.

Les doigts de Constance remontèrent voluptueusement sa colonne. Elle aimait cette sensation de lave en fusion dans ses veines. Elle aimait provoquer une telle manifestation de désir chez Liam. Après tout, ils étaient fiancés... Elle n'avait même jamais osé en rêver.

— Constance, nous savons tous les deux...

Elle saisit le sous-entendu avant qu'il ne termine sa phrase. Son corps se crispa si soudainement que Liam se tut.

— Bien sûr. Je suis juste... Je ne voulais pas... S'il te plaît, ne me prends pas pour ce genre de fille...

À peine eut-elle prononcé ces mots qu'elle les regretta. Grâce aux suffragistes, elle avait compris le poids des préjugés et l'importance de s'en débarrasser. En souterrain, elle luttait en ce sens.

Le désir des femmes est normal. Mon désir est sain. Les filles « de ce genre » n'existent pas. Elles ne sont que le fruit d'idées reçues aussi fausses qu'injustes.

— Je ne te prends pour rien du tout.

— Ce n'est pas ce que je voulais dire. Pars. Nous avons eu de la chance jusqu'ici...

— Non. Je ne te quitterai pas sur une note autant... Sur ce malaise. Laisse-moi t'embrasser.

Elle guida son visage vers le sien, soulagée.

— Je t'aime, murmura-t-elle.

— Moi aussi, je t'aime. Et bientôt, nous serons mariés. Madame Constance Roy. Alors je te ferai l'amour sans risquer de tout mettre à l'eau...

La dernière phrase, chuchotée dans le creux de son oreille, la couvrit de frissons. Haletante, elle resta le dos plaqué contre son matelas, tandis que Liam contournait déjà son lit.

Chapitre 33 – 1914 – 18 ans

Constance se sentait en décalage complet, tant avec les évènements de ces dernières semaines, à commencer par l'assassinat de l'archiduc François-Ferdinand, héritier de l'Empire austro-hongrois, qu'avec l'atmosphère anxiogène née de ce meurtre. Liam était rentré trois jours plus tôt, titulaire du baccalauréat. Il avait eu un long entretien avec son père ce mardi matin même et était sorti du bureau souriant. Elle trépignait à l'idée de le retrouver ce soir, enfin ! Ils ne s'étaient pas vus depuis deux mois et demi...

— D't'façon, si les hommes partent à la guerre, j'aurai pas d'aut' choix que d'les suivre...

— Oh ! Les journaux en font leurs choux gras, mais franchement, je n'imagine pas pourquoi nous entrerions en conflit contre l'Empire allemand ou austro-hongrois. Ce qui s'est passé là-bas ne nous regarde pas, argua Félicité en massant ses poignets.

À son geste, Constance devina que la journée de travail de la lavandière avait été rude : elle reconnaissait les stigmates de frotter, puis d'essorer des kilos de linge.

— Cela nous regarde, d'une part en raison des alliances, et je te rappelle que nous sommes alliés aux Russes, et d'autre part à cause de l'Allemagne, qui nous cherche des poux depuis des années. Je partage l'opinion générale : ce changement d'avis du Premier ministre austro-hongrois risque de mettre le feu aux poudres dans toute l'Europe.

— Qu'en dit William Roy, de son point de vue d'Anglais ? questionna Félicité en se tournant vers Constance.

Cette dernière, qui s'enfonçait progressivement dans le lit d'Audrey, se redressa d'un coup.

— Euh..., fit Constance en rassemblant ses esprits. Il pense que l'Angleterre soutiendra la France en cas de guerre, notamment grâce au traité de libre-échange.

— Il croit en un potentiel conflit ? insista mademoiselle Laktas.

— J'ai l'impression qu'il ne sait pas vraiment. Il blague souvent en affirmant que la France et l'Allemagne sont en paix depuis quarante ans, soit quarante ans de trop...

Louise, en proie à un rhume d'été, se moucha bruyamment.

— Y'a quand même des signes qui trompent pas, et la durée du service militaire qu'augmente, c'en fait partie.

Audrey approuva.

— Quoi qu'il en soit, si une guerre éclate et avec ces réformes martiales, nous savons toutes qui va voir sa charge de travail multipliée par deux. Nous, les femmes ! conclut Félicité avec un sourire désappointé.

— Peut-être que c'est ce qu'il manque aux Françaises, avança Constance. Un conflit qui leur permettrait de remplacer les hommes dans tous les domaines de la vie quotidienne. Elles se rendraient compte que nous pouvons prôner l'égalité et eux s'apercevraient qu'ils nous la doivent.

Les trois autres membres de leur cercle féministe méditèrent sur ses propos. Elle en profita pour attraper sa tasse sur la table et boire une gorgée. Depuis plus d'un an qu'elle assistait à ces réunions, Constance s'y sentait désormais comme chez elle, en parfaite sécurité. Maîtriser des rudiments de boxe anglaise l'aidait à braver la nuit. Elle avait d'ailleurs hâte de montrer à Liam ses progrès sur son uppercut : elle trouvait son mouvement de plus en plus souple.

— Malheureusement, j'estime que pour avoir un réel impact, il faudrait que la guerre dure longtemps. Ce qui ne sera pas le cas avec un allié tel que la Russie, affirma l'institutrice.

— Il suffit d'un déclic...

— Oh, la bonniche ! s'exclama la prostituée. Tu t'souviens pas comment nos tracts ont été accueillis ? Dans c'patelin, elles savent qu'pondre des gamins et s'faire taper dessus par leurs maris bourrés !

Constance leva les yeux au ciel, habituée aux rebuffades de Louise.

— J'assume être la plus optimiste de notre groupe.

Elle éclata de rire, suivie des trois autres.

Soudain, la petite horloge à coucou suisse, suspendue près de l'évier, sonna vingt-trois heures.

— Mesdames, ce fut un plaisir, mais je vous quitte pour ce soir.

Toutes l'observèrent, stupéfaites.

— Félicité, nous nous croiserons au marché en compagnie de Ghislaine lorsqu'elle sera rétablie.

— Hep ! R'gardez ses joues roses et son œil qui brille... Elle a un rendez-vous galant !

Constance nia dans un balbutiement inaudible.

— En pleine nuit ! s'écria Félicité, soudain debout. Constance, la femme libérée !

Cette dernière, mortifiée, enfonça son bonnet de tissu sur la tête. La nuit, elle ne sortait jamais avec son chapeau, trop repérable et peu pratique. Elle lui préférait cette calotte légère qui camouflait ses cheveux blonds.

— Dis-nous au moins son prénom.

— Impossible, répliqua-t-elle sans plus chercher à démentir.

Prenant conscience que cette simple réponse pouvait la trahir (elle connaissait la perspicacité de ses amies), elle se reprit :

— Du moins, pour le moment. Félicité, s'il te plaît… pas un mot à Ghislaine. Pas un mot à qui que ce soit, en fait.

Les trois femmes acquiescèrent, l'air soudain grave. Elles savaient l'importance de garder un tel secret. Et face à leurs visages si différents mais marqués par le même respect, Constance ressentit une bouffée d'amitié pour elles. Disparates mais réunies par un combat : celui de l'égalité.

— Bonne soirée, mesdames.

Elles la saluèrent à leur tour puis, dans la nuit claire, Constance se faufila de coin sombre en cachette, le cœur battant.

Comme à son habitude, en arrivant elle enfila sa robe de chambre et donna un coup de clef pour verrouiller l'entrée des domestiques. Sa mère ne s'en préoccupait pas, c'était son rôle à elle. Une aubaine.

Elle eut à peine le temps de pousser la porte de la cuisine qu'une paire de bras l'attira contre un torse délicieusement ferme. Elle croqua les lèvres de son amour avec légèreté, puis lui prodigua un baiser digne de leurs retrouvailles.

Enfin, Liam la relâcha. De sa poche de pyjama rayé, il sortit un mouchoir de satin savamment plié. Solennel, il le présenta à Constance, paume en avant.

Elle l'ouvrit avec précaution pour y découvrir une broche piquée en son centre. L'épingle d'or reflétait la flamme de la bougie posée sur la table près d'eux. Trois petites perles, deux nacrées et une noire, au milieu, l'ornementaient.

— J'aurais préféré t'offrir un anneau..., regretta Liam dans un souffle. Mais je voulais un bijou que tu puisses porter.

Elle ne voyait pas comment elle pourrait justifier l'existence d'une telle merveille. Une bague de fiançailles aurait été tout aussi impossible à arborer, cela dit.

— Merci, susurra-t-elle néanmoins, émue.

Du bout des doigts, elle toucha les perles lisses à la rondeur parfaite. Elle ne s'attendait pas à un cadeau de sa part, vu leur situation.

— J'ai pensé que tu pourrais l'épingler à l'intérieur de ta robe.

Elle esquissa un sourire, comblée. Presque front contre front, elle n'eut qu'à lever les yeux pour accrocher ceux de Liam.

— Très bonne idée, souffla-t-elle.

De ses doigts gauches, elle défit le premier bouton de son corsage, puis le deuxième. Elle marqua un temps d'arrêt, la respiration de Liam se coupa. La troisième attache sauta et, d'une main parcourue de frissons d'excitation, elle dévoila sa peau laiteuse. Sous son index, elle sentit la dentelle de son maillot de corps, juste à la naissance de ses seins. Son inspiration désormais saccadée soulevait ses deux collines de chair.

— Oh ! gémit Liam, hypnotisé.

Constance se gorgeait de son trouble, de ses joues rouges, de ses lèvres gonflées qu'il mordillait sans s'en apercevoir.

Maladroitement, il détacha la broche du mouchoir. Il ferma les paupières une seconde et murmura :

— Je ne vais pas y arriver...

— Je vais tenir mon tricot, ne t'en fais pas.

Par symbolisme, elle choisit le côté gauche et tira légèrement le tissu puis le tendit. Liam disposait désormais d'une mince bande blanche, juste sous la dentelle, pour accrocher son présent.

Il approcha lentement l'épingle, avant de se raviser.

— Tu me rends fou, Constance.

Elle sourit, à la fois fière, un peu gênée et terriblement heureuse.

Liam rassembla son courage et installa la broche. Il ne put résister et ses doigts s'attardèrent sur la peau voluptueuse parcourue de veines bleutées.

Il accrocha le regard outremer de Constance qui flamboyait autant que le sien. Il osa, d'une caresse aérienne, remonter sa gorge offerte, puis son cou, jusqu'à sa mâchoire, qu'il attrapa délicatement pour lier leurs bouches.

Il ne chercha pas à masquer son désir, à éloigner comme il le pouvait son bassin de celui de sa compagne pour qu'elle ne le sente pas. Ce n'était pas la première fois et il devinait désormais le côté joueur de Constance. Il s'y prêtait avec plaisir. Liam se laissa complètement aller pour l'embrasser avec toute la passion qu'elle venait d'éveiller dans l'intégralité de son corps.

Constance finit par reboutonner son chemisier, le précieux bijou tout contre elle. Invisible, mais bien là. Elle félicita ensuite Liam pour son bac, puis lui demanda s'il avait touché un mot à son père de son idée de reprendre, puis développer la branche anglaise de l'entreprise familiale.

William y était très favorable.

Ils n'avaient pas encore abordé les détails pratiques, à savoir que Constance partirait avec son fils, mais la suggestion lui plaisait. L'autonomie conférée par le pensionnat était un sérieux atout. William avait parlé d'au moins une année de formation à ses côtés. Ian ayant lui aussi enfin obtenu son diplôme au lycée du Havre, le patriarche se félicitait d'avoir ses deux fils sous son aile. Il avait également souligné les efforts de Liam concernant sa relation fraternelle.

— Notre plan est donc réalisable, sourit Constance.

— La première pierre est posée.

*

Les journées d'été à tenter de s'ignorer pour mieux se voler un baiser dès que possible se succédèrent et, avec elles, les unes des journaux de plus en plus angoissantes et incertaines.

Liam et Constance n'avaient jamais connu la guerre, elle leur semblait une menace distante. Aux portes de L'Europe, certes, mais loin, si loin de leur idylle… Ils l'évoquaient parfois, entre deux câlins ou échanges d'uppercuts, mais sans l'imaginer concrètement. Liam s'engagerait, évidemment. Son éducation scolaire et familiale l'y préparait depuis longtemps : il voyait dans cet acte une certaine bravoure. Il fantasmait une gloire inconnue.

Constance, elle, ne savait quoi en penser. Elle ne voulait pas être séparée de son amour, encore moins par un conflit qui pouvait entraîner la mort, et pourtant, elle n'avait pas son mot à dire. Les femmes pourraient-elles s'engager dans l'armée, un jour ? Si elle avait le choix, aurait-elle suivi Liam ? Cette idée lui apparaissait si incongrue qu'elle la chassait sitôt qu'elle y songeait.

Elle profitait de son homme, plongeait dans son sourire et sur ses lèvres dès qu'elle le pouvait, et cette insouciance lui convenait.

Et puis, le 1er août arriva et avec lui, les crieurs et les grandes affiches officielles. La mobilisation générale déclencha en elle deux sentiments distincts. Une certaine euphorie de vivre cet élan patriotique si puissant. Et une peur sournoise. La guerre signifiait la mort. Même si tous, autour d'elle, juraient qu'elle durerait jusqu'à l'hiver tout au plus, Constance se sentait encore trop ignare en la matière pour en être convaincue.

Dans son lit, ce soir-là, les larmes roulèrent le long de ses tempes. Quand Liam et elle seraient-ils enfin réunis ?

Peut-être jamais, songea-t-elle avec angoisse.

Chapitre 34 – 1914 – 18 ans

L'obus explosa.

Un tir net. Précis. Digne de l'artillerie boche contre laquelle Liam se battait depuis des mois.

Les chevaux de tête se cabrèrent, mais il parvint, avec le conducteur, à les calmer rapidement. Les bêtes prouvaient la valeur de leur entraînement autant que les hommes, de l'avis du jeune soldat.

— Allez !

Leur colonne, longue d'à peu près 150 mètres, se retirait progressivement. Trop lentement au goût de Liam, qui connaissait désormais la puissance de feu et la promptitude allemandes. Les artilleurs avaient tout simplement soufflé leur position précédente.

Enfin, le convoi accéléra le pas. Légèrement. Mais suffisamment pour faire une différence entre la vie et la mort.

Une autre bombe traversa le ciel pour éclater plus loin. Sous ses pieds, la terre vibra. Pas assez pour briser ses os à la manière de strates géologiques. Il devait avancer, même déstabilisé de la sorte. Encore. Toujours.

Combien de fois avait-il failli prendre ses jambes à son cou lors d'assauts ennemis ?

Chaque fois, susurra une petite voix lasse.

Au début, la honte l'avait envahi. Puis, au fond des prunelles des autres canonniers, il avait lu une terreur identique et cet instinct qui poussait à la fuite.

Ou à la folie.

— Allez !

Le conducteur jeta un regard inquiet au ciel nuageux lourd de neige. Liam se contrôla pour ne pas l'imiter. Il savait que ce geste ne ferait qu'augmenter son angoisse. Localiser les obus en pleine course mortelle était un jeu dangereux. Par un effet d'optique pervers, il avait presque toujours l'impression qu'ils étaient destinés à le déchiqueter.

Un autre éclatement.

Une autre vibration.

Un souffle chaud.

Liam verrouilla sa mâchoire en même temps que ses yeux, droit devant lui.

Ne pas se retourner.

Ne pas constater la proximité du tir.

Voilà le risque, sur ce foutu front, quand on fermait une colonne en repli qui venait d'attaquer des positions ennemies.

S'y soumettre allait contre sa pulsion primaire. Et Liam, plusieurs fois, s'était fait la réflexion que la folie naissait peut-être de là, en sus des images atroces gravées au fond de sa rétine : les soldats faisaient taire leur instinct de survie le plus profond pour affronter la mort. Cela laissait des séquelles. Forcément.

Au bout d'un kilomètre de marche, ils arrivèrent. Derrière lui, l'intensité des frappes diminuait. Les Boches pensaient peut-être leur avoir fait un sort, mais il n'en était rien. Liam s'autorisa à inspirer puis expirer à fond. Un flocon s'échoua sur le bout de son nez gelé.

Oh non.

Liam détestait ces tranchées puantes et leurs abris bancals, même s'il ne se trouvait jamais en première ligne, donc dans les pires boyaux. La terre, au contact de la neige au fond des gourbis, ne manquait pas de se transformer en boue collante.

Quelque part, il se savait « privilégié ». En tant qu'artilleur, pointeur, pour être précis, il demeurait à l'arrière du front. D'après les statistiques, ils mouraient moins, ici. Les conditions de vie n'étaient pas pour autant clémentes. La plupart du temps, ils bivouaquaient sous des tentes à la toile beaucoup trop fine ou à la belle étoile. Du moins aurait-il fallu pour cela pouvoir observer les astres brillants, mais le soleil boudait ce fichu coin de France emprisonné sous un couvercle nuageux à la couleur du métal.

Comme les autres, Liam effectua les gestes habituels mécaniquement. Nettoyer le canon de 75, décrotter les hautes roues de bois cerclées de ferraille, vider sa vessie, répondre aux questions du sous-officier, manger.

— Au moins, avec cette poudreuse, on manquera pas d'flotte.

Liam acquiesça dans le vague. Après une pluie d'obus (envoyée ou reçue), il demeurait toujours un temps hébété comme s'il se déconnectait du monde physique.

Parfois, comme maintenant, il se disait qu'il ne reviendrait pas. Un jour, il ne parviendrait probablement pas à renouer avec cette réalité catastrophique et resterait ainsi, comme s'il observait l'univers de sous un drap. Comme lorsqu'il se déguisait en fantôme avec Ian et Consty.

— Courrier !

Liam retrouva pied.

Il avisa la gamelle vide entre ses mains, les murs de terre compactée du gourbi et, au-dehors, à quelques mètres, le rideau de flocons immaculés qui tombaient dru des nuages grisâtres. Ils paraissaient si bas qu'il aurait pu tendre les doigts pour les effleurer.

Il neigeait peu en Normandie. Peut-être qu'à un autre moment, en compagnie de Constance, par exemple, il aurait pu apprécier ce phénomène météorologique. Mais dans cet instant présent, il manquait trop de tout pour cela. Ces maudits flocons signifiaient simplement que l'hiver…

L'explosion lui fit perdre l'équilibre. Il se rattrapa de justesse à un tonneau et se propulsa derrière pour s'en servir de rempart. Il aperçut un uniforme bleu s'engouffrer dans le refuge. Une seconde plus tard, tandis qu'il s'accroupissait à l'abri de sa protection de fortune, Pierrot-qui-chante-faux atterrit à ses côtés. Terrorisé, il entama son fameux *Ave Maria*. Liam n'en entendait que des bribes entrecoupées de hurlements et de déflagrations.

Les Boches pilonnaient leur position.

Issu des hommes, l'enfer naissait sur terre.

D'une main, Liam se saisit de l'épingle qui ne le quittait plus depuis des mois, tordue à force d'être pétrie lors des bombardements, puis redressée à la faveur des nuits blanches passées à trop cogiter. Il garda le bijou dans son poing crispé. Sa deuxième main se glissa au niveau de sa poitrine, sous sa veste, et tâtonna le petit paquet de lettres. Aussitôt, un souvenir de sa maman le happa, comme si son cerveau cherchait à l'extraire de cet horrible moment.

« Mon fils. Si je pouvais changer une seule chose, je choisirais de te porter des mois supplémentaires dans le cocon

de mon ventre. Tu ne serais alors pas en âge d'être volontaire. Et je pourrais profiter de toi tout mon soûl. »

Sous son index, Liam suivit le tranchant de l'arête de l'enveloppe en papier. Jamais il n'aurait cru sa mère capable de prononcer des mots émotionnellement si lourds.

« Bien sûr, nous l'autorisons. Ton père et moi comprenons ton besoin de nouvelles du village et tu as raison lorsque tu affirmes que Constance sera plus à même de te les fournir ! Elle a accepté de t'écrire. Tu ne devrais pas tarder à recevoir sa première missive. J'espère que cela t'épaulera durant ces jours difficiles... »

Machinalement, il caressa le métal lisse et chaud de l'épingle.

« Je pense à toi chaque seconde qui passe. Je t'aime. »

Ses cheveux soyeux. Ses lèvres douces. La peau diaphane à la naissance de ses seins.

— Je ne pourrai pas être là, demain. Je ne supporterais pas de te voir partir à la guerre, Liam. Je nous trahirais...

Ses larmes.

Les siennes, à lui, qu'il retenait à grand-peine.

— Je sais, mon amour.

Leur étreinte, par trop passionnée, par trop désespérée.

— Ce n'est l'affaire que de quelques mois... Au pensionnat...

— Tais-toi, Liam Roy. À Paris, tu ne risquais pas ta vie. Contente-toi de m'embrasser...

Sept mois s'étaient écoulés depuis leur dernière soirée.

— ... ventris tui, Iesus ! Ave Maria...

— Je suis fier de toi, Liam. Sache que ton acte apporte l'honneur sur notre famille. Aujourd'hui, tu as pris ta première décision d'homme et je te donne ma bénédiction en signant cette autorisation parentale. Pour notre patrie.

Liam avait toujours rêvé d'entendre ces mots chargés de satisfaction dans la bouche de son géniteur. Il ne s'était jamais imaginé qu'il les prononcerait lors de son enrôlement, mais après tout... Pourtant, quelque chose semblait bloquer sa trachée. Il observait avec attention William en train de parapher le document officiel quand il comprit.

Il comprit que son père n'avait rien compris.

Liam avait pris sa première décision d'homme responsable le jour où il avait accepté son amour pour Constance. Puis plus tard, lorsqu'il avait choisi d'épouser cette femme fabuleuse envers et contre tous. Mais cela, son géniteur l'ignorait encore...

Un sac de sable d'une vingtaine de kilos traversa le gourbi de quatre mètres carrés. Soulevé par le souffle d'une explosion, il s'encastra dans le coin où Liam et Pierrot-qui-chante-faux avaient trouvé refuge. Il se creva en une pluie de gravats plus ou moins tamisés. Couverts de poussière, les deux hommes se mirent à tousser violemment.

Impossible de fuir sous ce déluge d'obus.

Impossible de rester tant l'air devenait irrespirable.

Pierrot se redressa et, courbé, esquissa un pas vers la sortie, mais Liam le rattrapa par la manche.

— Res...

La quinte de toux l'empêcha de poursuivre. Liam, déterminé, crocheta ses jambes pour le maintenir au sol. Une explosion plus proche que les autres envoya une nuée d'éclats de shrapnels s'enfoncer dans le pan du mur au-dessus d'eux. Son camarade se tétanisa. Liam le traîna dans leur recoin, une cinquantaine de centimètres plus loin.

J'ai perdu son épingle.

J'ai perdu l'épingle à cheveux de Constance.

Paniqué, il tâtonna à l'aveugle le sol près de lui. Un soldat entra en titubant. À son hurlement, Liam évalua sa blessure sévère. Sinon mortelle.

Où est-elle ? Où est l'épingle ?

Le troisième homme s'échoua à leurs pieds. La poussière qu'il souleva permit à l'adolescent de fixer un œil vide de vie. Il aperçut un bout d'épaule. Rien au bout. La saleté retomba sur eux comme un linceul.

Liam retrouva l'objet de son obsession.

— Moi aussi, je m'engagerai.

343

— *La guerre sera terminée depuis longtemps quand tu fêteras tes dix-huit ans, Florent. Dors, maintenant.*

— *Ce n'est pas juste...*

Il étouffait.

Ses poumons semblaient imbibés de plâtre.

À côté de lui, seule la bouche de Pierrot formulait cette incessante prière.

Comme si la Vierge pouvait... Ne blasphème pas, s'entendit-il penser.

Plus la guerre ravageait, plus il devenait superstitieux.

Liam saisit sa gourde pour avaler deux belles gorgées d'eau infecte. Aussitôt, il respira un peu mieux. Il en versa entre les lèvres crayeuses de son camarade, qui ne déglutit pas.

Dehors, les explosions s'espaçaient. À moins que Liam n'ait perdu l'ouïe, ce qui était possible, vu les acouphènes qui l'assaillaient de plus en plus souvent.

« Mon cher ami,

Je me suis moi aussi engagé dans l'artillerie. Peut-être aurons-nous la chance de nous croiser et de partager un gobelet de vin... Antonin et Liam, comme au temps du lycée, à la barbe de notre commandant !

Au fait ! J'ai appris le prénom de ma dulcinée par hasard hier soir : Valentina. Italienne, je te disais ! Sa chevelure brune me rend toujours aussi fou... »

— C'est fini !

Liam posa sa tête contre le mur derrière lui et ne bougea pas. Les Boches étaient suffisamment pervers pour leur laisser cinq minutes de répit, juste le temps de sortir de leur trou à rat, puis de recommencer à les pilonner avec leur écrasante force de feu.

Et puis, il haïssait ce moment.

Celui où les souvenirs s'éloignaient.

Celui où il fallait reprendre contact avec son propre corps crasseux si crispé.

Celui où il fallait comptabiliser les pertes humaines, animales, matérielles... Tout transformer en chiffres abstraits. Comme si les faciès déformés par la terreur et la souffrance pouvaient se muer en bâtonnets sur une feuille. Comme si les chairs affreusement mutilées...

— Pierrot ! Oh ! L'Pierrot ! Ah ! Roy ! Ça va mon vieux ? On s'est pris une sacrée douche !

Si Liam avait eu de la salive, il aurait craché au visage de ce connard de déboucheur. Comment pouvait-il plaisanter d'une telle boucherie ? Il se contenta d'accepter la main tendue pour se relever, puis lui fit signe de partir. Il s'occupait de Pierrot. Au moins, il resterait encore un peu à l'abri du désastre.

Peut-être agissait-il par égoïsme. Sûrement, même. Mais il n'en avait cure. Les images choquantes torturaient son âme, elles se mêlaient entre elles, se fondaient pour ne former qu'une bouillie sanglante.

Sans un regard pour le cadavre à leurs côtés, Liam empoigna son camarade de batterie par les aisselles et le redressa sans ménagement. Ils enjambèrent le corps. Sans s'en apercevoir, Pierrot pataugea dans la flaque de sang que la terre battue peinait à absorber. Ils titubèrent jusqu'à l'extérieur, où le désastre s'offrit dans toute sa laideur à leurs esprits déjà à bout.

Chapitre 35 – 1907 – 11 ans

Devant le carreau de la porte de la véranda, Constance plissait les yeux pour mieux fixer son reflet. L'obscurité extérieure permettait à la lumière du plafonnier de se réfléchir dans les vitres, mais elle avait du mal à se distinguer nettement. Cela aurait été pire avant, lorsque les lampes à huile et les bougies régnaient en maîtresses dans la maisonnée. Elle s'en souvenait et ne regrettait décidément pas ce temps-là ! On n'y voyait goutte et on se brûlait le bout des doigts à l'allumage ou avec la cire fondue.

Prudemment, la jeune fille tâta son crâne à la recherche d'une mèche rebelle ou malheur ! d'un frisottis. Sa tignasse bouclée lui donnait du fil à retordre pour avoir l'air convenable. À onze ans, Constance avait bien compris qu'elle devait se présenter impeccable. Surtout lorsque, comme ce soir, elle servait le dîner.

Bon, ses cheveux semblaient suffisamment tirés, elle ne risquait pas une remarque désobligeante de la part de grand-père Louis.

En songeant à lui, sa légèreté s'envola. Une enclume de rancœur pesa dans son ventre. Elle n'aimait pas Louis Dejoubert, père de Jeanne et grand-père de Ian, Liam et Florent. Il s'était installé au manoir un an plus tôt pour une raison inconnue de Constance. Aussitôt, il lui avait mené la vie dure. Il la méprisait parce qu'elle était fille de bonne. À cause de lui, de ses paroles et de ses regards dédaigneux, Constance avait violemment pris conscience de son statut social et de son sexe. Ou plutôt, des désavantages innés que ceux-ci lui valaient.

— Chasse donc cette moue boudeuse, ordonna sa mère en se tournant vers elle, une soupière à la main.

La jeune fille soupira discrètement en se redressant. Madeleine lui apprenait son métier ; Constance se savait être une élève studieuse. Elle s'appliquait à enregistrer ses conseils et à reproduire ses exemples, mais le service à table demeurait l'un de ses pires cauchemars. Du moins, depuis que Louis avait élu domicile chez eux. Il réprimandait vertement le moindre faux pli sur son tablier. La plus petite tache de sauce sur la nappe lui valait une remarque cinglante. Sans parler des moqueries des garçons...

À cette pensée, l'enclume de rancœur s'alourdit de tristesse. Constance ne s'était jamais sentie proche de Ian : l'aîné gardait ses jeux pour lui et son frère, et très tôt, il lui avait donné des ordres en exigeant qu'elle obéisse alors qu'elle ne travaillait pas encore.

Avec Liam, sa relation avait été l'exact opposé. Liam et elle avaient pour ainsi dire tout partagé, et si leur famille avait tenté de les séparer plus d'une fois, ils avaient toujours trouvé le moyen de maintenir un lien, même ténu. Il s'était définitivement rompu avec l'arrivée de Louis et de ses idées assumées concernant la place des femmes et du peuple. Liam avait fini par se moquer d'elle en compagnie de ses frères... Une miette de tarte aux pommes échouée sur la table. Un ricanement bref. Son cœur transpercé.

— Constance !

La jeune fille secoua la tête pour chasser ses sombres pensées. Peut-être que la tempête qui se préparait jouait sur son moral ? Elle ignorait pourquoi ce soir en particulier elle ressassait ses états d'âme, mais elle devait se ressaisir.

— Suis-je présentable ? demanda-t-elle à sa mère d'une petite voix.

Madeleine la jaugea en opinant :

— Je sais que tu n'aimes pas ce moment, Constance, mais tu dois apprendre à te comporter comme une professionnelle. C'est ainsi...

— ... que je subsisterai, compléta-t-elle en redressant les épaules.

Mady acquiesça. Si Constance avait croisé le regard de sa génitrice à ce moment-là, elle aurait lu sa fierté. Celle que Madeleine taisait par éducation. Celle que l'enfant recherchait pour se racheter... elle ignorait quoi, mais elle pressentait qu'elle avait quelque chose à se faire pardonner auprès de sa maman. Elle avait toujours ressenti cette sorte de culpabilité, un peu comme une pelote de laine entortillée autour de son estomac qui la cisaillait dès qu'elle déplaisait à Madeleine. Constance n'avait pas encore mis de mots là-dessus. Pourtant inconsciemment, elle agissait systématiquement en fonction de cette peur de faire mal. Elle craignait d'être rejetée pour une faute qu'elle n'envisageait même pas.

Madeleine se détourna, retournant à ses fourneaux qu'elle devait nourrir de charbon. Constance ouvrit la porte et poussa son chariot plein à travers le petit hall jusqu'au salon-salle à manger. Par cette pièce unique, cette maison affichait son modernisme. Constance aimait ces murs tapissés avec goût devenus son cocon ; elle y était née. Elle ahana sous le poids du chariot. La fillette le maniait grâce à la force de l'habitude, de la même façon qu'elle effectuait ses multiples tâches.

Les Roy terminèrent de s'attabler : le chef de famille et le doyen aux extrémités. La mère et le benjamin, à droite de William, faisaient face à l'entrée. Ian et Liam, assis de l'autre côté, observaient le mur au papier peint beige discrètement fleuri de roses.

Rompue aux us de la maisonnée, Constance se positionna entre William et la fenêtre. Avec précaution, elle déposa le pot de sel et la saucière pleine de crème onctueuse sur le napperon prévu à cet effet spécialement crocheté par madame Roy, puis se saisit de la louche. Intérieurement, elle s'exhorta au calme. La fébrilité qu'elle ressentait depuis la tombée de la nuit devait s'envoler sur-le-champ, sinon elle risquait de renverser du potage…

D'un geste habile, elle retira le couvercle de porcelaine de l'exquise soupière peinte à la main. Constance aimait ses formes arrondies, ses anses qui n'en étaient pas vraiment et son large pied décoré de violettes et de dorures. Ces courbes et cette finesse la touchaient sans qu'elle en comprenne la raison. La jeune fille décida de s'inspirer de cette beauté suave. D'un mouvement souple, elle remplit l'assiette creuse de son patron. Elle fit ensuite le tour de la table pour servir Louis Dejoubert.

Sois aussi délicate que ces magnifiques violettes, Consty.

— Cette loi vulgaire s'apprête à passer !

Les bajoues flasques du grand-père tressautèrent en même temps que la main de Constance. Ouf ! Personne ne semblait l'avoir vue, trop accaparé par ce énième emportement de Louis que tous sentaient poindre.

— Les femmes vont disposer de leur salaire ! éructa-t-il.

— Père, tempéra Jeanne dans un sourire. Peut-être pourriez-vous évoquer cela lors du digestif ? Rappelez-vous les paroles du médecin…

— Je sais ! coupa monsieur Dejoubert. Cette aberration me donne la nausée. Où va la France ? je vous le demande ! Bientôt, on leur apprendra que travailler est mieux que de se trouver un époux, lâcha-t-il en désignant Constance d'un vague moulinet de la main.

La jeune fille rougit de honte. Pourquoi se permettait-il invariablement de l'embarrasser ? Qu'avait-elle fait pour qu'il la prenne à partie de la sorte ? En plus, Constance voulait se marier ! Elle n'avait jamais réfléchi à qui percevrait l'argent de son labeur...

Elle pinça les lèvres. Son rôle n'était pas de répondre, juste de subir. Louis l'avait désignée parce qu'elle se trouvait là, au mauvais endroit, au mauvais moment, comme souvent avec lui...

Ian lui décocha son sourire mesquin habituel. Constance se focalisa sur le service. Si elle avait osé, elle aurait quitté la pièce. Ou mieux ! elle aurait dit ses quatre vérités à monsieur Dejoubert.

— Franchement, comme si ces oies s'avéraient aptes à administrer leur argent !

Constance ouvrit la bouche, mais la referma aussitôt. Madeleine, sa maman, gérait son salaire seule depuis des années et cela se passait très bien. Si elle le pouvait, les autres aussi ! Mais Constance savait qu'elle devait se taire. Sa mère n'était pas un exemple. L'absence d'un mari et sa propre présence l'expliquaient très clairement.

— Regarde-toi, Jeanne ! William a investi et fait fructifier ton héritage. Les femmes en sont incapables, ce n'est tout simplement pas dans leur nature.

La matriarche acquiesça en silence. Constance admira son faciès neutre, comme si les paroles de son père ne l'atteignaient pas.

Après tout, pourquoi serait-elle touchée ? songea la jeune fille. *Je n'ai jamais vu de cheffe d'entreprise.*

— Mais soit ! Parlons littérature. Alors, Liam, que lis-tu en ce moment ?

— *Croc-Blanc*, grand-père, comme tu me l'as conseillé.

Constance avait détesté ce roman, bien trop cruel à ses yeux.

— Ah ! Ce cher Kipling !

— Il me semble que Jack London a écrit ce livre, grand-père.

— Tu te trompes, rétorqua Louis, catégorique.

Son ton pompeux insupporta Constance. Les épaules voûtées de Liam, encore plus. Comment pouvait-on se laisser marcher sur les pieds à ce point-là ? Constance comprit avec stupeur qu'elle agissait de façon identique. Elle s'était même laissé insulter d'oie ! Dans un sursaut d'amour propre, elle affirma :

— L'auteur de *Croc-Blanc* est Jack London.

— Comment oses-tu ? s'emporta Louis. Tu n'es qu'une domestique !

— Vous vous méprenez, voilà tout, assura Constance en haussant légèrement le ton, en colère.

De toutes ses forces, elle empêcha sa voix et son corps de trembler. La peur menaçait de la submerger, mais pour l'instant, le soulagement de se dresser pour la première fois face à ce tyran la soutenait. Elle l'avait fait pour elle-même, parce qu'elle ne supportait plus le manque de respect permanent de Louis, mais elle ne s'y trompait pas : c'était bien Liam, involontairement, qui lui avait insufflé le courage nécessaire à cette prise de position.

— Tais-toi !

La graisse flasque de Louis tangua comme les navires du port du Havre malmenés par la houle. Désormais debout près d'elle, Constance perçut le danger physique qu'il représentait.

Sa main droite prenait un élan qui ne signifiait qu'une chose : il allait la frapper.

Elle attrapa la soupière et, d'un geste maîtrisé par les années de seaux d'eau vidés sur les pavés, jeta son contenu au visage de Louis.

Mon Dieu ! Qu'ai-je fait ?

L'air se mua en plomb et obstrua subitement ses voies pulmonaires. La jeune fille, mortifiée mais libérée, esquissa un mouvement de recul, puis détala.

Les pas précipités de Constance dans les escaliers ramenèrent Liam dans l'instant présent. Il referma sa bouche béante, mais ses yeux exorbités ne lâchèrent pas son grand-père. Couvert de soupe de poireau. Ses iris noisette ressortaient avec force sur le vert épais qui commençait à dégouliner le long de son veston. Son menton tremblait tant que des gouttelettes voltigèrent autour de lui, maculant son pantalon et ses chaussures noires. Le tapis en prenait pour son grade également.

La saleté le ramena à Constance, qui effectuait la plupart des travaux ménagers. Sa chère Consty qui venait de vider une soupière sur la tête de grand-père Louis !

Liam tenta de toutes ses forces de contenir le fou rire qui grondait dans sa poitrine. Il se contracta, en vain. Il souriait jusqu'aux oreilles. Le rugissement de Louis rompit cet instant suspendu. Tout se passa ensuite en même temps.

Catastrophée, Jeanne appela Mady d'une voix perçante avant de se précipiter vers son géniteur.

Liam croisa le regard brun de son petit frère. Le bambin de cinq ans explosa de son rire le plus communicatif. Les barrières de Liam cédèrent, il s'unit à Florent dans une cascade à se tordre sur sa chaise.

Louis, fumant, vert de soupe tout autant que vert de rage, s'essuya le visage dans sa serviette. De colère, il la jeta sur la table où elle atterrit dans l'assiette creuse de Ian, qui commençait lui aussi à rejoindre ses frères dans leur fou rire. Le liquide chaud atteignit ses cuisses. Il bondit de sa chaise en criant de surprise alors que Madeleine pénétrait dans le salon.

Liam la vit embrasser du regard cette scène incongrue. La bonne à tout faire se figea, entama un décompte des membres de l'assemblée pour enfin percuter qu'il manquait sa fille. Elle se décomposa.

— Madeleine ! Faites chauffer de l'eau pour la toilette de messieurs Dejoubert et Ian !

— Tout de suite, Madame.

Jeanne guida tant bien que mal son géniteur et son enfant jusqu'au premier étage, où ils pourraient se débarbouiller et se changer.

Liam riait tant qu'une douleur commençait à irradier dans ses zygomatiques.

— Florent ! Liam !

Mais la voix de leur père s'avérait trop peu assurée pour calmer les deux frères. Lorsque le garçon, suffoquant, tourna son attention vers William, il découvrit ses traits figés dans une grimace censée contenir son hilarité. Décidément ! Ils ne s'étaient jamais autant amusés lors d'un repas !

Le retour de Madeleine les aida cependant à se reprendre. Liam n'avait jamais vu sa servante ainsi. Mady l'avait pour ainsi dire élevé, et si les convenances lui interdisaient de la considérer plus que comme une domestique, il en allait autrement dans son cœur. Secrètement, il aimait cette femme à l'instar d'une deuxième maman. Une figure maternelle qui avait épongé ses larmes, distribué câlins et fessées et qui lui offrait encore en douce une ou deux sucreries. Elle connaissait son menu d'anniversaire préféré, l'unique pitance qu'il pouvait avaler lorsqu'il était malade, les légumes qu'il détestait... Et elle s'arrangeait toujours pour lui en servir moins. Comme Constance.

Penser à la fillette devant le visage grave de Madeleine, qui se répandait en excuses, lui fit l'effet d'une gifle. Pour un acte aussi dramatique, Consty risquait le renvoi. À l'idée de la perdre, le cœur de Liam se tordit violemment. S'il tenait à Mady, le lien qui l'unissait à Constance se révélait d'une profondeur inégalable.

Ils s'étaient éloignés et le garçonnet avait cru que son éducation avait apposé un point final à leur relation. Il prenait conscience avec stupeur qu'il n'en était rien. Ici, sur le champ de bataille qu'était devenu le coin salle à manger, Liam fut sidéré par la force de sa propre crainte. Il avait peur de ne plus jamais revoir Constance.

Il accorda alors plus d'attention à la conversation entre les deux adultes (et tant pis si cela ne se faisait pas !). Le soulagement balaya son angoisse. Son père rassurait Madeleine en lui expliquant que de plates excuses suffiraient à calmer la situation. La bonne exprima toute sa gratitude et entreprit d'essuyer ce qu'elle pouvait avant de retourner chercher son matériel de nettoyage dans la cave.

Allongé dans son lit, ce soir-là, Liam tenta de se laisser bercer par la respiration de ses frères pour trouver le sommeil. Peine perdue, comme souvent. Un vent violent s'engouffrait avec brutalité dans les interstices des volets en bois, les faisant grincer. Il ramena ses couvertures de laine sous son menton et tendit l'oreille afin de se focaliser sur les bruits de la maison. Madeleine était montée se coucher peu de temps auparavant. Constance ne pleurait plus. Du moins, plus suffisamment fort pour qu'il l'entende.

Liam avait tressailli à chaque claquement du martinet. Chaque plainte de son ancienne amie lui avait donné envie de sauter en bas de sa mezzanine et d'aller la défendre comme elle l'avait fait pour lui. Car Liam n'était pas dupe. Elle s'était interposée pour le soutenir face à son grand-père entêté. Le courage de la jeune fille l'ébranla une fois de plus. La répugnance que sa propre lâcheté lui inspirait en fut d'autant plus pénible à supporter.

Il n'avait pas bougé de sa couche douillette. Au énième coup, il s'était bien assis, prêt à... Les sanglots douloureux de Constance avaient empli seuls le silence. La correction était terminée. Puis Liam avait perçu le craquement typique dans la chambre qui jouxtait la sienne. Louis se retournait dans son lit. Liam connaissait la suite : son grand-père ronflerait dans moins de cinq minutes. Il aurait été prêt à parier que son aïeul s'était délecté de la souffrance de Consty. Il avait même dû attendre son supplice avant d'ingérer son somnifère : d'habitude, Liam entendait le grincement caractéristique bien plus tôt.

Le garçon serra les dents de rage. Il aimait son ancêtre, il avait bu ses paroles, ses idées concernant la vie, la chasse, les classes sociales, le travail, les femmes... Louis l'avait modelé pendant plus d'un an, mais aujourd'hui, le coup d'éclat de Constance remettait tous ses enseignements en perspective. Louis se trompait.

Les filles pouvaient afficher leur bravoure. Elles pouvaient tenir tête et affirmer leurs connaissances. Elles n'étaient pas que de calmes oisillons craintifs. Elles avaient du caractère, à la manière de Constance. Et, n'en déplaise à son grand-père, elle ne terminerait pas à l'asile comme il s'était employé à le répéter tout au long du repas. Constance n'avait fait que se protéger face à son agressivité. Qu'il lui colle l'étiquette d'hystérique alors qu'elle s'était défendue le faisait bouillir de colère. Combien de fois l'avait-il rabaissée ?

Le garçon expira en songeant à elle, sûrement en train de frotter le tapis du salon. Elle lui manquait. Terriblement.

Chapitre 36 – 1915 – 19 ans

— Mon tout petit.

Si Liam ouvrait la bouche maintenant, il s'effondrerait en larmes entre les bras maternels. Il se mordit la lèvre inférieure. L'enlacer, se gorger de son odeur florale ténue si sécurisante. Voilà ce qui comptait.

Jeanne, noyée par une émotion brute, attrapa entre ses doigts tremblants le visage amaigri de son cadet. La tourmente qu'elle lut dans ses prunelles la frappa. Aussitôt, elle le pressa à nouveau contre elle, comme si ce simple geste pouvait absorber les blessures internes qu'elle devinait.

Liam se laissa faire, en profita pour renifler encore son crâne. Jeanne frissonna. Il agissait comme un animal. Elle se détacha un peu de lui pour lui offrir un faible sourire, néanmoins empli de gratitude. La chair de sa chair se tenait debout, devant elle, dans le hall de leur foyer. Elle rêvait de ce cadeau depuis août 1914, soit depuis un an et trois mois.

Un mouvement au niveau de la porte du jardin attira l'attention de son fils. Liam se libéra de son étreinte. Jeanne tenta de le retenir, mais il n'avait désormais d'yeux que pour la bonne, qui posa au sol son panier garni de pommes sans même oser cligner des paupières.

Ils fondirent l'un sur l'autre. Constance ne savait plus où elle en était. Il la maintenait contre lui comme si sa vie en dépendait. Elle lui rendit son étreinte de toutes ses forces.

Puis, déboussolée, elle s'éloigna de quelques centimètres. Les pommettes saillantes de Liam la choquèrent, signe manifeste de son amaigrissement. Des rigoles sombres incrustaient la peau de son front. Ses paupières papillonnèrent, mais il les garda finalement closes et, d'une main derrière sa nuque, l'attira à nouveau contre lui.

Il paraissait réellement éprouvé. Si ses lettres laissaient transparaître son état, le constater visuellement broya le cœur de la jeune fille. Constance s'ordonna de prêter une attention particulière à ce qu'elle touchait enfin, mais son odorat la rattrapa.

Liam puait au-delà de toute description.

Ses cheveux formaient une tignasse grasse et emmêlée autour de son faciès émacié. Des doigts, elle explora son dos et perçut les os saillants de ses épaules, puis de ses vertèbres. Juste ciel ! Comme cet uniforme était fin pour affronter les hivers français sans abri !

Elle enlaça ses hanches étroites, tandis qu'il laissait tomber une à une ses épingles sur le parquet. Elle se figea sous ce geste par trop intime, se souvenant enfin de la présence de sa patronne et de sa mère, sur le seuil de la cuisine. Mais Liam enfouissait déjà ses mains sales et couvertes de plaies dans ses boucles blondes. Il la pressait contre son torse et Constance, malgré l'odeur infecte de la crasse imprégnée, profita de ce câlin le cœur battant.

Leur avait-il fait une surprise ? Vu son état lamentable, elle en doutait. Ils n'avaient pas encore reçu ses lettres qui les avertissaient de sa permission, voilà tout. La Poste accusait des retards monumentaux, il n'était pas rare qu'elle découvre trois ou quatre missives d'un coup.

Elle sentit son étreinte se desserrer un peu et elle en profita pour relever la tête vers lui afin de lui offrir un sourire qu'elle voulait radieux.

— C'est bon de te revoir, chuchota-t-elle.

Elle eut envie d'effleurer ses lèvres affreusement gercées, comme si elle avait pu dissoudre ses maux par cette marque d'amour.

— Tu as besoin d'un bain et de tailler tout cela, ajouta-t-elle en tirant tendrement sur les touffes de poils noirs et broussailleux qui lui servaient de barbe.

Liam mobilisa son entière volonté pour sourire à Constance, mais au pli de ses commissures, il sut qu'elle ne contemplait qu'un rictus ininterprétable. Il se contenta donc d'acquiescer avec lenteur.

Ils se séparèrent. Le jeune homme se retourna, dégageant la vue de Constance par la même occasion. Mady et Jeanne les fixaient, bouche bée, aussi droites que des I et les bras croisés sur leur poitrine.

Les trois femmes échangèrent un bref regard d'une intensité peu commune. Elles se comprirent. À cet instant, seul comptait Liam.

— Liam, viens manger quelque chose, ordonna la maîtresse de maison.

— Je vais préparer un bain, enchaîna Consty.

Madeleine s'engouffra aussitôt dans son antre, suivie par sa patronne. Liam s'avachit sur l'une des robustes chaises paysannes, observant d'un œil lointain cette cuisine qu'il connaissait comme sa poche. Combien de fois s'était-il imaginé ce retour ? Pourquoi tout lui paraissait-il si irréel ?

Madeleine ceignit sa taille épaisse de son sempiternel tablier et se pencha pour attiser les braises du fourneau. Sa mère ratissait déjà les fonds de placards pour lui offrir un casse-croûte. Liam se souvint du temps où Jeanne gérait le goûter des enfants tandis que Mady préparait le dîner. Elle n'était pas qu'une bourgeoise impotente. Elle avait su se retrousser les manches lorsque la situation l'avait exigé.

Elle déposa devant lui une tranche de pain noir et un minuscule morceau de beurre. Les civils étaient rationnés, mais Liam, à cet instant, l'oublia. Seul comptait ce mets délicat qui lui avait tant manqué.

Il attrapa le couteau au bout arrondi, tartina l'extrémité de son pain et croqua goulûment dedans. L'inimitable goût salé du beurre normand éclata sur ses papilles. Sa bouche se couvrit d'un fin duvet gras qui lui arracha un petit gémissement.

Les deux quarantenaires se figèrent. Liam ne remarqua pas leurs mines, sur lesquelles l'inquiétude remplaçait la stupéfaction. Les yeux plissés de contentement, il ne pouvait qu'apprécier ce délice gustatif.

Constance déboula sur ces entrefaites, deux seaux pleins à la main. Il n'avait même pas relevé sa disparition !

— Joséphine ne va pas tarder, les informa-t-elle en déposant son fardeau. Je monte préparer la baignoire.

Elle se faufila jusqu'à la véranda, attrapa le volumineux baquet de cuivre et ressortit.

Madeleine n'avait pas eu le temps de lui dire que la première marmite d'eau bouillirait bientôt ; à l'étage, ils l'entendaient déjà s'activer.

Constance étendit le drap épais au fond de la chambre des garçons, au niveau du coin toilette, et y posa la grande bassine au milieu. Elle réinstalla ensuite le paravent au tissu brodé d'arabesques plus loin, vers le centre de la pièce, puis tira le rideau gauche. Non pas qu'il puisse y avoir un quelconque voyeur dans le jardin des voisins, mais Liam apprécierait sûrement cette intimité.

Joséphine, la domestique des De Lamiton, arriva chargée de ses propres seaux. Elle n'avait pas hésité à délaisser ses tâches pour mettre la main à la pâte. Ce n'était pas tous les jours qu'un homme rentrait du front. Et puis, elle avait vu naître Liam... Elle débutait alors en tant que servante dans la maison mitoyenne. Elle connaissait les Roy, appréciait ce petit devenu grand pour sa gentillesse et sa politesse.

Les allers-retours de la fontaine du village jusqu'au premier se succédèrent. De temps à autre, Mady réquisitionnait un seau pour remplir un nouveau chaudron. En peu de temps, le bain fut prêt.

Constance se permit de sélectionner quelques pétales de fleurs séchés dans un pot en verre de sa patronne. Liam et elle s'engouffrèrent dans sa chambre.

— Attends une seconde..., marmonna la jeune fille.

Mais il referma la porte derrière eux.

— Reste, s'il te plaît.

Le poing au-dessus de la baignoire fumante, elle suspendit son geste. Lui proposait-il vraiment de le voir nu ? De... ? Les épaules voûtées et son faciès éreinté lui firent l'effet d'une gifle.

Évidemment, Liam avait besoin d'aide pour sa toilette, pour couper ses cheveux, ses ongles, remettre de l'eau chaude... Elle ouvrit la main et les pétales odorants ridèrent la surface plane.

— Je vais chercher un drap de bain et quelques flocons d'avoine. Cela nourrira ta peau.

Et teintera le liquide de beige.

Il opina en commençant à déboutonner sa veste.

Arrivée dans la cuisine, elle croisa le regard réprobateur de Madeleine, qu'elle soutint. Elle se servit dans l'armoire à linge directement sous la véranda, puis attrapa quelques céréales dans un petit sac au tissu brun.

— Je vais trouver un moyen de prévenir Ian et William, Mady. Oh ! Constance, ajouta Jeanne en marquant un temps d'arrêt depuis l'entrée, son chapeau à la main.

La jeune fille s'enfuit dans les escaliers à toute vitesse, faisant mine de ne pas avoir entendu l'interpellation de son employeuse. Elle ne se voyait pas justifier leur étreinte alors qu'elle était à fleur de peau. Elle déboula dans la chambre en oubliant de frapper, tant elle était chamboulée : leurs génitrices avaient-elles deviné leur secret ?

— C'est moi, lâcha-t-elle d'une petite voix essoufflée tant par l'émotion que par l'effort physique qu'elle fournissait depuis un bon moment maintenant.

— Viens, l'invita Liam depuis l'arrière du paravent.

Recroquevillé sur lui-même dans le baquet, le front posé sur ses bras croisés, il ne bougeait pas. Elle parsema l'eau de flocons d'avoine, puis arrangea le large tissu sur le chevalet. Enfin, Liam redressa la tête.

— Regarde au niveau de mon omoplate droite, s'il te plaît. Je crois que ma blessure s'infecte.

Mon Dieu, songea-t-elle en découvrant les traces de rigoles noires de crasse le long de son échine où chaque vertèbre semblait vouloir percer la peau fine.

Elle inspira péniblement, choquée.

— Je n'y vois rien, balbutia-t-elle. M'autorises-tu à te laver le dos ?

Liam tourna à peine la tête pour accrocher son regard.

— Merci, Constance.

Son cœur accablé se serra de souffrance. Les nombreuses lettres du jeune homme ne l'avaient pas préparée à le retrouver si... physiquement et psychiquement détruit.

Elle ouvrit le premier tiroir de la coiffeuse pour en extraire un morceau de tissu assez épais, qu'elle plongea dans l'eau tiède rendue presque opaque par l'avoine. La savonnette connut le même sort et enfin, avec un luxe de précautions, elle commença à nettoyer la nuque offerte de son amour.

Constance était entièrement absorbée à sa tâche. Peu à peu, sous ses gestes tendres, elle sentit la tension dans les épaules de Liam se dissoudre. Cassée en deux au-dessus de ce corps amaigri qu'elle chérissait avec une profondeur identique depuis tant d'années, elle ignora la douleur. De toute façon, cette dernière ne pouvait être pire que celle qui semblait ronger Liam.

— C'est une petite plaie ovale, les bords sont effectivement un peu rouges. Je désinfecterai après ton bain.

Elle poursuivit la toilette par l'épaule droite, enroula son gant improvisé autour du biceps sculpté et Liam se redressa enfin.

— Détends-toi, murmura-t-elle en le poussant délicatement contre le baquet.

Il se laissa aller et lui offrit son bras.

Plusieurs fois, Constance rinça son linge dans la baignoire, resavonna... Un à un, elle nettoya les doigts aux ongles cassés couverts d'entailles plus ou moins longues et profondes. Ses paumes étaient devenues calleuses, elles n'étaient plus celles de l'étudiant qui ne faisait que tenir une plume ou une fourchette.

Dans un lent mouvement, elle remonta jusqu'à l'aisselle gauche, puis jusqu'au cou. Liam renversa la tête en arrière. C'est alors qu'elle les vit. Une, deux, trois… dix minuscules bestioles qui s'égayaient dans ses poils de barbe. Instinctivement, ses yeux accrochèrent la chevelure brune. Maintenant qu'elle savait quoi chercher, elle les découvrit sans peine. Comment avait-elle pu ignorer autant de poux ?

Notant l'arrêt de ses mouvements si apaisants, Liam releva la tête. Constance reprenait contenance, mais ce qu'elle venait de voir l'avait interloquée. Encore.

Machinalement, il se gratta la joue. La jeune fille détourna le regard une seconde et il comprit. La honte le submergea. Ses pommettes se teintèrent de rose vif. Contre toute attente, Constance se pencha au-dessus de lui et l'embrassa.

— Je vais te donner un deuxième tissu pour laver le reste de ton corps, puis aller chercher de l'eau chaude. Je te préviens, je te laisse faire la fin tout seul !

Elle pouffa en désignant sa carcasse trop grande pliée dans la bassine.

— Merci, ma Consty.

Sa réaction emplie d'amour avait chassé le déshonneur qui s'accrochait à lui depuis qu'il avait franchi le seuil de son foyer. À cause de la propagande, les civils s'attendaient à accueillir des héros, pas ces loques qui rentraient chez elles épuisées, souffreteuses, pouilleuses… Ceux de l'arrière ne pouvaient pas envisager ce que l'armée vivait, le gouffre s'agrandissait lorsque les soldats revenaient. Définitivement, leur image ne collait pas aux hommes auréolés de gloire que les journaux leur décrivaient.

Il avait senti la crispation de sa mère lorsqu'il s'était gorgé de son odeur maternelle comme un chiot. Il avait lu dans les prunelles bleues de Mady le choc. Il avait noté dans le nez froncé de Constance la répugnance qu'il savait normale... Les poux avaient été la goutte de trop pour lui qui ne voulait surtout pas ressentir cette distance avec ces trois femmes.

Et puis Constance l'avait balayée d'un baiser.

Rasséréné, Liam se récura comme jamais. L'eau beige devenait marronnasse. Et, au fur et à mesure qu'il retirait la crasse, il s'ancrait dans l'instant présent, dans sa chambre, son foyer enfin retrouvé.

— C'est moi, lâcha la jeune fille, joviale, en pénétrant dans la pièce.

Liam se rassit aussi sec dans la baignoire, faisant déborder un peu de liquide.

— Shampoing ou eau chaude ? demanda-t-elle le plus naturellement du monde en posant une bouteille sur la coiffeuse.

— Shampoing et coupe de cheveux ?

— Euh... Les seuls cheveux que j'ai coupés sont ceux de ma poupée Monique, tu t'en souviens ?

Liam éclata de rire. À la crispation de ses zygomatiques, il prit conscience du temps écoulé depuis sa dernière manifestation de joie.

— Enlève-moi tout cela, Constance.

— À tes risques et périls.

À l'aide d'une louche qu'elle avait rapportée dans le seau d'eau chaude, elle mouilla sa tignasse, la savonna, puis la rinça et la sécha sommairement. Elle attrapa ensuite le rasoir de

Florent posé sur la coiffeuse et, une à une, tailla les mèches le plus court possible.

Bientôt, sur le drap étendu sous la baignoire, un petit monticule grouillant s'érigea. Elle l'aspergea du vinaigre qu'elle venait de remonter de la cuisine, puis en badigeonna la tête de Liam.

— Je ne saurai pas te raser, par contre.

— Tu n'as qu'à me tenir le miroir, répondit Liam en se saisissant de l'objet effilé.

Ciel ! comme il rêvait de cet instant... Il avait l'impression de recouvrer sa forme humaine.

À la fin, et tandis qu'il ne restait plus que la moitié de la marmite d'eau tiédie, Liam demanda à sa dulcinée de le rincer. Avant qu'elle ne puisse réagir, il se levait, aussi nu que le jour de sa naissance.

— Liam ! s'écria-t-elle en se retournant vivement.

— Il fallait bien que cela arrive un jour ou l'autre..., plaisanta le jeune homme. Allez, Consty. J'ai besoin de toi une dernière fois.

Elle déglutit en attrapant la marmite, puis commença à en vider le contenu sur le corps sec et musculeux de son fiancé. Elle luttait pour ne pas le contempler, mais Liam s'offrait à elle. Son naturel, couplé à une certaine pudeur, vu ses joues joliment colorées, la fit tourner à son tour au cramoisi. Elle n'avait jamais observé un homme dans son plus simple appareil. Elle jugea Liam magnifique. Maigre, certes, mais tout en petites courbes fermes ou parfois anguleuses. Elle nota ses côtes, ses abdominaux secs et dessinés, le grain de beauté au niveau de sa hanche, presque au pli de l'aine...

Vivement, elle se retourna pour attraper le drap de bain. Elle le déplia d'un geste net et le jeta sur les épaules de son homme en le faisant virevolter. Il referma les pans sur son torse et Constance recommença à respirer.

Liam enjamba la baignoire, se frictionna rapidement, puis enroula le tissu autour de son bassin afin de s'asseoir sur la chaise ornementée devant la coiffeuse en bois sombre. Il se servit dans le deuxième tiroir d'un autre carré pour sécher ses cheveux désormais hirsutes. D'un coup d'œil acéré, il repéra puis attrapa au-dessus de son oreille gauche une mèche un peu plus longue que ses consœurs. Son reflet fixa Constance, qui reprit aussitôt le rasoir pour peaufiner sa première coupe, si l'on pouvait la nommer ainsi.

— Voilà. Qu'en dis-tu ?

Elle tourna le petit miroir portatif autour du crâne de Liam pour qu'il jauge le résultat.

— Merci.

— Bon sang, tu n'es pas frileux, constata-t-elle en s'apercevant qu'il n'avait pas même la chair de poule alors que ce mois d'octobre, pluvieux et froid, rafraîchissait considérablement la maison.

Ils commençaient tout juste à allumer les cheminées à cause du rationnement de charbon et de bois de chauffage.

Le regard de Liam se voila.

— Eh ! s'écria Constance en attrapant délicatement son menton pour le tourner vers elle.

— J'ai changé.

— Oui, j'ai noté que ta pudeur n'est plus vraiment la même qu'avant ton départ... mais je m'en remets, affirma-t-elle, espiègle.

— Il n'y a pas que cela...

Son ton sombre la fit frissonner, sa boutade tombait à plat. Elle lâcha son menton pour caresser son front, sa tempe, puis sa joue.

— J'ai deviné.

Il pivota complètement vers elle, toujours assis. Liam attendit la suite, incapable de plonger dans ce regard océan qui, pourtant, lui permettait de tenir sur le champ de bataille.

— Je t'aime quand même, Liam. Même si tu...

Elle se tut. Elle ne pouvait formuler son ressenti si crûment.

— Même si quoi ? l'encouragea-t-il en jouant du bout des doigts avec les plis de sa robe, l'attention rivée sur son mouvement quasi inconscient.

Constance réfléchit. C'était Liam qui se tenait devant elle. Son fiancé. Celui qui connaissait tous ses secrets. Elle se devait d'être franche avec lui. Elle ne voulait rien laisser traîner entre eux qui puissent les séparer, encore moins des non-dits.

— Liam, l'appela-t-elle fermement. Je vois tes blessures internes. Je vois les fêlures de ton âme. Je devine que, pour oser te montrer nu devant moi, soit tu n'as plus aucune intimité depuis ton engagement, soit tu as déjà franchi le pas avec une autre. Une fille dans un village quelconque qui voulait te remercier de l'avoir libérée des Boches ou l'une de celles qui suivent l'armée pour...

Elle pensa à Louise, partie en même temps que les hommes et dont elle restait sans nouvelles. Cette dernière avait ri devant leurs mines ébahies lors de leur ultime réunion, quand elles avaient tenté de la dissuader de se rendre si près des lignes de front. Ne pouvait-elle trouver un autre emploi ? Elle risquait sa vie !

Louise leur avait fait ses adieux. Les catins suivaient les armées. C'était ainsi depuis la nuit des temps, même si personne, absolument personne n'en pipait mot. Elles mouraient dans l'indifférence générale depuis toujours.

— Peu importe, reprit la jeune femme. De la guerre, je ne connais que la privation et l'angoisse de te perdre. Je ne pourrai sans doute jamais imaginer ce que tu vis là-bas. Cela est vrai. Mais...

Liam la saisit par les hanches et l'attira contre lui. Il posa son visage sur sa poitrine et, les bras enlacés autour de ses cuisses, la maintint ainsi.

— J'aimerais juste tout oublier. Je pensais qu'en rentrant, j'y parviendrais. Je pensais qu'en franchissant le perron de cette maison, tous mes souvenirs s'envoleraient...

Une piquante odeur vinaigrée chatouilla les narines de Constance, mais elle l'ignora, pressant à son tour Liam contre elle.

— Tu es la seule, chuchota-t-il encore.

Il renifla avant de poser son front à la naissance de ses seins. Constance inspira, secrètement soulagée.

— Comment sais-tu, pour les prostituées ?

Plusieurs copains lui avaient proposé de les suivre entre les bras des catins, mais Liam avait toujours décliné : il ne désirait que ceux de Constance. Jamais il n'aurait pensé que la jeune femme était au courant de ce genre de pratiques.

— Louise faisait partie de notre cercle de suffragiste.

Liam se redressa, surpris. Comme tout le monde ici, il connaissait la péripatéticienne du village.

— Tu veux dire que mademoiselle Laktas accueillait cette femme chez elle ? Et que Félicité et toi, tous les mardis soir, vous débattiez de la condition féminine avec *elle* ?

Constance hocha la tête, amusée de sa stupéfaction. Elle s'était beaucoup confiée à Liam par écrit, lorsqu'elles n'avaient plus pu se réunir à cause de la charge de travail devenue trop importante. Constance, en plus de son emploi de domestique, donnait un coup de main aux couturières de l'usine des Roy. Comme chaque entreprise du pays, elle s'était tournée vers l'effort de guerre : il n'en sortait quasi plus que des uniformes bleu et rouge.

Félicité ne comptait plus ses heures, elle non plus. Quant à Audrey, si son métier l'accaparait toujours autant, elle ne se remettait pas réellement d'une pneumonie contractée à l'hiver 1914.

— J'ai failli partir, la première fois que je l'ai vue, confia la domestique en souriant au souvenir de sa rencontre tumultueuse avec Louise.

— J'aime que tu m'étonnes ainsi, Constance.

Liam l'embrassa. Elle eut la surprise de constater qu'il s'était brossé les dents, sûrement lorsqu'elle le ravitaillait en eau chaude.

À l'abri derrière le paravent, la jeune femme s'autorisa à lâcher prise. Elle se pressa contre le torse nu de son amour et l'embrassa à pleine bouche. L'une de ses mains maintenait sa nuque au plus près d'elle-même, tandis que l'autre explorait la peau adoucie par l'avoine. Les épaules, le dos... Un frisson d'excitation dévala son échine pour se loger dans le creux de ses reins.

Liam perçut le frémissement de Constance ainsi que son bassin, qu'elle plaquait en un subtil mouvement contre son torse.

Quelque part dans sa tête, une chose extraordinaire se produisit. Son esprit se focalisa sur les mains baladeuses de sa fiancée, recouvrant les images traumatisantes d'une brume légère. Chaque nouvelle parcelle découverte par Constance, frôlée par elle, repoussait les souvenirs.

Liam se redressa, s'offrant davantage. Il se concentra de toutes ses forces sur les sensations inédites. Comme un affamé après des mois de diète affective, son être absorba le moindre effleurement. Lorsque, essoufflée par la passion qui grimpait en elle, la jeune femme se recula un peu, Liam la retint presque sauvagement.

— Encore, susurra-t-il en plongeant enfin dans ses prunelles océanes.

Il vit le désir embraser les anneaux bleutés, la langue humecter ses lèvres déjà gonflées par leurs baisers. Les mains de Constance s'enfoncèrent dans les épaules de Liam et il prit conscience des siennes, accrochées à ses cuisses. Il lui suffisait de remonter d'à peine cinq centimètres pour englober ses fesses rebondies.

Constance se repaissait de cet échange visuel, la première véritable communion depuis le retour de Liam. Les ombres au fond de ses pupilles dilatées s'éloignaient. Il pouvait oublier. *Elle* pouvait lui faire oublier. Au moins pour un temps. Son sang bouillonna d'un désir étourdissant. Empressée, elle fondit sur lui et reprit sa découverte.

Ainsi, le corps de Liam, meurtri par la faim, la soif, les conditions de vie déplorables, pouvait ressentir autre chose que la douleur. Il renversa la tête en arrière afin de dévoiler entièrement son torse.

Avide, il mordilla ensuite son menton, puis déposa une pluie de baisers ardents le long du cou de sa dulcinée, qui s'offrit sans résistance. Liam en voulait plus. Il ne pouvait s'arrêter à cette chemise au col boutonné. Pas alors que son âme se réchauffait enfin depuis tant de mois.

Ses paumes longèrent les hanches, remontèrent le ventre de Constance, qu'une respiration erratique soulevait à un rythme soutenu, s'attardèrent sur sa poitrine avant de faire sauter le premier obstacle.

D'un coup d'œil, il s'assura du consentement de sa partenaire, mais Constance ouvrait déjà le deuxième, puis le troisième boutons. Liam plongea sur sa gorge, descendit jusqu'à la naissance de ses seins ronds et lourds. La chemise de Constance s'échoua au sol, son tricot suivit, libérant ses mamelons, que Liam s'empressa de cajoler.

Ils n'avaient plus conscience de leurs gestes, uniquement guidés par leur désir et leur amour. Constance dénoua la serviette, découvrit le sexe gonflé de Liam et seulement à cet instant, marqua un temps d'arrêt.

— Apprends-moi, chuchota-t-elle en frôlant la peau douce et sensible.

La respiration de Liam se bloqua quelque part dans son abdomen. Avec lenteur, il pilota la main de Constance. Elle happa à nouveau ses lèvres, puis entreprit d'aspirer le lobe de son oreille, comme il l'avait fait avec elle. La sensation l'avait enflammée.

Liam jouit, cambré sur sa chaise, emporté par un tourbillon qui semblait tout épurer sur son passage.

— À toi, haleta-t-il en attirant Constance contre sa bouche. Apprends-moi.

Elle souleva sa robe au tissu épais et la laissa retomber sur le ventre et les jambes de Liam.

— Déshabille-moi.

La gorge nouée par l'émotion, il obéit. Il n'avait jamais vraiment réfléchi au plaisir féminin. On ne lui avait présenté les femmes que comme des réceptacles à semence, des corps vides qu'il fallait remplir pour les combler. Pourtant, sous l'envie manifeste de Constance et avec la sensation qu'elle venait de lui procurer, ces mots lui avaient échappé. Soudain, qu'elle ne puisse rien ressentir lors d'un contact si personnel lui parut aberrant.

Les doigts désormais glissés entre ses plis humides, il comprit qu'il avait raison. En élève appliqué qu'il avait toujours été, il accepta l'enseignement qu'elle lui prodiguait, presque avachie sur lui, le visage dans le creux de son épaule.

Lorsqu'elle le poussa un peu plus loin dans son intimité, il sentit une légère résistance et ferma les yeux pour accueillir ces nouvelles perceptions. Constance le guida à nouveau vers son clitoris et, désormais connaisseur, Liam entama son propre rythme.

Constance plaqua sa bouche contre la peau tendre de son amant. Un volcan entrait en éruption dans son bas-ventre et tendait chacune de ses fibres. Si elle se masturbait régulièrement, elle n'avait jamais expérimenté des sensations si profondes et intenses.

Quand le corps de la jeune femme se contracta contre sa paume et autour de ses phalanges, Liam fut éperdu de reconnaissance.

Ils s'embrassèrent passionnément. Constance s'installa à califourchon sur lui, les jambes coupées par l'orgasme. Liam l'attira à lui, collant leurs poitrines et leurs sexes. Ils échangèrent un regard brûlant. Constance se souleva, prit appui sur les épaules de son amant pour se laisser glisser avec douceur le long de son pénis.

— Liaaaaaam !

Le rugissement issu du rez-de-chaussée résonna à travers la maison. Constance se releva brusquement et enfila son maillot dans le même temps. Des pas d'éléphant gravissaient les marches.

Liam renoua sa serviette, incapable de trouver ses habits propres. Il se précipita alors sur Constance pour l'aider à reboutonner son chemisier.

La porte de la chambre s'ouvrit à la volée.

— Petit frère ! J'arrive ! Ne...

Florent contourna le paravent comme un boulet de canon. Liam le réceptionna de plein fouet. Constance n'eut que le temps de faire un pas pour recouvrir de sa longue jupe son pantalon de sous-vêtement qui traînait sur le sol.

— Liam ! sanglota Florent, indifférent à la gêne de son aîné et de sa bonne.

Le cadet sentit ses démons l'assaillir d'un coup et vacilla sous la charge invisible. La détresse de son frère réveillait en lui une vague de souffrance.

— Je suis rentré, murmura Liam plus pour lui-même. Je suis là, maintenant, Florent.

Le benjamin s'apaisa lentement.

— Je ne pleurais pas, marmonna-t-il, soudain honteux.

Il fit un pas en arrière. Ses yeux s'écarquillèrent de stupeur lorsqu'il réalisa l'indécence de la scène. Son frère à moitié nu devant la domestique, pétrifiée.

— Merci beaucoup pour votre aide, Constance, déclara aussitôt Liam. Finissez ce que vous faisiez et revenez pour désinfecter ma blessure, s'il vous plaît.

La vouvoyer s'avérait incroyablement difficile, d'autant qu'il ne pouvait s'empêcher de la contempler.

— Bien, Monsieur.

Elle baissa le regard la première, sentant le rouge lui monter aux joues. Liam entraîna aussitôt Florent de l'autre côté du paravent, où il ouvrit sa commode.

— Euh... Je vais... te laisser.

— Je descends dans quelques instants.

Dès le clac de la porte entendu, Constance renfila sa culotte longue liserée de dentelle. Liam, en caleçon, un pantalon civil à la main, reparut. Constance lui offrit un large sourire, incapable de se réprimer tant la tension nerveuse la comprimait. Liam se laissa aller à son tour et éclata de rire le plus discrètement possible. Secoués de spasmes, ils s'enlacèrent néanmoins.

— Si tu mesurais l'ampleur de mon amour pour toi, Consty...

Elle l'embrassa.

— Incommensurable, comme le mien.

Chapitre 37 – 1915 – 19 ans

Liam ouvrit les yeux d'un coup, déboussolé. Il avisa le plafond à la peinture blanchâtre, qu'il pouvait toucher en s'accroupissant sur sa mezzanine, et respira un peu mieux.

Je suis chez moi.

Avec un geste habituel, qu'il pensait pourtant perdu à tout jamais tant sa vie sur le front l'en avait éloigné, il regarda sa sempiternelle horloge pour aveugle.

Dix heures passées. Fameuse grasse matinée ! Désormais accoutumé à suivre un rythme en complet décalage avec ce qu'il avait connu, il ne s'en formalisa pas. Sa famille aussi avait dû juger qu'il méritait du repos, car il percevait à peine les bruits discrets de la maisonnée. À moins que le boucan des tirs successifs du canon n'ait attend son ouïe.

Fort possible.

Liam ressentait avec acuité chacun de ses muscles relâchés sur son matelas confortable, les draps doux recouvraient sa peau et l'édredon moelleux parachevait ce cocon qu'il ne se résolvait pas à quitter. Sa dernière nuit dans un lit remontait à l'été précédent, trois mois plus tôt précisément, lorsqu'ils s'étaient établis dans un patelin près du front. Un délice transformé en supplice le matin quand il avait fallu le délaisser.

Un vague à l'âme le submergea. Dans deux jours, il repartait déjà.

Je n'y parviendrai pas. Pas pour retourner là-bas…

Un sanglot se bloqua dans sa gorge, qu'il étouffa du mieux qu'il put en se roulant en boule dans sa tanière douillette. Seule

Constance aurait pu éloigner l'appréhension de son prochain départ.

Consty, nue dans son lit.

Liam ferma les paupières avec force pour se laisser happer par les sensations de l'avant-veille. Il devait parler à son père. Demander la main de Constance en bonne et due forme à Madeleine. Puis leurs parents signeraient l'autorisation pour qu'ils se marient même en étant encore mineurs. Après tout, leurs mères devaient se douter de quelque chose, bien qu'elles n'en aient pipé mot.

Jeanne semblait se contenter de profiter de chaque seconde en compagnie de son fils, comme si le fait qu'il ait enlacé la domestique ne comptait pas. Quant à Mady, il l'avait à peine vue. Il savait que Consty et elle se pliaient en quatre pour lui, pour le nourrir comme avant la guerre. Hier soir, ils avaient même dévoré un succulent gâteau avec des œufs ! Une denrée devenue suffisamment rare pour la déguster à sa juste valeur.

Il entendit la porte s'ouvrir et glissa un œil par un petit trou sous la couette. Constance referma derrière elle, puis s'approcha à pas aériens. Il sortit de sa tanière et la jeune femme laissa ses sabots afin de grimper sur la pointe des pieds sur le lit de Florent. Ils partagèrent un baiser rapide.

Avec autant de monde dans la maison, la situation demeurait périlleuse. Liam, une fois de plus, se dit qu'il ne voulait plus se cacher. Il rêvait d'embrasser sa femme quand il le désirait. Sa conscience de la vie et de la mort était devenue bien trop aiguë pour se soucier des convenances ou craindre des conséquences familiales. Il espérait que la guerre ait agi de même avec son père, même s'il en doutait.

William Roy ne semblait pas avoir changé d'un iota. Au contraire, les adultes paraissaient plus tendus, plus renfermés sur eux-mêmes. Un effet secondaire lié au conflit, sans doute...

— Veux-tu ton petit-déjeuner au lit ?

— Tu vas m'achever, déclara Liam en se laissant retomber sur le dos. Sais-tu à quel point il sera cruel de retourner dans un gourbi boueux ou une tente délabrée après mon séjour ici ?

Constance s'agrippa à une main au rebord de son sommier. De la seconde ainsi libérée, elle empoigna son pyjama pour guider sa bouche à la sienne.

— Sais-tu que tu te souviendras de chaque détail et que tu y puiseras la force nécessaire pour surmonter ces conditions de vie lamentables ?

Liam caressa sa nuque pour l'attirer encore à lui. Ses doigts suivirent le tracé du col et firent sauter le premier bouton.

— Bloque cette porte et rejoins-moi..., susurra-t-il contre sa bouche.

Constance s'arracha à regret à cet instant volé. Désormais debout sur le sol, elle se reboutonna en renfilant ses chaussures.

— Toi, rejoins-moi. Cette nuit.

Ils s'observèrent une demi-seconde avant de se sourire amoureusement, une pointe de désir allumée dans leurs yeux brillants.

Dire qu'ils ne s'étaient pas vus depuis plus d'un an... Ils mouraient d'envie de passer la moindre seconde collés l'un à l'autre.

— Alors, ce petit-déjeuner ?

— Je descends. Si je parviens à m'extraire de ce nid moelleux...

Constance pouffa et tira les rideaux, dévoilant à travers les fentes des volets en bois la lumière douce de cette matinée d'octobre bien entamée.

— Sais-tu le programme d'aujourd'hui ?

— Les voisins, dont Marie-Charlotte, viennent manger ce midi. Nous nous sommes débrouillées avec Joséphine pour le repas. Elle nous a laissés entendre que Marie-Charlotte avait très envie de te revoir.

Liam soupira bruyamment. Connaissant la fille des De Lamiton, elle s'attendait à ce qu'il narre ses faits d'armes.

La veille au soir, après le dîner, Florent lui avait fait le coup. Ian, aigri et sarcastique, avait renchéri : « Allons, Liam, fais-nous profiter de ton héroïsme. » Ce à quoi il avait rétorqué : « Je ne vois pas en quoi pointer une machine dans une direction et s'assurer qu'elle y reste est brave. D'autant lorsqu'on sait que certains de nos tirs atterrissent dans nos tranchées en première ligne à cause d'officiers pitoyables en calcul ou de pointeurs trop esquintés pour faire correctement leur travail. Ah oui, il y a aussi tous ces canons qui nous pètent à la gueule. »

Le blanc qui avait suivi avait paralysé la famille. C'était la première et la dernière fois que Liam avait évoqué le front.

Constance s'approcha à nouveau, mais resta à distance respectable, cette fois-ci. Liam tendit un bras vers elle, toujours incapable de quitter son lit.

— Elle se calmera quand je t'aurai passé la bague au doigt.

La bonne éclata de rire. Il était clair qu'ils ne continueraient pas ainsi longtemps. Ils avaient fait l'amour au milieu de cette chambre, à peine cachés par un paravent, ils s'embrassaient dès que possible et Liam avait lâché cette phrase le plus naturellement du monde sans même baisser la voix.

Mais ils n'avaient pas encore trouvé un moment pour en parler. Constance avait de toute façon soigneusement esquivé Mady qui, contre toute attente, semblait l'accepter. Jeanne avait peut-être, sûrement, demandé à sa mère de ne pas intervenir afin de ne pas inquiéter Liam.

— Je t'ai gardé un œuf pour le petit-déjeuner. Si tu ne veux pas qu'il brûle, lève-toi ! plaisanta-t-elle.

Liam, trop habitué à la sensation de faim, remarqua seulement maintenant le creux dans son estomac. Il repoussa l'édredon d'un coup de pied sous l'œil amusé de sa dulcinée.

*

Un brouhaha tira Liam du sommeil. Il n'avait jamais aussi bien dormi de sa vie que depuis son retour.

Il ouvrit grand les yeux, réalisant soudain où il se trouvait. Comme au ralenti, il vit la poignée de la porte s'abaisser.

Il secouait Constance sans ménagement au moment où Madeleine lâcha un hurlement à réveiller un mort. Ses iris furibonds tombèrent sur sa fille, pétrifiée entre les bras nus de son amant.

— Sortez ! ordonna Liam en remontant la couverture jusqu'à leur cou. Sortez !

— Liam ! s'exclama Jeanne depuis les marches qu'elle avait gravies deux par deux.

Liam, offusqué tout autant que furieux, fit mine de repousser les draps pour se lever. Madeleine referma le battant dans un clac qui ébranla le mur. Il se précipita, attrapa la chaise du bureau et la positionna sous la poignée.

En tenue d'Adam au milieu de la chambre de Constance, il capta le regard paniqué de la jeune femme. Elle sortit du lit et, en un tour de main, enfila sous-vêtements et robe. Liam s'emparait de son pyjama lorsque la voix tonitruante de son père le figea.

— Ouvre immédiatement !

La crainte déversa un seau d'adrénaline dans ses veines, le faisant analyser la situation avec un sang-froid remarquable. Il contourna la couche, attrapa Constance par les épaules pour l'arracher à la contemplation angoissante de la poignée claquant contre le dossier.

Elle planta ses prunelles dans les siennes.

— S'il te met dehors, je pars avec toi. Écoute-moi bien. Dans ma chambre, dans le dernier tiroir de ma commode, où sont rangés mes pantalons, il y a une petite cassette en métal.

Elle opina, elle la connaissait.

— Tu y trouveras mes économies. Au cas où cela se passerait vraiment mal quand j'ouvrirai, prends-la et va-t'en.

— Non. J'assumerai avec toi.

— Juste au cas où nous serions séparés pour une raison ou une autre, Constance.

Dans le couloir du troisième étage, William Roy enrageait :

— Liam ! J'enfonce cette maudite porte !

— Retrouvons-nous chez mademoiselle Laktas, lâcha-t-elle précipitamment en serrant les mains de Liam dans les siennes.

Il acquiesça.

— J'arrive, déclara-t-il de sa voix la plus assurée.

L'heure n'était plus aux cachotteries.

Lorsqu'il débloqua la chaise, la porte s'ouvrit à la volée. Il n'eut qu'une fraction de seconde pour bondir en arrière afin d'éviter de la prendre dans la figure. Constance trouva sa main aussitôt. Ensemble, ils se tenaient prêts à affronter le trio parental.

Jeanne n'en revenait pas. Ni de la mine déterminée qu'affichaient son fils et sa domestique, ni de les contempler doigts entrelacés, lui en pyjama flottant autour de son corps amaigri, elle manifestement vêtue à la va-vite.

Mentalement, Jeanne écarta l'image précédente de leurs épaules tout à fait nues. Elle ne pouvait le supporter, elle qui s'était angoissée de trouver le lit de Liam vide et de voir les heures défiler sans nouvelles de sa part. Il était si mal en point.

Elle s'inquiétait tellement pour lui que la veille, elle n'avait pas résisté à l'envie de lire le début d'une lettre posée sur son bureau. Destinée à Antonin, il y écrivait qu'il redoutait son retour au front peut-être moins que le peloton d'exécution. Son absence matinale avait fait naître en elle une incroyable angoisse. Si Liam préférait la mort à la guerre, il aurait pu la trouver lui-même dans un acte désespéré qu'elle n'osait pas nommer. Ou, comble de l'horreur, il aurait aussi pu déserter...

Elle avait fait part de ses tourments à Madeleine, qui l'avait rassurée. Liam ne manquait pas de courage et l'étincelle de vie dans son regard brillait encore, de façon assez ténue, certes. Puis les minutes avaient défilé et Constance ne pointait pas non plus le bout de son nez. Elle se levait toujours tôt, même un jour de congé comme celui-ci. Mady avait supposé la première que peut-être... Jeanne ne pouvait y croire, malgré cette étreinte dans le hall. Après tout, Liam et Constance avaient été si proches, enfants... Leurs nombreux échanges épistolaires les avaient probablement à nouveau rapprochés, amicalement bien entendu... Mais la bonne avait décidé de s'assurer de son intuition.

— Catin ! hurla cette dernière.

La maîtresse de maison réintégra violemment l'instant présent. Son mari, sur le palier à deux marches d'elle, frémissait de fureur. Madeleine explosait.

— Après tout ce qu'ils ont fait pour nous ! Ils te nourrissent, ils te logent et toi... Toi ! Tu... tu... tu débauches leur fils ! Tu n'es qu'une misérable traînée !

Constance blanchit sous les insultes. Liam et elle se cramponnaient l'un à l'autre et le jeune homme, dans un geste protecteur, l'attira derrière lui. Mais Constance, ravagée par ces insultes tout autant qu'en colère, lâcha froidement :

— Je ne suis pas toi.

La phrase ricocha contre Madeleine, qui recula d'un pas. Ses traits se figèrent dans un masque hideux de haine pure. Elle ouvrit la bouche, mais sa fille la devança :

— Et il n'est pas Luc.

La vague de libération fut telle que Constance se sentit vidée. Vidée de toute cette hargne qu'elle retenait contre sa mère à cause des secrets qu'elle s'entêtait à maintenir autour de sa propre conception. Et pleine aussi, pleine d'une intense satisfaction à voir son visage s'affaisser sous l'uppercut verbal. Mady s'était enfermée dans ses non-dits, alors que Constance les avait déjà déterrés.

La jeune fille releva courageusement les yeux vers son patron. La stupeur se mêlait à la rage, quand Liam assena le coup de grâce, bien décidé à exposer totalement la situation tout en prouvant les paroles de son amante :

— Constance et moi sommes fiancés depuis un an et demi.

On aurait pu entendre une mouche voler.

Liam fixa un à un les adultes devant lui en finissant par son père.

— Jamais, cracha celui-ci.

— Nous nous aimons depuis beaucoup plus longtemps, osa Constance.

Épaule contre épaule, les adolescents ne bougèrent plus. Ils offraient l'image d'un bloc soudé, ce que Jeanne, à peine en retrait, remarqua.

Dans son esprit anéanti, tout se remit en place. La bouderie de son fils lorsque ses vacances d'été chez eux avaient été écourtées brusquement : il se moquait de son frère et de sa famille, il ne voulait sûrement que profiter de Constance. Cette catin qui avait d'ailleurs sapé la relation entre Ian et Liam... Cette même idiote qui avait accepté d'écrire à son cher petit envoyé au front.

Liam lui avait menti pour entretenir une liaison épistolaire avec cette putain. Combien de fois l'avait-elle accueilli entre ses draps ? Sous son propre toit alors que, comme l'avait si bien souligné Madeleine, elle n'était destinée qu'à une vie dans le caniveau !

— Tu ne l'épouseras pas, déclara la maîtresse de maison sans desserrer les dents.

Tous se tournèrent vers elle. Jeanne n'intervenait jamais en cas de conflits. De toute façon, son mari faisait tout pour les lui épargner (elle n'était qu'une femme forcément fragile émotionnellement). Son ingérence fit donc l'effet d'un coup de tonnerre.

— Tu ne gâcheras pas ta vie avec une ingrate de petite vertu qui t'a manifestement embobiné !

— Arrête ! s'interposa Liam. (Il tutoyait sa mère pour la première fois sans s'en rendre compte.) N'as-tu pas entendu ? Nous nous aimons depuis des années ! Vous avez beau nous avoir séparés, il n'y a toujours eu qu'elle.

La main sur le cœur comme pour empêcher ses sentiments de déborder, Liam bouillonnait. Ils devaient comprendre ! Il souhaitait leur assentiment. Pouvoir se marier dès maintenant à Constance sans les abandonner, eux. Mais la haine qu'ils dégageaient tous formait comme un rempart. Ils n'entendaient pas, ne voulaient pas entendre, ces mots pourtant simples jaillis de ses entrailles.

Derrière sa mère, sur le demi-palier, il avisa ses deux frères, interdits.

— Quitte cette maison, ordonna William Roy en pointant un index accusateur sur Constance.

En entendant cette sentence, la respiration de Constance se bloqua dans sa gorge. Les larmes lui montèrent aux yeux. Elle avait envisagé cette option, bien sûr. Dès leur premier rendez-vous dans la cuisine. Mais jusqu'au bout, une part d'elle avait espéré que monsieur et madame Roy fassent preuve de la même ouverture d'esprit que lorsqu'ils avaient accueilli Madeleine. Elle comprenait seulement maintenant son erreur : les Roy étaient comme tout le monde, ils ne voulaient pas de cela chez eux. Pas au sein de leur tribu. Et, comme d'habitude, nota-t-elle amèrement, c'était elle que l'on blâmait. Elle qui débauchait et déchirait la famille.

— Si elle part, je pars avec elle, prévint Liam.

Elle sentait ses tremblements contre son bras et entre leurs mains moites. Son amertume se dissipa aussitôt. Près de lui était sa place. Près de lui, elle pourrait être son égale.

Elle en rêvait peut-être, mais elle ne pouvait pour autant le laisser faire. Pas alors que sa famille lui manquait terriblement depuis près d'un an et demi, pas en pleine guerre où il risquait constamment sa vie. Pas après ses demi-confidences, entre deux étreintes maladroites et passionnées, sur ses craintes de sombrer dans la folie.

Sa famille et elle demeuraient ses béquilles. Elle n'envisageait pas qu'il puisse se passer de l'une ou de l'autre.

— Liam, supplia-t-elle pour qu'il se tourne vers elle. Tu n'es pas obligé, murmura-t-elle en posant sa paume libre au milieu de sa poitrine.

Liam appuya son geste de sa main, et, sous ses doigts tremblotants d'émotion, Constance perçut le rythme effréné de ses battements cardiaques. Comme la première fois qu'ils s'étaient embrassés. Ce souvenir passa entre leurs prunelles rivées. Ils esquissèrent à peine un début de sourire. Ils s'étaient compris.

William, hors de lui d'assister à un échange d'une telle complicité, beugla :

— Si tu franchis le seuil de cette maison, ne t'avise pas de revenir.

Son fils se retourna enfin vers lui.

— Jamais, articula-t-il encore dans le but que Liam saisisse l'intégralité des conséquences de son acte.

Comment son enfant, celui qui le rendait si fier depuis toujours, osait-il lui infliger ce cuisant déshonneur ? William ne songeait déjà plus à Constance, cette bâtarde qu'il avait sauvée par loyauté envers son ex-meilleur ami, et qui aujourd'hui détruisait sa descendance. Elle représentait désormais sa plus grosse faute, le plus grand regret de sa vie.

Liam pressa la main de Consty, se tourna à nouveau vers elle pour lui dire :

— À tout à l'heure, tu sais où.

Elle acquiesça. Les larmes désertèrent son visage grave. D'un même mouvement, ils se lâchèrent. Constance tira de sous son sommier sa valise un peu cabossée, celle qu'elle avait achetée pour aller voir sa grand-mère Marie à Paris, et l'ouvrit sur son lit. Déjà, elle débarrassait ses tiroirs pour y fourrer ses effets personnels le plus rapidement possible.

— Liam ! s'écria Jeanne.

Du bruit dans les escaliers lui apprit que son amour avait atteint sa chambre.

Soudain, une ombre menaçante apparut dans un coin de son champ de vision. Constance fit face à sa mère. Madeleine n'en avait pas fini avec elle.

— Je regrette de t'avoir donné la vie, comme j'ai toujours regretté tout ce qui t'était lié.

Constance encaissa et cingla :

— Contrairement à toi, moi, je ne regretterai rien.

Madeleine, ivre de rage (sa fille ne s'était jamais permis de lui tenir tête avec un tel irrespect), déversa un flot d'injures. Les mêmes que sa propre mère, une vingtaine d'années plus tôt, lui avait servies en découvrant sa grossesse.

Ces mots violents heurtèrent Constance de plein fouet, en même temps qu'ils la détachaient complètement de ce lieu où elle avait grandi et de cette femme qui l'avait mise au monde.

D'une voix tremblotante, elle s'entendit répondre :

— Tu te considères peut-être comme une fille de petite vertu pour t'être donnée à un homme que tu désirais, mais ce n'est pas le cas pour moi.

— Que tu crois, pauvre sotte. Un garçon bien né comme Liam ne fera pas sa vie avec une bonniche qu'il a mise dans son lit. Tu n'es qu'une catin qui s'imagine qu'elle n'en est pas une.

Constance boucla sa valise et contourna sa couche pour se planter devant sa mère. En elle bouillonnaient les mois passés à réfléchir sur sa condition et son amour interdit pour un homme prétendument trop bien pour elle. À cet instant, c'était comme si sa génitrice la mettait face au chemin parcouru, aux barrières renversées, aux carcans détruits. Une force brute jaillissait en elle, salvatrice.

— Je suis une femme libre. Tu es juste trop enfermée dans des idées du siècle dernier pour le concevoir.

Madeleine poussa un cri de frustration et voulut attraper sa fille par sa natte. Constance esquiva, coupa le geste de sa mère d'un mouvement sec de l'avant-bras et balança son poing gauche en une impulsion devenue instinctive à force d'être reproduite avec Liam et seule dans sa chambre. Elle tapa la pommette de sa génitrice avec une force insoupçonnée qui fit reculer Madeleine d'un pas.

Pétrifiée par cet accès de violence, la matriarche porta des doigts tremblants à son visage tuméfié. Constance attrapa sa valise et détala.

— Je suis désolé, Florent.

— Ne pars pas, répétait le benjamin en boucle. Ne pars pas, Liam.

Il arracha la couverture de patchwork des mains de son frère. Liam releva enfin les yeux vers lui. Jamais il n'avait vu Florent si ravagé. La poigne qui lui enserra le cœur lui fit monter les larmes.

— Ne pars pas...

Sous cette supplique, Liam comprit : « Ne me laisse pas... » Spontanément, il attira Florent dans ses bras, désormais presque aussi grand que lui. Le benjamin lâcha la couverture, qui s'échoua sur leurs pieds, entre eux. Il se cramponna à lui.

Liam avait toujours perçu *quelque chose* chez son petit frère. Une impression assez vague qu'il portait un secret ou qu'il n'osait pas tout dire. Aujourd'hui plus que jamais, cette sensation l'avala. Il aurait aimé être son confident, il avait en tout cas le sentiment qu'il était celui qui, dans ce foyer bourgeois où l'on n'exprimait que très rarement ses émotions, s'en rapprochait le plus.

— Je t'écrirai, promit Liam à l'oreille de Florent.

— Il ne voudra jamais..., sanglota son petit frère.

— Je t'écrirai à l'école, alors. Je...

Il entendit des éclats de voix à l'étage, puis un silence assourdissant.

— Vis tes rêves, articula-t-il distinctement tandis que Constance dévalait les escaliers. Attends le mois précédent ton appel pour t'engager.

— Co... comment ?

Liam attrapa le visage de son petit frère entre ses mains en coupe.

— Promets-moi de ne pas t'engager avant cette date. Et surtout pas l'infanterie, Florent. Surtout pas.

Constance passa dans un drapé de robe devant sa chambre et fila vers le rez-de-chaussée. Liam s'arracha à l'étreinte de son frère sans la promesse tant espérée. Tant pis, il n'avait pas le temps.

Il ouvrit le fameux tiroir de sa commode, enfonça la précieuse cassette dans son sac de toile grossière et suivit Constance.

Dans le hall, son géniteur et Ian l'attendaient de pied ferme.

— Maintenant qu'elle est partie, je t'offre une dernière opportunité, gronda William en le stoppant d'un geste.

Liam repoussa le bras en travers de son chemin, traversa la cuisine pour se rendre dans la véranda. Une part de lui voulait hurler à son père qu'il gâchait tout. Toutes ses chances de profiter de sa famille vivante. Toutes ses chances de vivre heureux, entouré des gens qu'il aimait. Une autre ne souhaitait que quitter cet endroit où, de toute façon, il ne respirait plus librement depuis le pensionnat, depuis son émancipation précoce.

Le plus difficile restait la déception liée à sa mère. Il avait toujours naïvement cru qu'elle voulait son bonheur. Il se serait giflé de s'être fourvoyé à ce point. Elle ne désirait que se plier aux conventions.

— Liam !

Sans un regard, il passa sa chemise de nuit par-dessus sa tête pour dévoiler son caleçon long et son dos nu aux deux hommes derrière lui. L'armée avait détruit sa pudeur. Sans le savoir, il leur offrit le spectacle de ses côtes saillantes et de ses muscles secs et puissants, signes de sa vie rude. Il s'habilla à une vitesse folle, rodée. Tout aussi rapidement, il fourra son deuxième uniforme dans son barda, enfonça son casque sur ses cheveux ras et ressortit.

Sur la table, il avisa ses deux tricots de corps tout juste rapiécés par Mady. Il les embarqua également et quatre pommes suivirent.

— Liam, je t'en prie, sanglota Jeanne depuis le seuil.

Au-dessus de lui, il entendait Florent pleurer à chaudes larmes. Voir sa mère dans un état similaire lui brisa le cœur.

— Il ne tient qu'à toi de rester…, poursuivit-elle en s'essuyant les joues de son mouchoir brodé.

— Il ne tient qu'à vous que je reste. Donnez-moi votre bénédiction.

Son père balaya le nécessaire de couture en même temps que sa demande. Liam s'écarta vivement, contourna la table et sauta les marches deux par deux pour rejoindre la cave (il ne voyait pas comment sortir par la porte principale avec sa famille qui faisait barrage).

La froideur d'octobre le cueillit et il réalisa avec stupeur qu'il avait oublié son manteau. Impossible de partir sans, il mourrait d'hypothermie dès son retour au front. Le soldat prit le dessus et, mentalement, il se remémora la liste complète de son barda.

Bien. Il n'avait oublié que son mouchoir et son pardessus. Sans se laisser démonter, il grimpa les marches jusqu'au perron, ouvrit la porte d'entrée, attrapa son vêtement et referma aussi sec, sous le regard médusé de sa génitrice. Il s'enfuit aussitôt en direction de l'école. Il n'avait pas accordé la plus petite marque d'attention à son frère aîné.

Chapitre 38 – 1915 – 19 ans

Liam marqua un temps d'arrêt devant la maisonnette délabrée de la maîtresse. Il avisa sa jumelle, à sa droite, pas vraiment en meilleur état et aux volets clos. Une poussée de nostalgie gonfla sa poitrine en songeant à son ancien instituteur, maître Golibet, engagé au front. Il vivait là, avant. Derrière lui, il sentait le poids des murs de pierre de son école.

Combien donnerais-je pour retourner en enfance ?

Face à lui, des rideaux crochetés se soulevèrent discrètement. Il aperçut un éclair de cheveux blond cendré.

Pas un sou, se répondit-il à lui-même tandis que Constance lui ouvrait la porte en s'écartant pour le laisser passer.

Sa vie avait pris un tournant plus ou moins attendu. Il avait peur, se sentait un peu égaré et pourtant, une part de lui s'apaisait : à partir de maintenant, il vivrait son histoire avec Constance sans se cacher ni craindre une quelconque sentence. Il ignora soigneusement les émotions poignantes liées à sa famille perdue.

Il traversa le jardinet à l'herbe verte luxuriante parsemée de mousse pour s'engouffrer dans une unique pièce assez sombre malgré le soleil extérieur haut dans le ciel.

— Bonjour, Mademoiselle Laktas.

— Entre, Liam, je t'en prie. Pose ton sac près du lit, à côté de la valise de Constance.

— Merci pour...

Il laissa sa phrase en suspens, ne sachant ce que Constance lui avait révélé. Cette dernière, manifestement habituée des lieux, tira l'ultime chaise à son intention, puis s'installa.

— Tu peux exposer ma solution pendant que j'allonge la soupe et prépare l'infusion.

Constance opina et attaqua :

— Une amie proche d'Audrey et qui appartient aux suffragistes vit à Paris. Elle pourra sûrement m'héberger quelques jours, le temps que je trouve un emploi et un logement.

— Tu es en sécurité en Normandie. Le front est loin, les avions et les zeppelins ne prennent pas de cibles dans cette zone.

Constance écarquilla des yeux stupéfaits.

— Je ne reste pas ici, rétorqua-t-elle, catégorique.

Son cœur, à peine calmé de la scène dramatique vécue un peu plus tôt, s'emballa à nouveau. C'était la première fois que Liam et elle se trouvaient en désaccord. Elle aurait tout fait pour que cela arrive dans une situation moins tragique.

— Bien sûr que non, répondit le jeune homme, conciliant. Mais peut-être que Le Havre...

Elle reconnut l'angoisse qui déformait ses traits, compagne quotidienne pour l'un comme pour l'autre depuis le début du conflit. Elle glissa une main vers lui pour attraper ses doigts à la corne épaisse.

Jamais il n'aurait cru qu'elle oserait un geste intime en présence d'une tierce personne. Peut-être qu'elle aussi se sentait soulagée de ne plus avoir à se cacher.

— Je ne veux plus jamais croiser ma mère. Et maintenant que je ne travaille plus, elle devra s'occuper des commissions au Havre. Sans parler du fait que... (Constance déglutit péniblement, le point qu'elle s'apprêtait à énoncer à haute voix la terrorisait.) Je n'ai pas de lettre de recommandation, Liam. Trouver un emploi sans ce sésame sera malaisé. Et puis, les villageois vont s'apercevoir de mon absence, ils vont parler sur moi. Ce genre d'affaires se répand comme une traînée de poudre, tu le sais. Enfin, ton père pourrait tout aussi bien décider de...

Elle chercha ses mots, gênée.

— Il a la possibilité, les moyens de me mettre des bâtons dans les roues et de m'empêcher de trouver un emploi dans la région.

Liam entrelaça ses doigts aux siens et entama un léger mouvement circulaire du pouce. Il avait besoin de la savoir en sécurité. À Paris, ce ne serait pas le cas. Sans compter qu'à la campagne, dénicher de la nourriture s'avérait plus simple. Ils avaient un potager... À Paris, elle risquait de souffrir de la faim.

Pas autant que dans le cas où elle ne travaillerait pas, saisit-il avec désespoir. *Je l'ai mise en danger. À cause de mon désir et de mon besoin d'oublier les horreurs de la guerre. Bon sang ! Elle est même peut-être enceinte...*

L'institutrice, percevant la lourdeur de leur échange et la gêne de Liam, décida de s'éclipser à l'extérieur. Aussitôt le battant fermé derrière elle, le faciès de Liam s'affaissa sous le poids des conséquences de ses actes.

— Je serai mort d'inquiétude, Constance. Je suis déjà mort d'inquiétude pour... pour tout...

Il désigna vaguement son ventre et la jeune femme comprit. En silence, elle se leva et l'attira à lui. La tête posée sur sa poitrine, elle passa une main dans ses cheveux courts et décidément mal coupés.

— Je suis désolé.

— Moi aussi. Je souhaitais que nos parents acceptent notre amour, mais ce n'est pas le cas. Je sais que Paris comporte des risques, je sais que la vie sera plus rude là-bas, mais grâce à Audrey, je peux y découvrir du soutien. Des femmes qui ne me jugeront pas et sur lesquelles je pourrai compter.

— C'est vrai, capitula-t-il. Et cela me fera moins loin pour ma prochaine permission...

— Et dans une ville anonyme, je pourrai mentir sur mon âge pour trouver un emploi, que ce soit chez un particulier ou dans un atelier.

Liam réalisa que Constance accordait son entière confiance à son ex-institutrice. Lui avait confiance en la jeune femme, en son courage et en sa capacité à s'en sortir. Il aurait voulu l'épouser, être sûr qu'elle perçoive une pension de veuvage au cas où il décéderait. Mais il ne pouvait lui offrir cette sécurité. En fait, il ne pouvait lui prodiguer que son amour et son respect. Deux choses très importantes pour elle, mais qui ne lui permettraient pas de vivre décemment.

— Choisis où tu préfères emménager, Constance. Je sais que tu es capable de construire notre foyer n'importe où.

L'émotion noua la gorge de la jeune femme et elle attira à nouveau Liam contre elle. Ils s'emplirent l'un de l'autre autant que possible, conscients que demain, à la même heure, Constance se trouverait dans une immense ville inconnue armée uniquement de son courage, et que Liam repartirait pour le front.

— Tu penses que nous pouvons attraper le train de cet après-midi ?

Liam regarda l'heure en acquiesçant :

— Mangeons un morceau et allons-y.

Constance rappela Audrey, qui faisait mine de s'occuper dans son jardin. Ils partagèrent une soupe trop claire pour leur tenir au ventre, mais avec une tranche de pain épaisse chacun. Liam sortit une pomme pour le dessert. Il eut honte d'en garder trois, mais l'expérience parlait : il ne savait pas quand ils pourraient se nourrir à nouveau.

Durant le déjeuner, Constance demanda à Audrey de mettre au courant Ghislaine et Félicité de sa situation, même si elle écrirait dès que possible aux sœurs. Liam la sollicita pour transmettre chacune de ses lettres à Florent, puisqu'elle assumait désormais la classe des filles et des garçons. Elle accepta ces missions, puis nota quelques lignes à l'attention de son amie, ainsi que son adresse, et tendit le tout à son ancienne élève.

Enfin, avant de partir, Liam insista pour que Constance cache de l'argent sur elle. Il garda quelques pièces, puis fourra la cassette presque vide dans la valise de sa dulcinée.

Sous un soleil automnal, ils quittèrent leur village natal sans se retourner. Bientôt, sur la route pleine d'ornières menant au Havre, une calèche s'arrêta et leur proposa de les avancer sur le chemin. Ils acceptèrent et parvinrent ainsi à attraper le dernier train en partance pour la capitale.

Rincée par cette journée forte en émotion, Constance ne tarda pas à somnoler. Liam se laissa aspirer par le paysage campagnard, la main de sa fiancée dans la sienne, le poids de sa tête sur son épaule. Il réfléchissait.

Un ronflement tira Constance de son sommeil sans rêves. L'odeur caractéristique du train chatouilla ses narines et les derniers évènements lui revinrent en mémoire d'un coup. Tout s'était enchaîné si vite qu'elle n'y avait pas réellement songé.

Mais la crainte de l'avenir fut si vive qu'elle n'eut d'autre choix que de se plonger dans le passé.

Au fond d'elle, les insultes de sa mère formaient une boule de crasse indigeste. *Catin.* Elle n'était plus que cela, à leurs yeux. Comment un seul de ses actes pouvait-il la définir ? Comment pouvaient-ils rayer aussi violemment dix-neuf ans de vie partagée ?

Parce qu'elle m'a toujours regrettée. Et les Roy m'ont tolérée grâce à Luc. S'il m'avait reconnue, sans même s'occuper de moi, rien de tout cela ne serait arrivé.

L'amertume rongeait son œsophage à l'acide, comme chaque fois qu'elle pensait à son père. Il ne méritait pas qu'elle s'attarde sur sa lâcheté. À peine l'eut-elle chassé de son esprit que les hurlements de Mady l'assaillirent à nouveau.

Sa maman ne l'avait probablement jamais aimée. Oh ! Constance ne doutait pas de son attachement lorsqu'elle était enfant. Mais en grandissant, elle s'était détachée de Madeleine, n'avait plus cherché à lui plaire. Sa mère ne l'avait pas supporté. Elles s'étaient éloignées, jusqu'à cette rupture irréparable.

Constance se trouva si seule, si orpheline, isolée sans plus aucune famille que les larmes montèrent, stoppées par la barrière de ses paupières closes. Elle avait beau sentir Liam, juste à côté d'elle, ce n'était pas pareil. Son amour ne remplacerait jamais celui d'un parent.

Elle ouvrit à peine ses yeux afin de l'observer en douce. Accoudé à la petite table de bois qui les séparait de la rangée de sièges d'en face, il griffonnait frénétiquement une feuille rosée de facture délicate.

Il craignait une grossesse, et elle aussi. Pas une seule seconde elle n'avait pensé à se servir de l'une des techniques enseignées par Louise. Liam s'était glissé entre ses draps et, sans même se déshabiller entièrement la première fois, ils s'étaient unis dans une explosion de désir impossible à réfréner. Constance en avait presque eu honte, vestige de son éducation concernant l'appétit sexuel des femmes censé être inexistant. Puis, toujours enfoncé en elle, Liam l'avait embrassée avec tant d'affection qu'elle avait balayé sa raison sans état d'âme.

Constance referma les paupières, se laissa emporter avec délice par les sensations qu'elle se remémorait.

Leurs vêtements échoués au sol.

Leurs peaux collantes.

Leurs chuchotements et leurs caresses...

Et l'amour, encore.

Oui, le risque qu'un bébé grandisse s'avérait bel et bien réel. Fille mère, sans emploi, sans toit, sans mari... Constance ouvrit les yeux d'un coup, s'armant de courage pour reprendre pied dans cet instant présent instable et périlleux.

Liam se tourna aussitôt vers elle, l'épingla de ses prunelles marines cerclées d'ambre liquide.

— S'il m'arrive quoi que ce soit, trouve Antonin.

Son murmure sérieux se grava en Constance aussi bien que ses effleurements de la veille.

Il déchira une large bande d'un papier à lettres, emprunté à leur voisine de compartiment, devina la jeune femme en avisant le petit bloc dans la poche d'une sacoche en tissu terne et épais en face d'elle.

Il lui tendit le billet, sur lequel figuraient une adresse à Lyon et un numéro de régiment.

— Je suis en train de lui écrire pour l'informer de notre situation. Constance, l'appela-t-il alors qu'elle mémorisait les précieux renseignements, tu pourras toujours compter sur lui. Dans n'importe quelle circonstance.

— Mais il est au front, ne put-elle s'empêcher d'argumenter à voix basse.

— Sa mère ferait tout pour lui. Il la mettra au courant dès qu'il m'aura lu, ne t'inquiète pas. Tu n'auras qu'à préciser que tu es ma fiancée, sans rentrer dans les détails. Pour une raison ou pour une autre, si tu dois quitter la capitale, rends-toi à Lyon, d'accord ?

Elle acquiesça, quelque part soulagée de compter une nouvelle corde à son arc. Elle osa un sourire timide et une câlinerie sur la joue râpeuse de son futur époux, mais il arrêta son geste. Il fixa ses phalanges abîmées, puis releva la tête, ébahi.

Il connaissait ces marques caractéristiques. Antonin et lui frappaient parfois un peu trop fort sans gants de boxe. Constance baissa les yeux.

— Mady ? chuchota Liam, atterré.

Elle haussa une épaule en opinant.

— Elle a essayé... Mon coup est parti tout seul, lâcha-t-elle du bout des lèvres.

— Juste ciel !

Liam l'attira contre lui. Mère et fille en étaient venues aux mains et Constance gardait pour elle cet état de fait gravissime depuis toutes ces heures ?

— Hum, intervint leur voisine, une femme d'une cinquantaine d'années à la toilette de voyage propre mais un peu usée.

Ils l'ignorèrent superbement.

— T'a-t-elle fait mal ? chuchota encore Liam à son oreille.

— Non.

Il la sentait lutter contre ses émotions puissantes. Entre ses bras, Constance frissonnait plus ou moins intensément.

— Tu t'es défendue.

— Oui.

La capitale, en cette soirée venteuse d'octobre, se révélait aussi grise que dans le souvenir de Constance. D'une main, elle maintenait son bonnet de laine sur son front ; malgré la lanière bien serrée sous son menton, les bourrasques froides s'engouffraient partout, lui glaçant l'échine. De l'autre, elle tenait la missive d'Audrey en tentant de se repérer sur le plan. Liam, en connaisseur, ne tarda pas à mémoriser le chemin jusque chez mademoiselle Gaudron. Ils laissèrent les sifflements caractéristiques des locomotives à vapeur derrière eux pour se précipiter dans la première bouche de métropolitain qu'ils croisèrent.

Constance ne s'était jamais déplacée ainsi ensevelie. L'anxiété la gagna aussitôt. Plus ils s'enfonçaient, plus elle percevait le poids de tonnes de roche et de terre. Elle se cramponna à Liam.

Elle craqua vers le milieu du trajet en même temps que la faim creusait son estomac et l'étourdissait. Elle ne distingua plus qu'un voile noir scintillant d'éclats nacrés. Elle sentit des bras la soutenir aux aisselles et l'attirer contre un torse qu'elle commençait à connaître.

— Je ne parviens plus... à... respirer. Sortir...

L'angoisse enserrait sa poitrine dans un linceul gelé. Et si mademoiselle Gaudron était absente ? Et s'ils se perdaient ? Et si le métropolitain tombait en panne, ou pire, causait un accident ? Et si elle portait un bébé ? Et si Liam ne revenait jamais de la guerre ? Elle en mourrait. Exactement comme maintenant...

— Consty ! Je suis là. Tiens le coup, allez. Je sais que tout te paraît insurmontable, je sais que tu as peur, je sais...

Le chuchotement de Liam dans le creux de son oreille prenait des accents de confidences. Au moins sa voix basse eut-elle le mérite de la raccrocher à quelque chose de tangible.

— Nous sommes ensemble. Tu es brave, Constance. Tu es la femme la plus forte que je connaisse. Tu oses vivre tes rêves. Tu possèdes ce courage-là. Tu es capable de te battre, de réussir...

Il croyait tellement en elle. Déployait une confiance si absolue en ses aptitudes... Mais il avait tort. Peut-être s'était-elle montrée stoïque, là-bas, tandis qu'elle avait un toit sur la tête et mangeait plus ou moins à sa faim. Mais en cet instant, trop d'inconnues la tourmentaient.

Elle s'accrocha à ses épaules et inspira profondément son odeur, juste au niveau de son cou. C'était comme s'ils créaient une bulle autour d'eux.

— Souviens-toi que je t'aime. Rappelle-toi que quoi que tu entreprennes, tu peux y arriver, malgré les difficultés. Tu es ainsi, Constance. Tu grimpais déjà aux arbres alors que ta robe entravait tes mouvements, qu'on t'avait seriné qu'une fille était inapte et qu'il aurait même été indécent d'essayer.

Elle lâcha un petit rire à ce souvenir et sa cage thoracique se libéra légèrement. Encore incapable de parler, elle remercia en silence la vie d'avoir mis un homme tel que Liam sur sa route. Elle remercia sa bienveillance, sa vaillance, son amour... Alors, la gratitude commença à remplacer l'inquiétude.

Lorsqu'ils débouchèrent à l'air libre, la nuit finissait de tomber.

— Attendez ! s'écria Liam en s'élançant vers une femme vieillie avant l'âge. Vous reste-t-il deux bols de soupe ?

Elle grogna en rouvrant sa marmite. De sa sacoche râpée, elle tira deux gamelles ébréchées. Elle encaissa la monnaie avant de leur tendre leur pitance presque froide et insipide. Mais les morceaux de légumes et les pois chiches en quantité suffisante remplirent leur ventre.

— D'pêchez-vous.

La marchande remballait ses ustensiles à une vitesse stupéfiante.

À la dernière bouchée seulement, Constance se rendit compte de la saleté qui bordait son bol. Combien de personnes s'étaient-elles sustentées avant elle ? Dégoûtée, elle rendit sa vaisselle à la femme sans lui décocher un mot. Puis elle avisa Liam et se souvint que pour lui, ce genre de situations devait être quotidien. Il avait avalé sa soupe sans reprendre sa respiration, comme habitué de devoir nourrir sa carcasse dans des conditions douteuses. Et puis, la fatigue tirait peut-être ses traits, mais son corps entraîné possédait encore de la ressource. En témoignaient son regard vif et son port droit, malgré son sac énorme très lourd, Constance l'avait déplacé deux ou trois fois durant leur périple.

La jeune femme se redressa. Elle devait lui faire honneur. Faire honneur à tous ces mots susurrés dans ce ver de terre roulant alors qu'elle s'enfonçait dans les affres de la crise d'angoisse.

— Prête ? s'enquit Liam en lui tendant la main.

Il venait de scruter un nouveau plan de la ville, juste à la sortie de la bouche du métropolitain et estimait leur destination à une quarantaine de minutes de marche. En face d'eux s'ouvrait une large avenue bordée de hauts réverbères finement ouvragés. Les immeubles haussmanniens, typiques de la capitale, s'alignaient à perte de vue. Ici ou là, un carré de lumière éclairait les étages.

— Ne traînons pas, répondit Constance en se remémorant la réputation sulfureuse et chaotique de Paris la nuit.

*

Mademoiselle Gaudron les détailla de la tête aux pieds.

— Entrez, je vous attendais, finit-elle par déclarer de sa voix mélodieuse. Audrey m'a fait parvenir un télégramme.

Le cœur de Constance se serra. Son ancienne institutrice avait dépensé une petite fortune pour eux ! Simplement pour leur assurer une première nuitée en sécurité...

— Je vous ai préparé la chambre du fond. Je suis navrée, c'est la plus étroite, la plus sombre et la plus froide, mais j'héberge en ce moment une autre personne dans le besoin.

Elle baissa la voix en dépassant une porte close. À la lueur de la chandelle qu'elle tenait loin devant elle, mademoiselle Gaudron leur présenta la pièce. Un lit d'une place et demie et un bureau bancal la meublaient. La couverture avait été rapiécée un nombre incalculable de fois, tant et si bien qu'on ne distinguait plus vraiment le tissu d'origine.

— Ce sera parfait, déclara Liam en posant son sac.

— Oh ! Pour un soldat, je n'en doute pas !

— Pour moi aussi, avança Constance précipitamment. Vous n'avez pas idée comme cela... Vous nous sauvez d'une situation si désastreuse...

Elle aurait voulu tout déballer à sa bienfaitrice, mais la retenue et la fatigue tarirent son flot de paroles.

— Je le devine, ma chère. Nous trouverons le temps d'en parler, si cela peut vous soulager... Mais avant, voici les quelques règles de la maison : je n'accepte habituellement aucun couple, mon foyer est ouvert pour les seules femmes en détresse. Vu vos liens avec Audrey, je fais une exception, mais je vous préviens que votre tenue doit être impeccable. Au moindre bruit suspect, je vous mets dehors, peu importe l'heure.

Ses boucles brunes remuèrent dans tous les sens, secouées par ses mimiques sévères.

Liam rougit en balbutiant qu'ils n'auraient jamais osé.

— Ensuite, coupa-t-elle, j'offre un repas par jour, le matin. Pour le reste, vous devrez vous arranger. Je suis rationnée, comme tout le monde. Je me débrouille, bien sûr, mais je vous préviens que la pitance est maigre. Je ne demande rien en retour, si ce n'est le respect d'horaires stricts : vous devez être revenus à la tombée de la nuit, sauf si vous m'avertissez avec une excellente excuse, vos heures de travail, par exemple.

Constance acquiesça vivement.

— Je pars de l'appartement à huit heures et je rentre vers dix-sept heures trente. Je suis maîtresse d'école, je chôme le jeudi et le dimanche, uniques jours où vous pourrez demeurer ici. Le reste du temps, mon foyer est fermé car je suis absente. Dernier point… (Ils eurent l'impression qu'elle n'avait pas cligné une seule fois des paupières ni même repris sa respiration depuis le début de son laïus.) Je destine cette maison à un accueil que je nomme « d'urgence ». Votre place est garantie une semaine. Au-delà, si une autre femme dans le besoin se présente, il vous faudra vider les lieux sans émettre la moindre contestation.

— Je repars au front demain en fin de matinée, avertit Liam.

— Eh bien, Constance, j'espère que vous avez retenu le règlement.

— À la lettre, Mademoiselle Gaudron.

Leur hôtesse apprécia cette simple réponse d'un large sourire qui tranchait sur son faciès aux traits prononcés assez rigides.

— Je vous apporte un demi-seau d'eau pour votre toilette et je vais me coucher. Ah oui ! Demain matin, il vous faudra vider votre pot de chambre dans la fosse, en bas dans la cour de l'immeuble.

Elle tourna les talons dans un froufroutement de robe. Constance remarqua seulement sa couleur noire, signe de deuil, comme c'était le cas pour de plus en plus de femmes.

Liam s'étira et ouvrit la literie pour jauger son état. Propre. De son sac, il tira une petite couverture roulée, celle qu'il avait prise en partant de chez lui. Le patchwork offert pour ses treize ans par sa grand-mère anglaise Adélaïde. Il souffrait tellement du froid dans les gourbis…

Constance récupéra le récipient d'eau (potable, précisa la maîtresse de maison) et referma la porte. Son regard se focalisa sur Liam, en train de délacer ses bottes. Déjà, il se glissait tout habillé entre les draps. Constance, elle, garda ses sous-vêtements et enfila sa robe de nuit épaisse. Elle prit le temps, assise en tailleur sur le lit, de coiffer ses cheveux hirsutes. Liam n'en perdait pas une miette.

Bientôt, ils se blottirent l'un contre l'autre. Encore peu habitués, ils mirent quelques minutes à trouver une position confortable.

— Un jour, nous nous endormirons tous les soirs ainsi enlacés.

Dans sa nuque, Liam sourit contre sa peau.

— Demandons à nos parents de nous émanciper. Quitte à être reniés, au moins qu'ils le fassent jusqu'au bout.

Constance se figea. Un fol espoir germait en elle.

— Nous pourrions nous marier.

— Et je percevrais ma solde sur mon propre compte en banque. Tu y aurais accès.

Il enroula son bras autour de son ventre pour la coller contre lui. Elle répondit à son étreinte en pressant son dos contre son torse.

Ils y arriveraient.

*

Constance frissonna. Elle se retourna, soudain alerte. Elle distingua Liam, enveloppé dans son manteau, debout devant la fenêtre. À chaque expiration, il exhalait une fine buée à peine visible, signe que la température ambiante n'était pas bien haute. Les volets internes ouverts laissaient transparaître la clarté de la pleine lune parisienne. Son teint pâle paraissait presque argenté. À moins que ce ne soit les très légers éclats qu'elle devinait rouler le long de ses joues...

Elle repoussa les couvertures et il sursauta. Avant qu'il n'ait pu se ressaisir, elle l'enlaça de toutes ses forces. Elle l'avait trouvé si calme et réfléchi durant cette journée pourtant chaotique... Voilà qu'il craquait à son tour.

— Je ne veux pas y retourner, gémit-il au bout de quelques secondes.

On aurait dit la supplication d'un petit garçon. Cette requête issue du plus profond de son être bouleversa Constance. Comme elle aurait aimé lui épargner cette guerre... Elle aurait pu tout donner pour le garder ici, avec elle.

Sa main courut le long de son échine. Il tremblait contre elle ; elle se révélait incapable de le consoler. Que dire à un homme qui revient de l'enfer et se voit obligé d'y retourner ? Avec de lents mouvements circulaires dans son dos, elle le maintint contre elle. Il imbibait ses cheveux de ses larmes. Elle voulait aspirer sa douleur.

Au bout d'un temps, il se calma. Il se recula un peu, sortit le mouchoir qu'elle lui avait offert dans le train afin de se moucher, puis l'entraîna vers le lit.

— Pardon..., chuchota-t-il en l'attirant contre lui.

Surélevée sur un coude, elle traça du bout de l'index le pourtour de son visage, puis de ses lèvres gonflées, sa mâchoire plutôt carrée, ses cils humides en forme de croissant...

— Comme toi tout à l'heure, je ne peux pas te promettre que tout ira bien, murmura-t-elle. Mais je t'aime. Je crois en toi, en ton courage et en ta force à endurer... tout ce que tu m'as raconté. Et tout ce que tu as tu, aussi.

— Je crains tellement de mourir.

— Je crains tellement que tu meures... Mais la vie est ainsi, Liam. Du moins, notre vie depuis le 1er août 1914. Un jour, cela s'arrêtera. Du jour au lendemain, comme cela est arrivé. En attendant ce moment, nous avons choisi l'amour.

Il acquiesça contre sa bouche.

Constance avait raison.

La retrouver devenait son unique but. Chaque minute qui passerait les rapprocherait de l'armistice... ou de la mort. Mais ils n'avaient aucune prise là-dessus. Alors, autant opter une fois de plus pour l'amour et se perdre sur ses lèvres, les doigts emmêlés dans ses boucles.

Chapitre 39 – 1902 – 6 ans

Liam, épuisé, traînait des pieds en montant les quelques marches du perron. Ian, dans le hall, suspendait déjà sa veste au portemanteau. Le cadet entra à son tour dans la demeure familiale et referma la porte d'un léger coup de talon. Si un adulte l'avait vu faire, il se serait pris un sacré savon !

Il haussa les épaules à cette pensée. En cet instant, il se sentait si fatigué qu'il ne se souciait absolument pas des conséquences de ses actes. Il avait six ans, enchaînait les journées interminables assis sur un banc de bois plus dur que de la roche et devait se concentrer sans faiblir. Liam ne rêvait que d'une chose : des vacances. De longues, longues vacances, qui n'étaient pas prévues pour tout de suite, malheureusement.

Il parvint enfin à retirer sa fine veste de mi-saison pour se traîner à la table de la salle à manger. Ian dévorait déjà les tartines préparées par Mady (ou peut-être Consty), de la confiture de framboises plein le menton. Liam mordit dans la sienne en retenant un gémissement de plaisir : non seulement il adorait ce fruit, mais en plus, le sucre chassait toute sa lassitude.

Les pleurs de Constance, provenant de la cuisine, stoppèrent net sa deuxième bouchée. Ian lança à peine un coup d'œil derrière son épaule. Liam, lui, se retourna complètement pour découvrir le battant clos. Il n'avait même pas fait attention en rentrant. Il soupira imperceptiblement, les sanglots de son ancienne amie le heurtaient.

Certes, ils ne se côtoyaient plus depuis plus d'un an, mais son attachement pour Constance ne faiblissait pas. Ils avaient beau se vouvoyer et ne plus jouer ensemble, Liam ressentait comme un lien l'unir à la petite servante. Malgré cela, il avait failli à la défendre, plusieurs mois auparavant, alors que des garçons de sa classe s'étaient moqués d'elle. Elle lui avait simplement ramené son livre de lecture... Cela lui avait d'ailleurs évité une correction. Pourtant, lorsque ses camarades l'avaient chahutée, il n'avait pas émis la moindre protestation.

Comment avait-il pu l'abandonner de la sorte ? Liam se le demandait encore.

— Cela suffit ! tonna la voix de Madeleine. Tu es une idiote qui ne fait pas d'efforts !

— Je te déteste ! Tu n'es plus ma maman !

La porte claqua. Liam vit une petite tornade aux cheveux châtains en bataille grimper les escaliers. Derrière elle, appuyée sur la table de bois épais, Mady fulminait. Liam distingua un livre ouvert.

Elles étaient encore en pleine leçon, comprit le garçonnet.

Comme d'habitude, celles-ci se passaient mal. À force d'insister, Constance avait fini par obtenir gain de cause. Mais vu les crises qui en découlaient, elle aurait peut-être mieux fait d'argumenter pour aller directement à l'école ! L'institutrice des filles semblait avoir plus de patience que Mady.

Du premier provenaient encore des plaintes étouffées. Mû par l'instinct, Liam se leva.

— Finiras-tu ton goûter ? demanda Ian en sirotant son verre de lait.

Liam hésita à peine. La tristesse de Consty lui avait coupé l'appétit. Et puis... cette tartine sur laquelle son aîné lorgnait l'occuperait quelques minutes. Madeleine, elle, avait repoussé le bouquin sur un coin de la table pour plumer une poule.

— Tu peux tout manger.

Liam n'entendit pas le remerciement de Ian, il grimpait déjà les degrés jusqu'au premier. La porte fermée de la chambre de ses parents lui indiqua que sa mère devait faire une sieste avec son petit frère de quelques mois. Ce poupon brun pleurait et bavait beaucoup trop à son goût, mais Liam reconnaissait que lorsqu'il souriait, il l'attendrissait.

À sa surprise, il avisa Constance dans sa propre chambre. Debout près de son bureau, elle avait attrapé son livre de lecture et le feuilletait. Ses reniflements ne laissaient aucun doute quant à son état.

Liam entra dans la pièce et les isola. Braver les interdits parentaux ne le dérangea pas outre mesure. Il sentait que Constance avait besoin de lui.

La fillette sursauta, mais garda en main l'objet qui ne lui appartenait pas. Liam s'approcha et le désigna du menton :

— Voulez-vous le lire ?

Constance mordilla sa lèvre inférieure dans une vaine tentative d'arrêter ses tremblements.

— Je ne sais pas lire, avoua-t-elle en retenant à grand-peine sa détresse.

— Va à l'école.

Abasourdie, Consty le détailla des pieds à la tête. Liam et elle ne vivaient pas sur la même planète.

— Maman refuse. Elle a accepté de m'enseigner la lecture et l'écriture parce que je l'ai *harcel...*, parce que je le lui ai beaucoup réclamé. Et aussi parce que la maîtresse est venue lui parler.

— Ce n'est pas si simple d'apprendre tout cela, la réconforta Liam.

Constance laissa échapper un gros soupir. Le silence entre eux s'étira quelques secondes avant qu'elle ne repose le petit fascicule.

— Je me demandais si dans ton livre de garçon, ce n'était pas plus clair...

— Veux-tu que je t'explique ? proposa-t-il, lâchant pour de bon le vouvoiement.

— Oh ! Oui !

Oubliant le reste de la maisonnée, ils s'installèrent sur le lit de Liam, son ouvrage sur les genoux. L'enfant l'ouvrit et tenta de se souvenir de sa première leçon, qui remontait désormais à assez loin. Il débuta maladroitement, bégayant et se reprenant souvent.

Constance était attentive et avait soif d'apprendre. S'écarter de la pression maternelle lui permettait d'enregistrer les informations sans crainte de décevoir. Elles avaient déjà vu les sons « L » et « A » ensemble, mais l'entendre de la bouche de son ami provoqua le déclic qui lui manquait. Avec patience, Liam lui fit répéter, puis tracer du bout du doigt les lettres...

De chuchotis en petit rire, les enfants se retrouvèrent. Plusieurs fois, ils retinrent leur respiration en percevant des bruits sur le palier. Mais personne ne les découvrit.

Ils se promirent de se rejoindre dès que possible pour ces leçons clandestines. Liam, heureux de renouer avec Constance, déculpabilisait de sa lâcheté en l'aidant. Constance, grâce à son ami, recouvra un peu d'estime de soi. Elle se révélait capable d'apprendre, comme tous les enfants !

Chapitre 40 – 1916 – 20 ans

Mon cher amour,

Je griffonne ces quelques mots sur un coin de ma table de travail avant la reprise. Excuse-moi de ne pas y mettre les formes, mais je t'écrirai plus longuement lorsque j'aurai dégotté du papier !

Voici les deux nouvelles importantes du jour : je ne suis pas enceinte et j'ai emménagé dans un minuscule studio glacial dimanche dernier.

Je t'aime.

Consty

Mon cher amour,

Le printemps pointe enfin le bout de son nez sur la capitale. Les gelées nocturnes ne sont plus qu'un souvenir : le matin, l'eau de ma cuvette est froide, mais au moins n'ai-je plus à casser les fins cristaux qui flottaient parfois à sa surface. J'espère qu'il en va de même pour toi, que le quotidien sur le front s'adoucira en même temps que la météo… jusqu'aux chaleurs estivales. Je te dirai ce qu'il en est pour moi, dans ma chambre sous les toits. Vu l'isolation, je devrais cuire comme un rôti !

Détrompe-toi, je ne me plains pas. Ma voisine a déménagé et la nouvelle, une vieille couturière, se révèle très sympathique et beaucoup moins bruyante ! Je l'ai à peine croisée trois ou quatre fois. Elle se déplace aussi discrètement qu'une souris alors même qu'elle porte des sabots ! La prochaine fois, je lui demanderai son secret… Parfois, lors de mon jour de repos, j'entends ses clientes la remercier chaudement pour son labeur. Comme tu le sais, les parois sont fines.

Oh ! J'ai trouvé un raccourci pour me rendre au travail ! Une ruelle tarabiscotée dont seul Paris a le secret, mais qui, contre toute attente, n'est pas un coupe-gorge ! Ne t'en fais pas, mon amour, je n'étais pas seule la première fois que je l'ai empruntée. Je ramenais une petite fille qui s'était égarée à l'école du quartier. Tu t'apprêtes sûrement à me signifier qu'une femme seule avec une enfant n'aurait jamais dû emprunter un chemin inconnu, et à vrai dire, je ne saurais t'expliquer l'élan courageux qui m'a saisie, mais j'ai tout simplement suivi mon instinct. Désormais, je gagne presque trois minutes sur mon temps de trajet jusqu'à l'atelier. Pile ce qu'il faut lorsque je suis en retard !

La vie serait presque belle, si seulement tu te trouvais près de moi…

[…]

Chère Constance,
Je me permets de vous écrire, car je n'ai plus de nouvelles de Liam depuis trois mois.
Rassurez-moi, s'il vous plaît.
Antonin
PS : Je profite de ces lignes pour vous assurer que, quoi qu'il se passe, vous serez toujours la bienvenue chez moi. Ma mère connaît votre existence et sait l'amitié qui me lie à Liam.
Répondez-moi vite, s'il vous plaît, je suis inquiet.

Mon amour,

Les journaux ne parlent que de la boucherie de la bataille de la Somme. Je tremble… Je t'en prie, je t'en supplie, écris-moi. Dis-moi que tu es encore en vie…

Constance

Ma douce Consty,

Enfin un instant de répit en ce début d'automne 1916. La boue enlise l'XXXXXXXXXX dans les tranchées, qui ne peut plus avancer. Je sais que la prochaine ligne sera raturée par la censure, mais le rédiger noir sur blanc me fera tout de même du bien… Les hauts gradés ne XXXXXXXXXX XXXX à XXXX. Heureusement, la pluie nous sauve. Il n'y a bien qu'elle.

Antonin te passe le bonjour. Je l'ai croisé lors d'un transfert. Le serrer dans mes bras m'a gonflé d'une rare joie. Quand la guerre sera terminée, je vous présenterai. Nous boirons des verres de vin en riant, et tout cela, toutes ces horreurs, s'envoleront.

[…]

Mon amour !

Je t'annonce une merveilleuse nouvelle ! Par un hasard tout à fait heureux et opportun, j'ai été détaché pour servir de traducteur à un lieutenant. Je n'ai évidemment pas le droit d'entrer dans les détails, mais je vais, au moins pour

quelques semaines (le temps qu'ils fassent venir un homme qualifié), loger sous un toit et manger chaud !
Une aubaine pour moi qui me remets à peine d'un vilain rhume.
Je t'aime. Infiniment.
Liam

[...]

Je ne crois pas avoir évoqué le rationnement de l'électricité que les Parisiens (et surtout les Parisiennes, à vrai dire !) subissent. Les entreprises peuvent ainsi tourner à plein régime. Je t'avoue que j'en suis fort aise ! Il m'aurait été difficile de vérifier correctement à la lueur d'une bougie les pièces détachées que les autres filles usinent.

Il se murmure que le patron va transformer l'une de ses dernières machines qui ne sert pas encore à l'effort de guerre afin de fabriquer des maillons de chaîne.

Si j'ai de plus en plus mal au dos à force d'être courbée à mon poste de travail dix heures par jour, au moins ma nouvelle partenaire, Léopoldine, est charmante ! Le moins que je puisse écrire est qu'elle n'a pas la langue dans sa poche ! Hier au soir, tandis que nous sortions de l'atelier, une ouvrière de la machine B a tenté d'engager la conversation en se moquant d'une autre. Léopoldine lui a rétorqué : « Je ne parle pas avec les filles si stupides qu'elles en deviennent méchantes. » Oh bon sang ! Je te laisse imaginer la tête de la fille en question !

Quelque part, son aplomb éloigne la grisaille ambiante. La pollution recouvre chaque pierre, chaque arabesque ciselée et chaque visage sculpté. Quand je ris grâce à Léopoldine, il me semble que Paris n'est plus si vaste et anonyme. C'est un atout autant qu'une chape de plomb. C'est ce qui me permet de travailler, de me loger, de vivre ! Et c'est aussi ce qui me déprime, parfois. Les marchés sont si grands, ici, qu'il est malaisé de prendre des habitudes et de faire connaissance avec les marchandes.

Mon équipière, en pure Parisienne, ne partage pas mon avis, mais toi, je sais que tu me comprends.

[...]

**Mon tendre amour,
Je souhaite que cette nouvelle année 1917 nous
réunisse enfin.
Je rêve de ton sourire et de bien d'autres choses que je
n'ose t'avouer par écrit à cause des censeurs qui liront ces
lignes.
Je t'aime de toute mon âme,
Liam**

Chapitre 41 – 1917 – 21 ans

Constance retint un soupir de justesse. Son patron, à son bureau derrière elle, ne supportait pas ce son, signe pour lui que l'une de ses salariées s'agaçait du travail, ou pire, s'ennuyait. Il était conciliant pour le reste, tant qu'elles pointaient à l'heure et motivées.

Constance œuvrait ici depuis près d'un an et demi et elle reconnaissait volontiers qu'elle ne remplissait plus du tout cette dernière condition. Elle avait été habituée à un emploi physique aux tâches variées. Demeurer figée au-dessus d'une lampe à vérifier chaque centimètre de la même pièce ouvragée ne la passionnait pas. Elle avait beau se répéter que cette dernière servirait à réparer des machines industrielles des frères Renault, indispensables à l'armée française, elle se morfondait trop pour en tirer la moindre inspiration.

Comme souvent, elle bascula la tête en arrière, puis sur les côtés, afin d'étirer ses cervicales. Une ancienne lui avait appris ce mouvement, le seul qui la soulage réellement. Elle prit encore une seconde pour penser à Liam et, d'un geste devenu aussi instinctif que respirer, tâta sa broche à travers sa robe. Elle n'avait pu se résoudre à la porter visible de tous, tant elle voulait garder ce cadeau le plus proche possible d'elle. Le contact contre sa peau la rassurait.

Machinalement, elle attrapa une nouvelle pièce et l'observa sous toutes les coutures. Quand cette guerre finirait-elle ?

Liam s'adossa contre un mur grisâtre, sur le trottoir en face d'un atelier parisien qui ne payait pas de mine. Les petits carreaux de verre, salis par la pollution ambiante, laissaient toutefois entrapercevoir l'intérieur au plafond voûté. Des ampoules nues y pendouillaient, éclaboussant les ouvrières.

Le jeune homme, à la fois nerveux et impatient, se repaissait de la vision de Constance, courbée au-dessus d'un large bureau qu'elle partageait avec une autre fille d'à peu près son âge. À sa chevelure chatoyante, il reconnut Léopoldine, maintes fois décrite dans les lettres de sa dulcinée.

Aussitôt, son attention se reporta sur Constance, son chignon épais, l'arc de sa nuque... Il porta la main à sa joue droite mangée par un pansement volumineux. Il lui avait écrit succinctement pour lui annoncer sa blessure, mais il n'avait pas obtenu de réponse. À vrai dire, il n'était même pas sûr qu'elle ait réceptionné sa missive...

Comment réagirait-elle ? S'il n'était pas l'une de ces gueules cassées (et le mot était faible, vu les dégâts que causaient les bombes), un éclat d'obus l'avait tranché net de la joue au lobe de l'oreille. Ce dernier était désormais aux abonnés absents.

Une fois encore, Liam songea à tous ces hommes à qui il manquerait dorénavant beaucoup plus qu'une insignifiante excroissance de chair. Les médecins et les infirmières le lui avaient seriné : « Vous faites partie des chanceux, pointeur Roy. Quelques millimètres à droite et vous auriez dit adieu à votre mâchoire, si ce n'est à la vie. »

Son cœur s'emballa, mais il s'exhorta au calme. Il était défiguré. « Rien de grave ni de très moche, je vous le promets », avait juré une soignante ; mais comment faire confiance à une femme qui côtoyait quotidiennement d'innommables monstruosités ? Constance et lui s'aimaient. Et, finalement, grâce à cette blessure, il avait été transféré dans un hôpital de campagne à trois petites heures de train de Paris. Il avait quémandé sa journée avant de repartir pour le front. La mort l'avait frôlé. Il voulait glisser la bague au doigt de sa fiancée, qu'il n'avait pas revue depuis un an et demi... Le médecin avait capitulé.

Sa future épouse tirait désormais sa chaise pour se relever. Au loin, Liam entendit les douze coups d'un clocher. Constance drapa ses épaules d'un châle en piteux état qu'il ne connaissait pas. Quelques ouvrières sortirent avant elle et, enfin, elle se tint sur le seuil.

Les larmes montèrent aux yeux de Liam, figé par l'émotion. Il ne savait plus qui l'emportait entre la crainte de son regard, le soulagement de la constater bien portante et l'amour qui l'embrasait depuis des années à sa simple vue.

Constance redressa la tête, sentant le poids d'une attention sur elle. Son cœur rata un battement. Elle attrapa l'avant-bras de Léopoldine pour ne pas tomber, ses jambes menaçaient de la lâcher. Ces cheveux bruns et drus, cette carrure, et surtout ces prunelles qu'elle reconnaîtrait entre mille.

Elle s'élança, traversa la petite rue en trois foulées, fondit en larmes entre les bras de Liam.

Liam.

Ils pleurèrent, submergés. L'un par le soulagement, l'autre par cette invraisemblable surprise. Puis leurs bouches se trouvèrent pour un baiser au goût de sel si savoureux.

Constance prit garde de ne pas toucher le pansement épais de son amour lorsqu'elle enfouit son nez dans son cou.

— Combien de temps ? chuchota-t-elle entre deux sanglots.

Elle ne croyait pas à la démobilisation de Liam. Il possédait encore tous ses membres, l'armée ne le lâcherait pas aussi facilement... Pas pour une blessure au visage.

Sa lucidité, alors qu'elle se sentait flotter sur un nuage de coton, l'étonna.

— Je repars avec le train de quinze heures.

Dans moins de trois heures, calcula-t-elle.

Liam l'éloigna un peu de lui, même si ce geste s'avérait particulièrement difficile. Leur bulle éclata et ils se rendirent compte des passants qui les épiaient avec plus ou moins d'indifférence. Derrière Constance, Léopoldine patientait devant l'atelier, un sourire en coin. Depuis le temps que Constance évoquait ce garçon si beau, brillant, gentil, etc.

— Aurais-tu deux témoins sous la main ?

— Oh ! lâcha Constance en comprenant l'intention de son fiancé.

— Enfin... si tu es toujours d'accord pour m'épouser.

Trop émue pour émettre le moindre son (elle avait envie de rire et de pleurer en même temps et ce paradoxe formait une boule nichée dans le creux de sa poitrine), elle pressa ses lèvres contre celles de Liam.

Il s'était débrouillé pour revenir se marier avec elle. En guise de témoins, elle supplierait des inconnus devant la mairie s'il le fallait ! Elle se retourna, avisa Léopoldine avant d'attraper Liam par la main et de l'entraîner vers elle.

Après les présentations d'usage, Constance regagna l'atelier. Son patron fronça les sourcils à son entrée, toujours penché sur son bureau à griffonner elle ne savait quel document.

— Monsieur, s'il vous plaît. Mon fiancé n'a que quelques heures de permission. Il m'a fait la surprise et... et nous allons nous marier.

De toutes ses forces, elle essaya de retenir l'immense sourire qu'elle sentait poindre. Peine perdue. Elle était trop heureuse, bien trop euphorique pour se cacher derrière un masque de décence.

L'homme croisa les bras sur son ventre rebondi sans ciller.

— Si vous n'y voyez pas d'inconvénient, je rattraperai mes heures ce soir ou sur mes pauses-déjeuner des prochains jours.

— Il n'est pas prudent pour une jeune fille de louvoyer de nuit par les ruelles obscures de notre capitale. Et la moindre des choses serait que votre fiancé vienne demander ma permission en personne, puisque je verserai désormais votre salaire sur son compte et plus de main à main avec vous.

Loin d'être douchée par cette tirade froide et sexiste, Constance fit un signe de tête et alla chercher Liam. Rien ne pouvait entacher sa joie.

À la vue du bandage qui mangeait un tiers de son visage, l'homme en âge de guerroyer, mais dispensé grâce à son usine, changea de couleur. Il accorda à Constance les heures demandées sans émettre la moindre réserve sur sa capacité à les récupérer avant la fin de la semaine, samedi étant le jour hebdomadaire de paie.

Léopoldine, elle, eut beau supplier afin d'être le témoin de Constance, le dirigeant ne pouvait se passer de ses deux vérifieuses en même temps.

— Nous dénicherons nos témoins en cours de route, décida Constance en entraînant Liam vers la mairie de son arrondissement.

Vingt-cinq minutes de marche les attendaient et ils devaient encore avaler un morceau... Ils engloutirent un bol de soupe debout, sur un trottoir aux pavés couverts de fientes. Yeux dans les yeux, ils ne prirent garde ni au goût plutôt correct de leur repas ni au soleil radieux de ce printemps 1917.

Après avoir rendu les gamelles, ils poursuivirent leur chemin, les doigts entrelacés.

— J'ai tant de questions à te poser..., dit Constance en le dévorant du regard. Mais c'est comme si tous les mots se révélaient futiles.

— Je sais, répondit Liam dans un sourire tordu.

Il ne pourrait sûrement jamais récupérer entièrement l'usage des nerfs de son visage, mais seule comptait leur proximité.

Ils arrivèrent devant la mairie à midi cinquante-quatre, soit six minutes avant l'ouverture. Liam s'assit à même les marches et attira Constance entre ses jambes pour qu'elle prenne place contre lui. Si cette position s'avérait franchement indécente, ils s'en fichèrent éperdument.

Liam tira de sa besace en toile prêtée par une infirmière un mouchoir rempli de minuscules fraises. Les premières de l'année.

— Un bois jouxte l'hôpital jusqu'à la gare, il y en avait un plein parterre... Je me suis dit que cela devait te manquer...

Constance piocha dans la petite pile avec gourmandise.

— Et elles font un excellent dessert de noces.

Sous les prunelles rieuses de sa future femme, Liam sentit son cœur s'envoler. Il voulait que la guerre se termine et passer le reste de sa vie à ses côtés.

La porte de bois grinça derrière eux. Une cinquantenaire tirée à quatre épingles peinait à y insérer la tige pour la maintenir ouverte.

Liam se précipita pour l'aider, par altruisme, certes, mais aussi parce que quelques personnes piétinaient déjà au niveau des marches. Il avait besoin d'être le premier. Il s'était un peu informé et savait que Constance et lui devraient remplir des documents, fournir leurs attestations d'émancipation durement négociées et d'autres documents officiels. Par chance, l'ouvrière gardait ces quelques renseignements sur elle. Ces actes demeuraient trop précieux pour les laisser dans sa chambre de bonne où la porte ne fermait pas correctement. De l'intérieur, elle la coinçait à l'aide de son unique chaise afin de se garantir un semblant de sécurité.

Tandis que Liam expliquait sa requête à la secrétaire désormais coutumière de ces jeunes gens pressés de vivre, Constance engagea la conversation avec une maman accompagnée de son bébé qui titubait sur ses jambes mal assurées.

— J'aurais voulu que ma meilleure amie, Ghislaine, soit mon témoin. En réalité, je m'étais toujours imaginé ce jour-là en sa compagnie...

— Cette maudite guerre aura brisé plus d'un rêve... Mais vous allez épouser l'homme que vous aimez. Cela est le plus important.

— Exact ! Et en plus, grâce à un heureux hasard, je porte ma plus jolie robe ! s'exclama l'ancienne bonne.

Elles éclatèrent de rire.

— Vous êtes ravissante. Cette couleur rose orangé met votre teint en valeur. Et ce chapeau... Ma foi, donnez-le-moi, que j'arrange la fleur.

Constance obéit, aux anges. La maman lâcha la main de son petit garçon tout en attrapant l'accessoire et y repiqua le bleuet.

— Voici, demoiselle...

— ... Constance Roussel, future Roy. Merci, Madame...

— Marguerite Portia.

— Voudriez-vous être mon témoin, Marguerite ?

La trentenaire émit un hoquet de surprise.

— Bien sûr, accepta-t-elle en gloussant. Je ne pourrais faire obstacle à un mariage...

Liam l'interpella depuis le bureau de la secrétaire, où Constance devait remplir à son tour les papiers.

— Monsieur le maire arrivera d'ici une demi-heure. Madame Fabrie, ici présente, a consenti à être témoin...

— Marguerite aussi, coupa Constance en introduisant la femme d'un geste de la main.

— Enchanté, déclara Liam.

Ils s'observèrent, quatuor improbable pour un mariage espéré depuis tant d'années. Ils éclatèrent de rire, le cœur léger en ces temps si difficiles.

*

— On dit que les Américains vont nous rejoindre...

Constance releva la tête de son alliance, un anneau d'argent simple, mais qu'elle ne se lassait pas de contempler.

Encore une surprise dans cette folle journée. Elle ne s'attendait pas à recevoir ce bijou, se serait contentée d'un baiser et d'une signature... Mais Liam avait passé cet anneau à son doigt sans la quitter des yeux.

Une larme avait roulé sur sa joue blessée, aussitôt absorbée par le pansement. Désormais, Constance serait en sécurité jusqu'à la fin de son existence. Les Boches pouvaient bien le pulvériser (ou son propre canon, vu la fréquence des accidents...), elle percevrait une pension. Liam se doutait qu'elle serait obligée de travailler toute sa vie, mais au moins... au moins, quelques sous tomberaient chaque mois.

— Cela signifie que la guerre pourrait se terminer bientôt ? Je veux dire, réellement se finir. Ce n'est pas encore une chimère pour nous remonter le moral ?

— On parle de milliers d'hommes supplémentaires, frais et entraînés, avec une sacrée puissance de frappe.

Constance l'enlaça.

— Aujourd'hui est sûrement le plus beau jour de ma vie.

Le sifflement caractéristique de la locomotive à vapeur qui entre en gare leur coupa l'herbe sous le pied. Non, tant que Liam serait mobilisé, elle ne pourrait vivre comblée. Mais cet évènement, cet instant, sous cette flaque de soleil chaud, et surtout, contre son torse, marquait un tournant dans son existence.

Ils s'embrassèrent, à moitié cachés par un gros poteau riveté. Les freins du train crissèrent, vrillant leurs tympans. Leurs dents s'entrechoquèrent sous leur passion. Ils ne pouvaient se détacher l'un de l'autre. Impossible. Pas après un an et demi sans s'être touchés, pas après que Constance ait entendu le récit de sa blessure, encore moins après leur union enfin officialisée.

— Je t'aime, souffla-t-elle.

— Ne t'arrête pas de m'embrasser.

Elle parsema son menton, sa joue, son front d'une pluie de baisers.

— Je t'aime, je t'aime, je t'aime, Constance.

Le chef de gare siffla une première fois.

Ils s'arrachèrent l'un à l'autre sans cesser de se fixer.

Liam grimpa en même temps que le deuxième coup de sifflet retentissait sous la haute verrière.

Le cœur de Constance se broya.

La masse d'acier se mit en branle.

Sa main gauche retint un énorme sanglot, la droite s'accrocha au poteau, celui qui avait masqué leur étreinte.

Liam lui envoya un dernier baiser, les joues trempées de larmes. Leur première séparation, alors qu'ils venaient d'arriver à Paris et de couper les ponts avec leurs familles, ne leur avait pas paru aussi terrible.

Chapitre 42 – 1917 – 21 ans

[...]

Audrey Laktas est morte.

Elle ne s'était jamais vraiment remise de la pneumonie contractée à l'hiver 1914.

Je bouillonne de rage, Liam. Je ne peux m'empêcher de croire que si elle avait été logée dans de meilleures conditions, elle ne serait pas tombée malade. Mais notre maire n'avait cure de l'enseignement des filles, ce n'était un secret pour personne, et il n'était pas prêt à investir dans sa masure.

Audrey était courageuse et intelligente. Elle est morte d'être une femme indépendante. Sans mari ou frère ou père qui auraient eu plus de poids auprès de l'élu, peut-être même auprès du ministère, car je sais désormais que son cas n'est malheureusement pas isolé.

Je bouillonne de rage, Liam, mais je suis aussi effondrée. J'aurais tellement aimé lui rendre hommage. Mais entre le prix du billet, mon unique jour de congé qui ne me permet pas de faire l'aller-retour en Normandie et le risque de croiser Madeleine...

J'irai voir mademoiselle Gaudron. La mort d'Audrey m'a fait prendre conscience que j'ai délaissé depuis trop longtemps la cause des suffragistes. Si, comme les journaux le clament depuis l'entrée en guerre des Américains, l'armistice n'est plus qu'une question de mois, alors je dois reprendre le combat sans délai.

Nous, les femmes, remplaçons les hommes depuis trois interminables années aux usines et aux champs. Nous avons prouvé notre valeur et notre courage, nous méritons de voter, d'accéder aux mêmes études que vous, de ne pas dépendre d'une autorisation parentale ou maritale pour le moindre de nos faits et gestes.

Je sais que tu me rejoins sur ce sujet. Je t'aime aussi pour cela, mon amour. Pour cette égalité que tu t'efforces de rendre réelle entre nous.

[…]

Ma tendre épouse,
Je suis désolé d'être porteur de si mauvaises nouvelles alors que tu traverses encore le deuil de ton mentor et amie. Hier, j'ai croisé Jean-Joseph, le fils du boulanger, avec qui j'ai été en classe quelques années avant qu'il n'arrête l'école. Il m'a annoncé le décès de plusieurs hommes de notre village, tombés lors de la bataille de XXXXXXXXXXXX, parmi lesquels figurent Baptiste, Marc et Jean-François. Je ne sais si Ghislaine est au courant pour ce dernier, mais j'ai pensé que, peut-être, la douleur serait « moindre » si elle l'apprenait de ta plume. Tu as l'art du soutien durant les périodes difficiles, je te l'affirme.
[…]

Ma Consty,
Après deux ans loin de mon foyer, j'ai enfin obtenu une permission. Je passerai trois jours pleins avec toi, puis filerai en Normandie.
Ma mère est gravement malade.

Florent a pris tous les risques pour me le confier, alors même que William l'a menacé de le déshériter s'il entretenait la moindre relation avec moi.

Je protégerai mon frère en niant qu'il m'a averti de la situation, mais je ne peux ignorer la détresse et l'angoisse qui transpiraient de ses lignes. Notre mère gît au fond de son lit en gémissant mon prénom.

Elle semble souffrir d'une terrible dépression, à l'instar de Louis, feu mon grand-père, que tu as arrosé de soupe. (J'en ris encore, au moins cela allégera peut-être le ton de ma lettre.)

Je te cueillerai à la sortie de ton travail vendredi soir dans deux semaines, soit le 2 novembre.

Si tu savais comme je me languis…

Je t'aime.

Liam

PS : Pierrot-qui-chante-faux me fait justement remarquer ma chance de quitter encore une fois le front en hiver. Je sais que ta chambre n'est pas chauffée (et je devrai sûrement coucher à la belle étoile une fois en Normandie), mais j'ai si hâte de dormir dans un vrai lit… Mon corps s'imagine déjà te retrouver et s'assoupir à tes côtés.

Chapitre 43 – 1917 – 21 ans

Liam, du haut de son mètre soixante-quinze, ne pouvait tenir debout dans la pièce que sur deux mètres de large. Les deux autres mètres, sous le toit pentu, lui étaient difficilement accessibles, même courbé.

Immédiatement à sa droite, à l'entrée, se trouvait un paravent bancal confectionné sur mesure qui masquait le pot de chambre. Venait ensuite une table carrée, derrière laquelle, au niveau de la soupente, se fondait un meuble de rangement (deux plaques de bois coulissantes encadrées par des planches). La cuisinière à charbon, massive, encombrait le fond du studio. Un lit d'une place situé en face de l'entrée complétait le mobilier.

Constance se tourna vers lui, un sourire emprunté aux lèvres.

— Voilà...

Liam referma derrière lui et attrapa la chaise pour bloquer la porte. Sa femme lui avait décrit son lieu de vie et ses habitudes dans ses nombreuses lettres : il savait que pour garantir un maximum de sécurité, elle agissait ainsi. Elle vivait seule à Paris, dans un quartier populaire, et même si l'immeuble s'avérait plutôt sûr, il comprenait sa prudence.

— As-tu faim ? proposa-t-elle en se retournant vers son coin cuisine.

La veille, elle avait préparé un ragoût avec un véritable morceau de viande de porc et des légumes, certes flétris, mais savoureux.

Soudain, elle perçut la présence de Liam derrière elle. C'était la première fois qu'ils se retrouvaient en tant que mari et femme. Ils avaient beau s'écrire presque quotidiennement, ils n'avaient pas partagé un moment en tête à tête depuis sa dernière permission, soit deux ans auparavant. Jamais Constance n'aurait cru ressentir cet inconfort auprès de Liam, pourtant, c'était bel et bien le cas et cela la déstabilisait.

Le jeune homme, propre grâce aux bains publics et rasé de près, mais vêtu d'un uniforme aux larges traces de boue, passa un bras autour de son ventre pour l'attirer contre lui.

Constance se morigéna intérieurement : elle se trouvait raide comme un piquet. Elle se força à inspirer profondément pour se laisser aller. La joue de Liam frôla la sienne lorsqu'il baissa la tête pour enfouir son nez dans le creux de sa clavicule. Son souffle chaud se faufila sous sa robe pour s'échouer sur sa poitrine. Liam l'enlaça plus étroitement, sonné lui aussi.

Il savait que Constance vivait dans des conditions difficiles, mais en juger de ses propres yeux le meurtrissait. Dans son dos, il sentait un courant d'air glacial. Le vent d'automne s'engouffrait par l'huisserie de l'unique lucarne, juste au-dessus de la table. La flamme tremblotante de la bougie que la jeune femme avait allumée en rentrant l'attestait, d'ailleurs.

Il lui avait déjà suggéré de déménager, maintenant qu'elle avait accès à leur compte en banque... Mais ce n'était pas sa maigre solde qui changerait quoi que ce soit, Constance le lui avait signifié avec tact, et elle préférait économiser pour leur avenir. Après tout, ils n'avaient strictement rien, aucun patrimoine, aucun soutien familial... Liam ne pouvait qu'adhérer à cette sage décision. Pourtant, se retrouver entre ces quatre murs et ce plancher propre, mais taché, lui retournait l'estomac. Constance était née dans le confort du manoir des Roy. Elle s'était incroyablement adaptée à sa nouvelle vie. Comme lui, elle n'avait pas eu le choix.

Sous ses avant-bras pressés contre son ventre plat, Liam sentit la respiration de sa femme s'apaiser. Il avait deviné son embarras au fur et à mesure qu'ils s'étaient rapprochés de son domicile. Au début, il s'était dit qu'elle était peut-être anxieuse à l'idée de partager un moment d'intimité, bien qu'ils aient déjà fait l'amour. Mais sa gaucherie avait éclaté à peine le seuil franchi. Un peu comme lui lors de sa dernière permission, lorsqu'il avait vu le fossé qui le séparait d'elle, de Jeanne et de Madeleine. Elle avait honte de l'image pauvre qu'elle lui renvoyait, de la même manière qu'il avait eu honte de sa misérable apparence.

Liam ignorait quels mots utiliser pour dédramatiser la situation. À l'instar de Constance deux ans auparavant, il choisit de se taire et de lui prouver que leur environnement n'importait pas.

Il déposa un bisou dans son cou, où l'épiderme fin exhalait son odeur ténue qu'il appréciait depuis toujours. Elle frissonna et appuya la tête sur son épaule afin de dégager sa gorge. Ce geste d'abandon fouetta le sang dans les veines de Liam. Il parsema de baisers la peau offerte jusqu'au lobe de son oreille.

Lorsque le souffle chaud de Liam s'engouffra dans son conduit auditif, un gémissement échappa à Constance. Elle se cambra, Liam pressa aussitôt son bassin contre ses fesses rebondies. Un flot de désir les embrasa.

Constance contemplait les traits détendus de Liam. Allongé sur le dos, le visage tourné vers le fourneau, il dormait profondément. Elle venait de s'éveiller, tiraillée par la faim. Cependant, elle ne voulait pas déranger le repos de son amour : ses cernes mangeaient presque ses pommettes. Un somme dans un vrai lit, comme il n'avait pas manqué de le souligner dans ses missives. Or, elle devait l'enjamber pour se lever... Elle le réveillerait forcément.

Elle décida donc d'ignorer sa fringale et de l'observer. Les privations, la vie dure et l'angoisse avaient marqué ses traits. Il n'avait plus rien du lycéen bourgeois qui s'était engagé l'été de ses dix-huit ans. Liam avait soufflé sa vingt et unième bougie en juin dernier, il était désormais majeur aux yeux de la loi. Son teint tanné et les plis amers aux coins de sa bouche le vieillissaient.

Pour la première fois, Constance détailla sa cicatrice. Elle coupait sa joue droite aux deux tiers pour s'arrêter au niveau de son maxillaire inférieur. Le lobe de son oreille n'existait plus, laissant les chairs déchiquetées en arc de cercle approximatif. Autour de la balafre large de cinq millimètres par endroits, des petits points blancs réguliers demeuraient encore visibles. Constance n'y connaissait rien en médecine, mais elle supposa qu'il s'agissait de la marque du fil utilisé pour le recoudre.

Elle déglutit en imaginant à quel point il avait dû souffrir. Dans une prise de conscience aiguë, elle se colla contre lui pour poser la tête sur sa poitrine. La mort avait littéralement frôlé Liam.

À ce contact, le jeune homme s'éveilla d'un coup, comme d'habitude depuis qu'il était dans l'armée.

— Constance..., marmonna-t-il.

— Chut. J'écoute battre ton cœur.

Il glissa ses doigts dans ses boucles désormais longues jusqu'au milieu de son dos pour la presser contre lui. Elle ferma les paupières afin d'entendre ce qui s'apparentait au plus beau son de sa vie.

Du bout de l'index, elle suivit la courbe de ses pectoraux et l'arrondi de ses tétons. Elle plaqua sa paume contre ses côtes, survola ses abdominaux jusqu'au creux de son aine. Liam écarta légèrement les cuisses et se laissa emporter par les sensations jouissives.

— Je meurs de faim, haleta Constance, la joue à nouveau sur le torse de son homme.

— Moi aussi, déclara Liam, pour autant incapable de desserrer son étreinte.

La bougie s'était éteinte depuis longtemps. Une faible lueur filtrait à travers la lucarne. Ils distinguaient à peine le mobilier. La jeune femme rassembla son courage pour quitter ce nid douillet, mais à peine se redressait-elle que Liam la recolla aussitôt contre lui. Il rabattit la couverture sur eux.

— Il fait bien trop froid pour sortir du lit..., grogna-t-il. Laisse-moi y aller.

— D'accord, pouffa Constance.

Liam partit d'un grand rire puis, sous l'obscurité de l'édredon, trouva sa bouche. Il ne souhaitait que cela pour ces trois prochains jours : manger, dormir et lui faire l'amour.

— Les bougies sont dans le premier tiroir du meuble, à côté des couverts.

Liam était devenu un as pour allumer un feu en un rien de temps. Il plaça la marmite au-dessus du foyer pour en réchauffer le contenu avant de se faufiler à nouveau dans la chaleur de leur lit. Constance lui jeta un regard troublé, une fois de plus surprise par les changements opérés en lui. Elle se redressa légèrement et son entrecuisse, à la fois collant et humide, se rappela à elle.

— Tu vas bien ? s'enquit Liam en arrangeant une mèche derrière son oreille.

— Oui. Je... je dois te proposer une chose un peu... probablement quelque peu inhabituelle dans les couples. Mais j'ai besoin de savoir où tu en es sur ce sujet.

Liam écarquilla les yeux.

— Je connais un moyen pour limiter le risque de tomber enceinte.

Estomaqué, il acquiesça, puis une vague de déception le cueillit et le surprit encore davantage. Constance posa sa main sur son avant-bras :

— Je veux faire plein de bébés avec toi, Liam Roy.

La déclaration de Constance lui arracha un sourire en coin.

— Mais mener une grossesse sans toi... sans parler d'un accouchement alors que je suis si isolée...

— Je comprends, dit-il tout bas.

Elle l'observa attentivement : quelque chose n'allait pas.

— Ce n'est pas faute de rêver de vivre à tes côtés, mais il est évident que je serai absent pour toutes ces étapes. À vrai dire, je ne connaîtrai peut-être même jamais cet hypothétique bébé...

Il baissa la tête pour se focaliser sur ses doigts qui torturaient la couverture. Alors, Constance comprit. Si elle tombait enceinte maintenant et que Liam mourait, il ne resterait que leur enfant comme témoignage de leur amour, comme marque du passage de Liam sur terre.

— Oublie tout cela.

Il lui jeta un coup d'œil incrédule.

— Je suis prête, je ne l'avais juste pas réalisé.

— Consty… Tu es seule, dans une ville si immense que tout est anonyme, sans famille, sans amis mis à part peut-être Léopoldine, et tu vis dans une chambre insalubre. Je ne t'en voudrais pas si tu décidais de ne pas avoir d'enfant tout de suite.

Elle haussa les épaules.

— Tu rentreras. Tu travailleras et à nous deux, nous pourrons déménager. Peut-être à la campagne, pour avoir un potager. Je crois que c'est cela qui me manque le plus. La verdure, la nature.

Il l'attira contre lui. Combien de fois avait-il haï cette guerre qui l'empêchait d'offrir à sa douce des conditions de vie décentes ? Une colère froide envers son père nourrissait cette rancœur tenace.

— Promets-moi de déménager à Lyon si je devais ne pas revenir. Antonin prendra soin de toi. Il a été démobilisé… Il pourra t'assurer un certain confort, d'autant plus si tu es enceinte.

Un maelström d'émotions se bousculait dans leur cœur. Ils détestaient parler de l'avenir, trop hypothétique depuis plus de trois ans… L'anxiété les rongeait autant l'un que l'autre.

— Qu'est-il arrivé à Antonin ?

— Promets, Constance.

Elle releva le visage vers lui, le fixa sans ciller et jura.

Une idée germa dans l'esprit de Liam. Il devait l'évoquer avec son meilleur ami avant de trop se projeter, mais peut-être que Constance pourrait déménager à Lyon dans les prochains mois, enceinte ou pas. Liam se sentirait rassuré qu'elle soit auprès d'Antonin et surtout, loin de la capitale, où les raids aériens la menaçaient... Il se tut, il devait avant tout soumettre l'idée au principal intéressé, qui, en ce moment, n'avait pas du tout la tête à résoudre des problèmes domestiques.

— Alors ? Pour Antonin ?

— Il a été gravement blessé le mois dernier. Un stupide accident.

Constance plaqua sa main contre sa bouche, horrifiée.

— J'ai reçu la lettre de sa mère il y a quelques jours. Les plaies cicatrisent bien, mais il en veut à la terre entière.

— Il y a sûrement de quoi, sa blessure doit être terrible... Que s'est-il passé ? insista-t-elle en se penchant pour attraper son maillot de corps et l'enfiler.

Elle revêtit sa culotte longue, que deux petits nœuds décoraient au niveau des genoux.

— Il partait en permission. Comme souvent dans ces cas-là, c'était la cohue sur le quai.

Elle se leva, frissonna malgré la cuisinière qui commençait à réchauffer l'atmosphère. Elle drapa ses épaules de la veste d'uniforme de Liam, posée négligemment sur la table.

— Le train est arrivé, on l'a poussé et il a chuté. Les roues ont sectionné ses deux pieds.

— Juste ciel !

Figée devant la marmite, une grosse cuiller en bois à la main, Constance affichait une mine épouvantée. Puis elle se dit que si elle tombait enceinte durant ces quelques jours, Antonin ne serait pas en mesure de l'accueillir. Liam ne s'en rendait pas compte...

Pour stopper le flot anxieux et triste qui l'envahissait, elle attrapa ses deux seules assiettes et les remplit de ragoût.

— Il ne pourra plus jamais marcher.

Les soldats amputés ou défigurés n'étaient plus rares dans les rues de la capitale.

— Probablement, répondit Liam en lui faisant de la place dans le lit.

— Depuis cette année, je me rends compte à quel point avant, la guerre m'avait épargnée.

— Tu parles des morts et des accidents ?

— Oui.

Elle pensa à Baptiste et Audrey, deux décès qui l'avaient profondément bouleversée. Elle avait été si proche d'eux... Ils avaient contribué à son éveil. De façons bien différentes, certes, mais très importantes. Se dire qu'elle ne discuterait plus jamais avec mademoiselle Laktas la minait régulièrement.

— Comment se porte Ghislaine ? Tu as pu revoir mademoiselle Gaudron ?

— Ghislaine se remet de la disparition de Jean-François. Elle se donne corps et âme dans son travail à l'usine.

À la mention de l'entreprise paternelle, Liam ressentit un pincement au cœur. Cet avenir-là s'était évaporé depuis longtemps.

— Quant à mademoiselle Gaudron, je t'avais dit que sa logeuse l'avait expulsée, car elle ne supportait plus la réputation d'accueillir des filles de mauvaise vie, même en situation d'urgence... J'ai eu beau chercher, impossible de retrouver sa trace.

— Je suis désolé.

— Je finirai bien par entendre une information. Le nom d'un café où des suffragistes se réunissent, par exemple. Alors je pourrai rentrer à nouveau dans le cercle.

Liam acquiesça en appréciant son délicieux repas. Il y avait quelque chose dans la cuisine de Constance (et de Mady) qui lui donnait un goût incomparable.

La jeune femme l'épia du coin de l'œil. Elle adorait le voir se régaler. Liam avait toujours aimé bien manger et ce plaisir simple lui manquait depuis trop de temps.

Tous les deux pelotonnés sous la couverture épaisse, ils partageaient leur premier repas en tant que mari et femme. Une fois encore, ils se fichaient éperdument de la bienséance. De toute façon, l'unique chaise servait à sécuriser l'entrée. Et, malgré la porte du four ouverte, il faisait bien trop froid pour quitter ce cocon !

Rassasiés, ils déposèrent leurs ustensiles à même le sol, vidèrent un verre d'eau et se blottirent l'un contre l'autre. Liam jeta sa veste d'uniforme au loin afin de pouvoir embrasser les épaules de sa dulcinée. Il la déshabilla aussitôt et ses propres sous-vêtements suivirent le mouvement. Constance en profita pour se glisser sous lui et, d'une tendre poussée sur ses fesses, l'accueillit en elle.

Chapitre 44 – 1917 – 21 ans

Liam somnolait, les jambes étendues à travers le compartiment du train. La boiserie ouvragée et les sièges rembourrés joliment tapissés le changeaient des wagons vétustes mis à disposition des soldats pour quitter le front. Des souvenirs de Constance, ces derniers jours, l'assaillaient. Il luttait pour ne pas pleurer. Elle lui manquait déjà atrocement et les adieux, dans ce contexte incertain, les déchiraient fatalement.

— *As-tu des idées de prénoms pour notre futur bébé ?*

Comment parvenait-elle à le surprendre autant au détour d'une action pourtant aussi simple que celle d'étendre le linge qu'elle remontait du lavoir ? Liam avait souri, une bouffée d'amour enveloppant son cœur.

— *Je n'ai qu'un impératif : pas de prénom porté par un membre de la famille.*

Elle avait vivement opiné.

Sans crier gare, des picotements envahirent ses doigts croisés sur son ventre. Il se revit découvrir la peau laiteuse du dos de son épouse, ses grains de beauté dispersés un peu partout. Dans le creux de son oreille, il réentendit ses soupirs sous ses caresses, ses gémissements sous ses assauts.

La flamme du désir embrasa ses reins. Il ne put empêcher la commissure de ses lèvres de remonter en un sourire heureux. Il avait perdu le compte de leurs ébats. Il restait sûr d'une chose : ils avaient plus souvent été nus qu'habillés. Liam ne s'était jamais imaginé qu'ils puissent vivre ainsi. Ces trois jours se révélaient loin, très loin de ce qu'on lui avait inculqué de la vie commune. Dire qu'il s'apprêtait à avouer à leurs familles qu'ils s'étaient mariés...

Le train ralentit. Liam ouvrit à peine les yeux pour apercevoir l'extérieur. Il se pensait encore à un arrêt du Havre, mais non ! Il reconnut la campagne environnante avec ses maisonnettes et, très vite, la périphérie de la ville, beaucoup moins coquette.

Il chassa les souvenirs liés à Constance, attrapa son barda et adressa un au revoir à ses voisins et voisines de voyage, tous las du trajet depuis Paris.

Son cœur battait à tout rompre lorsqu'il posa un pied sur le quai. Il connaissait chaque poutrelle d'acier, chaque verrière... Il revenait en Normandie, chez lui, pour tenter de renouer avec sa mère souffrante, alors que son père l'en avait violemment expulsé.

Mais avant cette inévitable confrontation, une longue marche l'attendait. Il sortit de la gare sous un ciel pluvieux typique de novembre. À peine eut-il arpenté trois cents mètres qu'un crachin glacé l'enveloppa.

Il soupira, redressa le col de son manteau, positionna son casque sur sa tête dans le but de se protéger un minimum et avança.

En arrivant devant la demeure des Roy, toujours aussi belle et imposante, Liam marqua un temps d'arrêt.

Il releva les yeux, parcourut la façade de pierre, puis le toit d'ardoises pentu. Une flaque de lumière provenant de la cuisine éclaboussait les pavés de la rue. Au premier, à droite, il distingua derrière les rideaux crochetés par sa mère une faible source de luminosité. Le bureau de son père, à l'étage du dessus, demeurait sombre. William et, par extension, Ian devaient être absents.

Liam avait justement choisi ce jour de la semaine et le train du matin pour les éviter. Il comptait sur l'effet de surprise de sa visite et la pitié de Madeleine pour passer un moment auprès de Jeanne.

Ensuite, il attendrait quelque part, probablement à l'entrée du village, le retour de Florent du lycée.

Liam souffla un bon coup. Assez tergiversé. La rue s'avérait peut-être déserte du fait de ce début d'après-midi pluvieux, mais moins il traînerait, plus il profiterait de sa mère avant que son père ne rentre de l'usine en catastrophe. Le cadet des Roy ne se faisait aucune illusion sur l'accueil que son géniteur lui réservait.

Liam grimpa les trois marches arrondies du perron et, pour la première fois de sa vie, toqua à cette porte si familière. Il devina les pas de Mady dans ses sabots d'intérieur. Une suée de crainte poissa son échine. Le battant s'ouvrit.

Bouche bée, la bonne, les bras ballants, demeura statique devant cette apparition.

— Bonjour, Madeleine.

Liam n'était porteur d'aucun message de sa fille, qui lui en voulait encore terriblement. Aussi expliqua-t-il :

— J'ai appris que Jeanne était gravement malade et qu'elle me réclamait. J'aimerais voir ma mère, s'il vous plaît.

Madeleine referma ses lèvres fines. Aussitôt, les plis amers nés à l'aube de ses vingt ans encadrèrent sa bouche. À cause de la guerre, Liam arborait désormais les mêmes.

La génitrice de Constance s'effaça en silence, sans le quitter des yeux. Il la remercia tout en se déchaussant et en retirant son manteau trempé.

L'odeur familière du manoir le saisit à la gorge. L'appétissant fumet provenant de la cuisine, le parfum fleuri mais ténu de sa maman, celui, capiteux, de son père, la cire du parquet, la lessive acre des tapis…

Lorsqu'il se redressa, il nota les cheveux blanchis de celle qui l'avait en partie élevé. Dans son cœur se mélangeaient le désir de la serrer dans ses bras, comme quand il était enfant, et celui de la snober pour tout le mal qu'elle avait causé à sa femme.

Madeleine, toujours immobile, le détaillait sans vergogne. Liam la connaissait assez pour remarquer le voile humide qui couvrait ses prunelles bleues. Elle était bouleversée.

Il grimpa les escaliers sans se retourner. Il traversa cette maison si silencieuse qu'il en eut la chair de poule. La porte de la chambre de ses parents était entrouverte, mais il toqua pour s'annoncer.

Personne ne lui répondit.

Il poussa le battant en grand, le lit se trouvant presque derrière.

Le sang déserta son visage.

Il se précipita au chevet de sa mère, positionna sa main juste en dessous de son nez.

Le temps se suspendit.

Un souffle chaud balaya ses phalanges.

Jeanne vivait.

Elle ressemblait peut-être à un cadavre, terriblement pâle et amaigrie, mais elle respirait.

Le corps de Liam se relâcha dans un soupir. Il replaça une mèche châtain foncé sur l'oreiller, auparavant collée contre le front de sa maman.

Ses paupières papillonnèrent. Elle lâcha un cri de stupeur et l'attira contre elle de toutes ses forces amoindries par la maladie. En boucle, elle chuchota son prénom à son oreille. Ses larmes rinçaient la joue de son fils. De ses doigts fébriles, elle agrippa les cheveux courts et mouillés de Liam et s'y cramponna.

Penché au-dessus d'elle dans une position improbable, Liam se laissa faire, chamboulé. Comme pour Mady, il aurait aimé l'étreindre, se perdre dans le bonheur des retrouvailles. Mais il ne pouvait oublier ses mots envers Constance et son manque total de soutien. Jeanne n'avait jamais voulu le bien-être de son fils, elle avait établi un plan précis pour son avenir et qu'il s'y soustraie l'avait profondément blessée.

Il se dégagea délicatement, tira le tabouret en bois précieux de sous la coiffeuse et s'installa.

— Donne-moi ta main.

Il obéit. Le silence s'épaissit, inconfortable. Liam attendait des excuses qui ne venaient pas et il saisit qu'il en allait peut-être de même pour Jeanne. Pour éviter qu'elle se méprenne sur ses intentions, il déclara :

— On m'a dit que votre moral était au plus bas. Et que vous me réclamiez.

— Tu es trempé, mon doux bébé. Tu vas attraper froid... Laisse-moi appeler Mady, elle nous concoctera une tasse de thé bien chaud...

— Mère.

— Laisse-moi faire cela pour toi... Au moins cela.

Dans son regard, une lueur s'allumait. Soulagé, Liam capitula. Il la retrouvait enfin un peu.

Jeanne sonna une clochette sur la haute table de chevet. D'un geste quasi maniaque, elle la repositionna au centre du napperon. Elle commanda le breuvage, mais ils n'eurent même pas le temps d'entamer une conversation que la bonne revenait chargée d'un plateau. Madeleine avait anticipé et préparé, sur une délicate assiette de porcelaine, deux tranches de pain. Il n'y avait ni confiture ni beurre pour les accompagner, mais de la compote. Sa préférée. Hasard ?

— Madeleine. Restez, je vous prie.

Elle ne lui avait toujours pas décroché un mot. Liam en avait gros sur le cœur, il ne savait pas vraiment par où commencer. Mais il demeurait certain d'une chose : ce tête-à-tête avec sa belle-mère et sa génitrice ne se représenterait sûrement pas. Maintes fois, il avait formulé dans son esprit ce qu'il s'apprêtait à lâcher. Constance lui avait donné son avis pour conclure par un : « Connaissant Madeleine et sa rancune, si tu débutes ta phrase par mon prénom, elle se braquera et n'entendra rien. »

— Nous nous sommes mariés en avril dernier.

Le faciès de la bonne s'assombrit instantanément. Jeanne plongea le nez dans sa tasse de thé.

Elles ne me féliciteront pas, comprit Liam, dégoûté.

Dégoûté surtout de lui-même, de cet espoir gamin qu'il maintenait au fond de son cœur sans même en avoir conscience.

Il secoua la tête lentement de gauche à droite pour se ressaisir.

— Vous vous êtes laissé séduire par une fille qui n'est pas faite pour vous, Monsieur Liam.

Une fois encore, il releva dans les propos de Mady la position peu flatteuse dans laquelle elle mettait Constance. Et lui qui n'avait jamais essuyé le moindre reproche. Dans sa bouche, comme dans celle de Jeanne, Constance portait la faute de cette situation qu'elles jugeaient désastreuse.

Liam passa outre le fait qu'elle ne s'était jamais permis une remarque si intime à son encontre. Un brasier de colère s'allumait dans son ventre. Hargneux, il chercha ses mots avec soin pour faire le plus de mal possible.

— Constance est une femme merveilleuse.

Une mimique dégoûtée déforma les traits des deux mères.

— Nous sommes fous amoureux l'un de l'autre depuis des années. Probablement depuis toujours, en fait. Et toutes les deux, vous pouvez bien mourir de haine ou de chagrin à cette idée.

— Liam…, sanglota Jeanne, une main sur la poitrine.

— Vous m'appeliez ; je suis là. Qu'avez-vous à me dire ?

— Tu me manques terriblement. Ne la laisse pas nous séparer…

Son gémissement lui donna envie de hurler en secouant sa mère. Comment pouvait-elle se fourvoyer à ce point ? Comment pouvait-elle songer une seconde que Constance le manipulait pour l'éloigner de sa famille ? Comment pouvait-elle le juger si malléable ?

Il serra les poings et un besoin violent de boxer l'ébranla. Il n'avait plus ressenti un tel besoin de cogner depuis très, très longtemps. Depuis son altercation avec Ian alors qu'il harcelait Constance.

— Vous vous séparez de moi toute seule. D'une part avec ces propos sur la femme que j'aime, d'autre part en ne m'écrivant pas. Je suis à l'armée, Jeanne, poursuivit-il froidement. Cessez de transformer Constance en bourreau. Il ne tient qu'à vous de prendre de mes nouvelles.

— Mais je... Ton père...

— Vous pouvez disposer, Madeleine.

Cette dernière ouvrit la bouche, interloquée par cet ordre. Jeanne effectua un bref mouvement de la main pour approuver. La bonne baissa la tête, soumise, et se retira.

— Je me sens si faible...

— Vous manqué-je ?

— Évidemment, Liam. Tu es mon fils. Tu es au front... L'inquiétude me ronge chaque seconde.

Les larmes dévalèrent les joues creuses de la maîtresse de maison. Liam ne se laissa pas attendrir.

— Écrivez-moi, dans ce cas.

— Ton père a donné des ordres...

— Vous n'êtes pas une chienne qui doit obéir, gronda Liam, excédé.

Il se pencha en avant jusqu'à planter ses pupilles dans celles de sa mère.

— Vous êtes un être humain. Choisissez. Osez.

Tétanisée, Jeanne murmura :

— William est mon mari... Je lui dois...

— Très bien, coupa Liam en se relevant. Laissez-vous faire et rendez l'âme au fond de ce lit conjugal, puisque telle est sa volonté. Ne profitez surtout pas des deux fils qu'il vous reste et encore moins de moi, qui ai frôlé la mort il y a tout juste quelques mois.

Recroquevillée, Jeanne n'était plus que larmes. Son regard accrocha la cicatrice qui barrait le beau visage de son cadet et ses pleurs redoublèrent.

— Constance ne sera un obstacle entre nous que si vous le décidez. Vous pourriez aussi l'accepter, constater à quel point elle me rend heureux, nous rendre visite après la guerre pour rencontrer vos petits-enfants...

Liam sentit sa tristesse affleurer. Il parlait comme s'il était sûr de rentrer, mais en vérité, il espérait seulement que sa mère lui écrive. Il ne voulait pas mourir fâché, alors qu'il venait de comprendre qu'elle était entièrement, complètement soumise aux désirs de son mari. Comme beaucoup de femmes de sa génération.

Au rez-de-chaussée, une porte claqua.

— Reprenez-vous, ordonna Liam en l'attrapant par les épaules.

Il l'attira contre lui sans ménagement, la pressa une seconde avant que le battant de la chambre s'ouvre à la volée. Liam voulut se redresser, mais Jeanne s'accrocha à son cou. Il sentait l'énergie de William bouillonner comme un taureau prêt à charger. En insécurité, il se détacha avec douceur mais fermeté de l'étreinte maternelle.

— Comment oses-tu revenir sous mon toit ?

— *Votre* toit, reprit Liam en désignant ses parents à tour de rôle. Ma mère était souffrante et elle m'a appelé, mais ne vous inquiétez pas, je m'en vais maintenant.

Père et fils se jaugèrent. Sur le seuil, Ian n'en perdait pas une miette.

— Au revoir, mère.

Il l'embrassa sur la joue, comme pour lui souhaiter bonne nuit lorsqu'il était enfant. Elle lui rendit son baiser, pleine de morve et de larmes. À cet instant, ils s'en moquèrent. Puis Liam esquissa un pas en direction de la sortie.

— Attends !

Précipitamment, Jeanne déplia une serviette de coton disposée sur le plateau, y fourra une tranche de pain, versa l'intégralité du compotier dessus, forma un sandwich à l'aide de la seconde tranche et noua le tout, qu'elle tendit à son fils.

Ébahi et touché, Liam attrapa l'en-cas avec un regard reconnaissant. Désespérée, Jeanne sanglotait encore, mais il décida de voir en ce geste son premier signe de rébellion.

Il dépassa son géniteur et son frère sans un mot, se prépara à la hâte dans le hall et quitta la demeure, non plus comme un adolescent échevelé, mais comme un homme assuré.

Son manteau glacé et alourdi par l'eau le faisait frissonner, mais il s'en moquait : il avait l'habitude d'être constamment malade.

Il leur avait appris son mariage avec Constance, avait vidé son sac auprès de sa mère et la rencontre avec son père s'était passée beaucoup mieux qu'escompté. Il en tremblait encore d'émotion, mais cette visite-surprise serait une franche réussite s'il parvenait à croiser Florent sur la route du Havre... En retournant à la ville, il pourrait dormir à la gare et serait sur place le lendemain pour son train.

Une automobile le dépassa, puis s'arrêta un peu plus loin. Lorsqu'il arriva à sa hauteur, le conducteur ouvrit sa petite fenêtre :

— Puis-je vous avancer ? Je bifurque avant Le Havre, mais au moins serez-vous à l'abri une dizaine de minutes.

— Avec plaisir, merci.

Liam s'installa et cala son sac à dos entre ses genoux. Un peu de répit sous cette pluie qui commençait à forcir ne lui ferait pas de mal !

— Vous êtes le docteur Martineau, si je me souviens bien...

Le vieux monsieur à la moustache joliment courbée acquiesça.

— Liam Roy, n'est-ce pas ? Votre visage me disait bien quelque chose... mais cela fait longtemps que je ne vous ai pas soigné, mon garçon.

Et pourtant... J'aurais bien besoin de l'un de vos sirops miracles contre la toux.

Ils discutèrent brièvement, évitant scrupuleusement le sujet de la guerre. Au carrefour un peu plus loin, le médecin s'arrêta au milieu de la route. Il tournait à droite, en direction de la ferme des Causte. Lorsque Liam lui adressa un signe d'au revoir, son ventre se tordit subtilement. Revenir dans ce lieu où il connaissait chaque visage et chaque arbre lui faisait du bien. Cela le rassurait, comme s'il se sentait en sécurité n'importe où.

Il repensa au vague à l'âme de Constance concernant la vie à la campagne. Ils s'installeraient en priorité où Liam trouverait un emploi, sûrement en ville, donc. Ils pourraient peut-être choisir une cité de taille moyenne, mais lorsqu'ils auraient suffisamment d'argent, rien ne les empêcherait de déménager pour bâtir leur cocon.

Rêveur, Liam repartit d'un bon pas. Il contourna les larges flaques qui se formaient dans les ornières de la route.

Nous aurons déjà sûrement un, peut-être deux enfants à ce moment-là...

Une calèche venant en sens inverse le tira de ses fantasmes. Il lui fit signe et les chevaux, dociles, s'arrêtèrent.

— Bonjour, soldat !

— Bonjour, madame. Vous occupez-vous du transport des lycéens du Havre ? Je cherche Florent Roy.

— Il est derrière.

Un large sourire fendit les lèvres de Liam. Il se précipita, ouvrit la portière et scruta chacun des visages des quelques adolescents.

Un tourbillon châtain se rua sur lui, il faillit basculer et tomber dans la boue, mais il se rattrapa de justesse à la poignée, l'autre bras passé autour du cou de son frère. Ils se serrèrent fort.

— Excusez-moi, jeunes hommes, mais je vais devoir y aller...

Florent empoigna son sac d'école et descendit sans hésiter.

— Es-tu sûr ? Tu feras le trajet de nuit, sous la pluie...

Le dernier de la fratrie haussa les épaules.

— Raconte-moi tout...

Ils observèrent les alentours.

— Abritons-nous dans le petit bois des dames.

— Cela te rallongera la route, s'opposa Florent.

— Je ne suis pas à un kilomètre près, ne t'en fais pas.

Les deux frères échangèrent un profond regard empli d'amour. Entre la mort d'Audrey Laktas, son entrée au lycée et les menaces de leur père, ils n'avaient pas échangé de nouvelles depuis longtemps. Penchés l'un vers l'autre, ils conversèrent avec plaisir, comme lorsqu'ils discutaient dans l'obscurité de leur chambre. Florent félicita Liam pour son mariage en soulignant qu'il avait toujours flairé *quelque chose* entre l'ancienne domestique et lui. Liam s'excusa pour ses mensonges avant de s'enquérir :

— Et toi ? Y a-t-il une jeune fille qui fait battre ton cœur ?

Florent rougit, mais balaya la question d'un revers de main. Liam respecta son silence, se souvenant qu'à quinze ans, évoquer ce sujet l'aurait gêné lui aussi.

Abrité dans une cabane sommaire construite par les gamins du coin, Liam sortit la couverture de patchwork cousue par leur grand-mère. Il jeta son manteau sur les branchages et ainsi, blottis l'un contre l'autre, ils discutèrent jusqu'à la nuit tombée.

Florent lui posait des questions précises sur le front et Liam, peu désireux d'en parler au début, se surprit finalement à répondre avec franchise. Et il se rendit compte qu'extérioriser son quotidien lui faisait du bien. Cela le soulageait, comme si les images choquantes imprimées dans son cerveau commençaient à se flouter.

Les deux frères luttèrent contre les larmes des adieux et s'adressèrent de grands signes de la main jusqu'à ne plus s'apercevoir.

Liam, accablé, ne supportait plus cette souffrance. Quand prendrait-elle fin ?

Le lendemain, dans le train qui le ramenait à Paris, où ensuite il attraperait sa correspondance qui le renverrait sur le front, Liam s'endormit profondément, au sec et le ventre pas trop vide grâce au sandwich de sa mère. Il se réveilla tout juste arrivé à la capitale, noyée elle aussi sous un crachin digne de novembre.

Sous le grand panneau d'affichage, Liam fut attiré par la couleur d'une robe gravée dans son esprit depuis le jour de son mariage. Des yeux, il remonta le tissu rose orangé, la large ceinture légèrement chatoyante, pour s'arrêter net sur une paire de seins qu'il connaissait bien. Béat, il rencontra un sourire franc, un nez retroussé constellé de taches de rousseur pour s'échouer dans des iris bleutés.

Constance se précipita vers lui.

— Je ne pouvais pas te laisser passer à Paris sans t'embrasser...

— Mais... ton travail...

— J'ai supplié mon patron. Je sauterai ma pause-déjeuner demain et après-demain si besoin pour rattraper mes heures.

Il glissa ses mains autour de sa taille fine, fou de joie. Ils n'eurent que cinquante minutes dans la gare bondée. Pressés l'un contre l'autre contre un pilier de métal, Liam raconta son entrevue de la veille dans le creux de l'oreille de sa femme. Ils discutèrent vivement, s'arrêtèrent pour se prodiguer baisers et douces caresses...

L'heure des adieux sonna.

Chapitre 45 – 1918 – 22 ans

Mon cher mari,

Je te renvoie tes vœux de santé et te couvre d'amour pour cette nouvelle année. Que 1918 soit celle de l'armistice…

Comme souvent, j'ai reçu toutes tes lettres d'un coup ! Une missive d'Antonin les accompagnait. J'ai donc découvert dans une synchronicité parfaite votre projet de me faire quitter Paris ! Ma main tremble tandis que je peine à trouver les mots pour t'avouer mon soulagement. Tu ne le sais peut-être pas encore, mais le raid des Gothas a fait des dizaines de blessés. Si les Boches ont laissé Paris tranquille en 1917, je crains que ce ne soit plus le cas.

Je veux partir de cette ville. Je veux mener ma grossesse en toute sécurité. Je veux aussi changer de travail, car je n'en peux plus d'observer des pièces toute la journée courbée sous une lampe qui me brûle les yeux.

Antonin et toi me proposez tout cela.

Dès demain, j'avertirai mon patron et ma logeuse. Antonin a dit m'attendre sans délai, je m'en irai donc courant de ce mois-ci.

Je t'écrirai dans le train. C'est une façon efficace de lutter contre les nausées et j'en ai bien besoin ! Je crois d'ailleurs que mon chef sera soulagé de me voir partir… Il ne supporte plus mes haut-le-cœur. Léopoldine, la pauvre, a bien du mal aussi ! Selon une autre de mes collègues, maman de trois enfants, ce désagrément devrait passer d'ici les prochaines semaines. J'ai hâte, si tu savais…

[…]

Ma chère Ghislaine,

Je me suis enfin remise de mon arrivée épique à Lyon. À peine partie de Paris, une phénoménale chute de neige a ralenti le train jusqu'à l'immobiliser complètement en rase campagne. J'aurais sûrement pu trouver le paysage poétique s'il n'avait pas fait si froid et si, surtout, j'avais passé une meilleure nuit. Malheureusement, entre l'anxiété liée au départ et les vomissements qui ne cessent de me surprendre, je n'avais presque pas fermé l'œil.

Après cinq heures de retard, je me suis retrouvée sur le quai d'une gare inconnue, seule, épuisée, nauséeuse… J'en ai pleuré de désespoir.

Heureusement, une femme entre deux âges m'a guidée jusqu'à la salle d'attente où elle m'a fait une place près du poêle. Et puis le vieux cocher des Leclerc est arrivé…

Ma rencontre avec Antonin s'est plutôt bien passée au vu des circonstances. Liam serait bien plus efficace que moi pour remonter le moral de son meilleur ami, et parfois, je me surprends à me demander ce que je fabrique ici, et surtout, si Antonin ne regrette pas mon installation. Puis soudainement, il accepte une partie de cartes ou de petits chevaux, il esquisse un demi-sourire et je me sens moins inutile. Avec le temps, j'espère que nous parviendrons à tisser une relation de confiance.

J'admire le courage de cet homme. Par respect pour sa pudeur, je ne m'étendrai pas sur ses maux.

J'ai hâte de recevoir de tes nouvelles, et contrairement à ce que tu m'as écrit la dernière fois, tes lettres ne sont jamais ennuyeuses, même si tu ne parles que de tes heures à l'usine des Roy. Je suis soulagée de lire entre tes lignes que tu te remets progressivement de la disparition de Jean-François.

Comme tu le soulignes toi-même, il n'y avait rien entre vous, mais tes sentiments n'en sont pas moins réels. Le deuil aussi.

Ma tendre amie, tu le rencontreras, ton prince charmant. Quand les hommes seront revenus ! Patience ! Il te méritera, acceptera ta sœur féministe et ta passion pour le cinéma. Sans oublier les trois enfants dont tu rêves !

As-tu revu Félicité depuis son installation au Havre ? Son nouvel emploi au magasin de chaussures lui laisse-t-il le temps (et l'argent !) pour reprendre ses études ?

Et Louise ? Les chances qu'elle rentre au village sont maigres, je le sais. Elle a choisi sa vie (que tu désapprouves, certes), mais cette femme reste malgré tout une figure de mon éveil féministe. J'espère qu'un jour, tu m'apprendras une bonne nouvelle à son sujet...

Je t'embrasse,
Constance

*

Dans le train bondé ne dépassant pas les cinquante kilomètres-heure, Liam n'avait pas réussi à s'asseoir pour dormir ne serait-ce que quelques heures. Il puisa dans ses réserves, habitué à se surpasser.

La guerre était pourtant finie. Terminée ! L'armistice avait été signé près de deux semaines auparavant et, enfin, il avait été démobilisé. Depuis trois jours, il enchaînait les correspondances surpeuplées sans presque rien dans le ventre. Mais bientôt, tout cela serait derrière lui.

Il dirait adieu à cette promiscuité qu'il ne supportait plus. Adieu à cette puanteur. Adieu à la vermine et aux poux qui rongeaient ses cheveux, sa barbe, ses aisselles... Adieu à cet uniforme raide de crasse aux couleurs passées et rapiécé de toutes parts. Adieu au sac trop lourd qui lui cisaillait les épaules au point d'épaissir sa peau presque comme la corne de ses pieds.

Seuls resteraient les souvenirs des batailles et des morts, qu'il s'emploierait à oublier entre les bras de Constance et dans les verres de vin en compagnie d'Antonin.

Compressé entre deux autres ex-soldats, il tâtonna sa poche de pantalon pour sentir le papier glacé. Il y avait son fils, aussi. Son sourire édenté de bébé bien portant. Il avait reçu l'unique photo de Constance et de Jehan en septembre dernier. Il l'avait tant contemplée qu'elle était entièrement froissée.

Bientôt, je rencontrerai mon enfant, j'embrasserai ma femme et serrerai mon meilleur ami contre moi.

Exténué, il posa son front contre la vitre sale du wagon et y laissa une marque de plus. Au moins, ainsi entassé avec les autres n'avait-il pas froid.

Lyon s'ouvrait à lui, assez semblable à Paris. De hauts immeubles bordaient les larges avenues ; partout, des fiacres et des voitures se partageaient la route avec des piétons emmitouflés dans des manteaux plus ou moins épais. Ici et là, des grappes bleu et rouge s'égayaient.

Liam se fraya un passage jusque devant le panneau du plan de la ville. D'un coup d'œil, il repéra les bains publics, sa première étape. Il n'avait plus que quelques piécettes en poche et espéra que sa monnaie suffirait. S'il avait pu, il aurait brûlé son uniforme sans autre forme de procès. Mais ses vêtements civils étaient restés en Normandie et, de toute façon, sa carrure avait bien changé depuis ses dix-huit ans.

Antonin me prêtera un habit, notre corpulence est semblable.

Le jeune homme de vingt-deux ans déambula dans les rues pavées sous un soleil qui ne réchauffait pas, si ce n'était son cœur. Il ne parvenait pas encore à réaliser que la paix avait été décrétée.

Quatre ans et quatre mois dans la boue et sous les obus. Et il s'en tirait avec une simple balafre, une toux tenace sans doute liée aux gaz toxiques et une légère perte d'audition. En s'engageant dans l'artillerie, il avait tout de même été relativement épargné. Si l'on pouvait employer de tels mots pour un pointeur de la Grande Guerre.

Sous le jet d'eau chaude, il observa les rigoles maronnasses s'enfuir dans la bonde. Il ferma les yeux, tituba sous le poids de l'épuisement avant d'offrir son visage aux gouttelettes.

Lavez-moi de ces horreurs. Purifiez-moi de ces quatre années d'enfer où j'ai donné la mort autant de fois que je l'ai frôlée.

Une fois savonné et séché, il fit la queue chez le barbier installé sur le trottoir. À grands coups de rasoir, il élimina ses poils en se jurant de ne plus jamais porter la barbe ni même une simple moustache. Ses cheveux subirent un sort identique à un centimètre près.

Quand l'homme braqua un miroir sous son nez, Liam se reconnut. Il recouvrait une forme humaine bienvenue, même si son uniforme dégageait une puanteur indescriptible.

Il erra un moment dans des rues dont il ne parvenait pas à retenir le nom avant de trouver enfin un épicier capable de lui indiquer le chemin. Lorsqu'il arriva devant l'hôtel particulier des Leclerc, il grimpa les deux marches encadrées d'imposants pots de fleurs garnis de buis taillés en boule et utilisa le lourd heurtoir.

La vieille dame qui l'accueillit le détailla des pieds à la tête avant de déclarer :

— Nous ne donnons pas d'argent, mais le maître de maison accepte de vous faire cadeau d'une poire.

Liam ne s'attendait pas à ce froid traitement. Y avait-il autant de soldats mendiants ? Il ouvrit la bouche, la referma, la rouvrit pour se présenter. Confuse, la femme aussi ridée qu'une pomme bien mûre lui offrit ses excuses en s'effaçant.

— Je vais vous conduire, si vous le voulez bien. Monsieur Antonin et Madame Constance se trouvent dans le bureau.

Liam accepta d'un hochement de tête. Incapable de se concentrer sur son environnement, il ne remarqua ni les boiseries finement sculptées ni le lustre majestueux, encore moins les tommettes bordeaux, jaunes et vertes. Lorsqu'il foula un tapis d'une magnifique facture, il se rendit seulement compte qu'il n'avait pas retiré ses bottes crottées.

— Pardonnez-moi...

Il désigna d'un geste de la main ses souliers. La gouvernante sourit brièvement, signe qu'il ne devait pas s'en faire. Ils arrivèrent devant la porte d'un petit salon décoré avec subtilité dans des tons pastel. Le cœur battant dans ses tempes, il fixa le panneau au bois sombre et verni.

La vieille femme marqua un temps d'arrêt, une main sur le bouton rond. Elle avait perçu son trouble.

Ce sentiment de pénétrer dans un monde parallèle l'avait rattrapé lors de ses deux permissions. Mais cette fois-ci, il ne repartirait pas. Et derrière cette cloison se trouvaient les deux personnes les plus chères à son cœur, qu'il avait tant rêvé présenter l'une à l'autre.

Or, ils vivaient conjointement depuis près de neuf mois. Antonin connaissait mieux son propre bébé que lui-même. C'était lui qui avait finalement enseigné les mathématiques à Constance... Si les savoir ensemble avait rassuré Liam, une angoisse sourde rampait à présent dans ses veines.

Et s'il n'avait plus sa place auprès d'eux ?

Cette anxiété inexplicable figea ses traits. La vieille femme accrocha son regard perdu. Elle semblait si sûre d'elle. Comme si elle avait déchiffré Liam durant l'espace de ces quelques secondes où il doutait de tout, même de sa légitimité.

Elle toqua deux coups brefs. Aussitôt, la voix grave de son meilleur ami l'invita à entrer.

Penchée sur une vaste table devant un livre de comptes, Constance redressa la tête avec un petit temps de retard.

Elle crut rêver.

Ou plutôt, elle avait tant fantasmé son retour qu'elle mit une fraction de seconde à comprendre qu'il s'agissait de la réalité.

— Liam, sanglota-t-elle en se précipitant vers lui.

Il ne put qu'apercevoir Antonin entamer une marche arrière avec son fauteuil roulant en bois lustré. Liam réceptionna sa femme entre ses bras, qui l'embrassa à pleine bouche.

— Mon amour..., répétait-elle en boucle.

Sa robe lavande sans fioritures rendait ses iris bordés de larmes hypnotiques. Elle suivit les traits de son visage, enfouit son nez dans son cou.

— Tu es là. La guerre est terminée.

— Oui, murmura-t-il à son oreille. Oui. Nous sommes réunis pour de bon.

Il respira son odeur à pleins poumons. Laissa la vague puissante de soulagement balayer ses doutes, ses craintes, sa mémoire traumatique...

Constance sentit le relâchement parcourir le corps de son époux. Elle ne pouvait plus s'arrêter de pleurer de joie. Malgré tout, elle se força à décrisper ses doigts accrochés au niveau de ses omoplates. Liam la maintint contre lui, mais elle se dégagea avec douceur. Elle savait qu'une autre personne se languissait de le retrouver. En quatre ans, ils ne s'étaient aperçus qu'une unique fois...

Liam plongea vers le fauteuil de son meilleur ami pour l'étreindre de toutes ses forces. Il s'était toujours imaginé craquer entre les bras de Constance, aussi fut-il étonné des larmes brûlantes qui roulèrent le long de ses joues.

Mais Antonin savait. Il connaissait la boue et le sang, l'odeur infecte des cadavres et des vivants entassés, celle indétectable, mais non moins anxiogène des gaz chimiques, son amour pour Constance, son inquiétude viscérale. Liam s'était confié à lui et son meilleur ami avait deviné le reste.

— Merci, articula-t-il difficilement.

— Merci à toi...

Alors le jeune homme comprit qu'il avait sous-estimé l'aide apportée par Constance. S'il avait vu Antonin reprendre goût à la vie progressivement au gré de leur correspondance, il saisit que son épouse l'avait réellement épaulé à traverser l'épreuve de sa double amputation. Il le perçut à sa voix tremblotante, à ses doigts crispés autour de sa taille.

Liam demeura de longues minutes penché au-dessus de son ami. Ils gardèrent le silence, se parlant avec leurs corps.

Puis un bruit léger le figea. Aussitôt, Antonin le poussa presque à se redresser. Il se retourna, chercha Constance des yeux, mais son attention se portait sur un coin de la pièce.

Sur un berceau.

Un cri précéda un pleur.

Constance effectua le tour de la table de travail encombrée de livres, de plumes, de crayons à papier et d'un cahier. Elle attrapa un enfant aux cheveux fins, mais aussi bruns que ceux de son père, qui se tut immédiatement en apercevant le nouveau venu.

Le papa approcha, subjugué.

— Liam, voici ton fils, Jehan.

Deux billes bleu océan se plantèrent dans les siennes.

— Affamé et mouillé, si je ne m'abuse, rit Constance en le déposant sans préambule entre les mains de son époux.

— Je... je n'ai jamais tenu un bébé de ma vie...

— Moi non plus, avant Jehan, mais ne t'en fais pas, on s'y fait vite.

La maman s'assit sur un fauteuil à côté du berceau face à la fenêtre. Un majestueux platane aux branches nues projetait son ombre tachetée à l'intérieur du cabinet au hauts plafonds.

Jehan commençait à rugir lorsque Liam le rendit à Constance. Elle installa le bébé comme une madone tient son enfant, le drapa d'un tissu crémeux à la trame fine et défit son corsage. Jehan goba le mamelon rosé duquel perlait déjà une goutte de lait pour téter goulûment. Désormais indifférent à ce qui l'entourait, il agrippa le sein de sa maman, plissa les paupières de contentement et but tout son soûl.

Constance jeta un coup d'œil à Liam, immobile près d'eux. Antonin et Mathilde, la gouvernante, les avaient quittés elle ne savait quand.

Elle retira alors le lange, puis fit signe à Liam afin qu'il s'approche. Il s'assit sur l'accoudoir sans cesser de fixer son fils. Avec douceur, elle guida sa main sur les petits doigts qui malaxaient son sein à la peau blanche parsemée de veines bleutées.

Incroyablement reconnaissant envers la vie, Liam câlina ainsi son bébé pour la première fois.

Il échangea un regard complice avec Constance. Ils avaient tout fait pour vivre cet instant. Ils avaient réussi.

*

— Nous n'avons pas assez d'argent, résuma Liam, déçu.

Il reposa la feuille blanche noircie des chiffres ronds de son ami. Le budget prévisionnel pour agrandir le magasin des Leclerc s'avérait suffisamment précis pour qu'il en soit certain. Constance avait eu beau économiser sa maigre solde, comme il l'avait à peu près fait avant leur mariage, lors de son émancipation, cela ne changeait rien.

Certes, ils avaient encore gagné quelques sous supplémentaires grâce à son emploi de dame de compagnie auprès d'Antonin : la famille la logeait et la nourrissait, mais elle avait dépensé une petite somme pour accueillir le bébé dignement. D'autre part, Constance avait insisté pour que son époux ne trouve pas du travail dès son retour du front : il avait besoin de souffler.

Antonin, Constance et lui avaient mis à profit ces deux semaines de repos bien méritées pour évoquer l'avenir.

La paix et la présence de Liam avaient fini de pousser Antonin vers la guérison. S'il souffrait régulièrement de ses membres fantômes, au point de recevoir des injections de morphine, son moral était au beau fixe. Il n'avait plus réellement besoin de Constance à son chevet.

Liam et elle devaient donc trouver un emploi et un logement. La jeune maman avait deux impératifs : garder Jehan auprès d'elle et ne pas retourner à l'usine. Les femmes ayant été renvoyées dès le lendemain de l'armistice, alors que les hommes n'étaient même pas encore rentrés du front, elle se doutait que de toute façon, elle ne serait pas prioritaire pour ce type de labeur.

Et puis, Antonin leur avait parlé du magasin paternel. Situé en plein cœur de Lyon, il occupait le rez-de-chaussée d'un petit immeuble propret de trois étages. La famille qui vivait au premier déménageait et son père avait évoqué l'idée d'agrandir sa surface de vente dans un esprit similaire aux grands bazars parisiens. Aussitôt, le Lyonnais avait pensé à ses amis en tant qu'investisseurs ou peut-être employés.

— Si nous n'avons pas assez pour investir, cet étage doit nous rapporter, déclara Constance.

Le pli familier entre ses sourcils un peu épais signifiait qu'elle réfléchissait. Liam en profita pour s'installer sur le tapis de jeu, auprès d'elle et de Jehan.

— Je me répète, mais il manque à votre quincaillerie du tissu. Pourquoi ne pas louer une pièce de l'appartement à une couturière et garder l'autre pour vendre du textile ?

Liam releva la tête, séduit par son idée, qu'il développa :

— Nous investissons un minimum d'argent pour remettre en état le logement et empochons directement un loyer qui nous servira dans un premier temps à créer un stock d'étoffes.

Dans un même mouvement, le couple chercha du regard l'avis de leur ami. Antonin, debout et immobile au milieu du salon où il s'entraînait depuis près de quinze minutes à marcher avec ses prothèses de pied neuves, sourit à pleines dents.

— Le magasin est idéalement situé et nous bénéficions de trente ans de réputation. Une couturière gagnerait à s'installer dans nos locaux.

— Certes, nous sommes encore rationnés sur tous les produits, mais cela ne durera pas. Le temps d'effectuer les travaux, de trouver une femme intéressée et de commencer le stock...

Constance énumérait sur ses doigts la liste des choses à faire. Liam poursuivit sa phrase restée en suspens :

— Nous pourrions ouvrir le premier étage d'ici la fin du premier trimestre 1919. L'économie du pays sera sûrement encore balbutiante.

Antonin se laissa choir sur le sofa juste devant la petite famille. Jehan lui offrit un beau sourire baveux avant de retourner à mordiller son hochet.

— Nous pourrions stipuler dans le contrat un loyer assez modéré pour l'année 1919 et prévoir une augmentation pour 1920 en fonction de la reprise économique, déclara le Lyonnais.

Liam et Constance approuvèrent. Antonin se débarrassa de sa première prothèse et entreprit de masser son moignon.

— Veux-tu ton onguent ? proposa la maman.

— Cela ira, merci.

Liam restait étonné du naturel avec lequel ils évoquaient le handicap d'Antonin. Sa femme lui avait pourtant raconté qu'au début, il refusait même qu'elle voie ses jambes découvertes. Elle ne s'occupait pas de ses soins, seule sa mère en avait l'autorisation. Un soir, la maîtresse de maison était alitée à cause d'une terrible migraine et Antonin souffrait le martyre. Constance ne lui avait pas laissé le choix. Elle l'avait massé. Quand son ami lui avait à son tour narré l'évènement, il avait insisté sur la douceur de Constance et la banalité qu'elle avait instillée dans ses gestes. Comme si ces moignons barrés de cicatrices hideuses encore fraîches ne la rebutaient pas. Antonin lui avait avoué : « J'ai compris tes mots empreints d'émotion à propos de ta première permission, lorsqu'elle s'était contentée de préparer ton bain comme si tu ne ressemblais pas au dernier des pouilleux. »

Liam contempla amoureusement sa femme. Il adorait sa bienveillance et son esprit vif.

— Tu as trouvé la solution idéale pour notre avenir, mon amour.

Elle lui sourit, radieuse.

— Nous devons encore effectuer un budget prévisionnel et parler des parts de chacun. Mais demain matin, au marché, je pourrai déjà discuter avec quelques connaissances de ce projet. S'il séduit des couturières, nous le saurons rapidement.

À cet instant, Jehan envoya valser son hochet de bois poli duquel quelques rubans blancs couverts de bave volèrent. Il allongea son bras, donna un coup de pied sur le tapis et se retrouva sur le ventre pour la première fois.

— Oh !

— Bravo, mon poussin !

— Mon fils est formidable !

Jehan poussa un cri victorieux avant d'affaler sa tête au sol et de geindre. Aussitôt, ses parents l'aidèrent à se retourner sur le dos. Les trois adultes penchés au-dessus de lui, le bambin gazouilla avec force.

Ils éclatèrent de rire, comblés.

Épilogue – 1922 – 26 ans

Jehan glissa sa petite main dans celle de son papa ; il tenait déjà fermement sa maman du côté droit. Un immense bâtiment se dressait devant eux, tout en briques, poutrelles d'acier et vitres étincelantes. Imposant et impressionnant.

La veille, il avait pris le train avec ses parents pour la première fois de sa vie. Les mêmes adjectifs qualifiaient son voyage jusqu'à Paris. Dans cette ville gigantesque, il craignait de s'égarer. Maman lui avait expliqué qu'ils se rendaient à une foire particulière dans le but de dénicher les dernières innovations à vendre au magasin et aussi pour trouver de beaux tissus. Jehan devrait obéir et rester auprès d'eux, même lorsqu'ils seraient happés par leurs conversations d'adultes. S'il se comportait correctement, on lui achèterait une glace. Mais même sans cela, avec ce monde grouillant, il n'avait pas du tout envie de s'éloigner de la sécurité parentale.

Instinctivement, il pressa leurs mains. Sa mère serra brièvement ses doigts ; son père baissa la tête vers lui. Il lui offrit un sourire qui se voulait rassurant, mais il perçut, à sa balafre qui paraissait presque rigide, qu'il masquait son anxiété. Jehan n'aimait pas cela, alors, tendrement, il gratouilla de son pouce la paume de son papa.

Ils pénétrèrent dans l'immense bâtiment. Le vacarme les assourdit une minute, le temps qu'ils s'habituent. Les voix se mêlaient en un brouhaha intense sous les hautes voûtes du plafond. Et il faisait chaud. Le soleil d'avril réchauffait les lieux comme une serre.

Des perles de sueur couvrirent le front de Constance. Elle étouffait, dans cette robe d'hiver. Au moins ne portait-elle plus de corset depuis des années... Elle pouvait respirer normalement, contrairement à ces femmes qui se ventilaient d'un geste vif à l'aide de leur éventail en papier. Constance ne regrettait pas son acte féministe. Le prochain consisterait à se débarrasser de ses jupons, elle en était persuadée. D'ailleurs, dans son cercle de suffragistes, ses amies commençaient à emprunter les pantalons de leurs maris pour certains travaux intérieurs. Toutes louaient unanimement la praticité de ce vêtement.

Liam désigna la première allée bordée de stands divers. Dans ses prunelles bleues ceintes d'or, elle devina son appréhension. Elle la partageait.

Bien vite, Jehan demanda à être porté. Le papa l'installa sur ses épaules, faisant fi des regards réprobateurs. Constance glissa son bras dans le creux de son coude et, ensemble, ils déambulèrent.

Régulièrement, la petite main de son fils touchait son chapeau de feutre simple mais élégant. Ce contact empreint d'amour lui donnait la force nécessaire pour jeter des coups d'œil aux alentours à la recherche des visages familiers de sa belle-famille.

Mais Florent, surgi de nulle part, se planta devant eux. Constance resta sans voix en notant les changements opérés.

Liam fut lui aussi désemparé une seconde de se retrouver devant ce jeune homme qui affichait sa vingtaine avec timidité. Il déposa Jehan dans les bras de sa mère et attira son frère contre lui.

Surpris d'une telle familiarité au milieu de la foule, Florent ne réagit pas immédiatement. Le faciès bouleversé de Constance lui fit l'effet d'une gifle et, se moquant de l'image qu'ils renvoyaient, il serra son aîné contre lui.

Florent écrivait à Liam de temps en temps, mais l'échange restait compliqué à cause de leur père. Les deux frères se manquaient. Liam eut du mal à se reprendre. Les yeux brillants de larmes, il posa une main sur la joue glabre de Florent.

— Qui est-il ? demanda une petite voix curieuse.

Constance pouffa, attendrie et heureuse de relâcher un peu la pression accumulée par ces retrouvailles.

— Voici ton oncle Florent.

— Mmh. Mon papa partageait sa chambre avec vous, n'est-ce pas ?

Bouche bée, Florent acquiesça.

— Il... me connaît ?

— Bien sûr. Nous lui avons répondu avec franchise lorsqu'il a commencé à poser des questions sur sa famille.

Liam passa un bras autour de la taille de Constance pour les rapprocher d'eux, mais aussi pour former une ronde. Florent ne lui avait pas encore adressé un mot, cela ne lui avait pas échappé. Son petit frère ne lui avait jamais donné son avis sur la jeune femme, mais Liam avait supposé que ses félicitations lorsqu'il lui avait appris leur mariage étaient plutôt bon signe. Il en doutait désormais et sa promesse de ne pas laisser sa famille mettre de côté son amour reprenait le pas.

— Bonjour, Florent, commença Constance, encouragée par la marque de soutien de son époux. Vous semblez en forme.

— Bonjour, Constance. Je... vous renvoie le compliment.

Ils se sourirent timidement.

— Mère doit se trouver...

Jeanne Roy fendait la foule, sa robe ample de couleur beige brodée de discrètes fleurs bordeaux volait autour de ses bottines. Elle arborait un large chapeau à plumes qui la faisait paraître moins mince que ce qu'elle était. Elle ne s'était jamais vraiment remise de sa profonde dépression. Les quelques missives de Liam l'avaient aidée, certes, mais elle avait constamment espéré que son mari l'autorise à plus. William avait accepté cette rencontre sous l'influence ténue mais volontaire de leur benjamin.

— Mon fils.

— Mère.

Elle le pressa contre elle brièvement, mais avec une énergie à la fois triste et joyeuse. Émue.

Liam, déjà bouleversé par la proximité de son frère, ravala un sanglot. Comme pour chaque instant difficile qu'il avait traversé, il puisa la force de se reprendre en se tournant vers sa femme et leur trésor.

— Je vous présente Jehan, votre petit-fils, dit-il en repassant une main dans le dos de Constance, qui tenait toujours leur enfant.

L'éventail pourpre claqua lorsque Jeanne l'ouvrit. Elle cherchait son air désespérément tant les émotions se bousculaient en elle.

— Dis bonjour, Jehan, ordonna doucement Constance.

Les deux femmes s'épinglèrent du regard une, peut-être deux secondes. Constance aurait aimé des retrouvailles moins polaires, mais son ancienne maîtresse en avait décidé autrement.

— Bonjour, salua Jehan.

— Bonjour, répondit Jeanne dans un sourire.

— Vous n'avez pas les cheveux si blancs que cela, pour une grand-mère.

Jeanne, interdite, fixa sa descendance. Constance et Liam partirent d'un grand éclat de rire et Florent gloussa sans retenue.

— Nous ne pouvons nous attarder, décréta la matriarche en attrapant le coude de Florent.

Mais il se dégagea.

— Au contraire, mère. Mais vous pouvez tout à fait retrouver père pour lui signifier les instants emplis de légèreté enfantine qu'il manque.

Constance et Liam ne pipèrent mot. Le Florent de leur souvenir ne se serait jamais permis... Jeanne le fusilla du regard.

— Nous nous recroiserons, capitula-t-elle à l'attention de Liam uniquement.

Il opina, déçu par son comportement. Aussitôt que Jeanne tourna les talons, il lança un coup d'œil interrogatif à son petit frère. Florent haussa les épaules.

— La guerre nous a rendus riches, Liam. Des centaines d'uniformes sont sortis de notre usine... Les portes de l'aristocratie nous sont désormais ouvertes, et nos parents snobent le moindre manquement à l'étiquette.

— La remarque de Jehan en était-elle un ? questionna Consty.

— Dans son esprit étriqué, probablement.

— Allons nous désaltérer, tu nous raconteras tout cela en détail...

— Puis-je manger ma glace maintenant ? quémanda Jehan tandis que sa mère le reposait.

— Oui, mon poussin.

Ils s'installèrent à la guinguette de la foire, montée en extérieur, à leur plus grand soulagement. À l'ombre des platanes, sous une pluie de pollen printanier, ils commandèrent des citronnades et une boule de glace au chocolat.

— Alors, comment se déroule la formation paternelle pour reprendre l'empire familial ?

— Plutôt bien, depuis que Ian a emménagé outre-Manche. Il développe la filiale anglaise grâce à son mariage « réussi » avec une... mince ! j'oublie toujours son titre et cela fait rager absolument tout le monde !

Florent adressa un large sourire moqueur à Liam et osa un coup d'œil vers Constance, qui ne parvenait plus à masquer son hilarité. Aucune gêne ne flottait entre eux, ils appréciaient véritablement cet instant.

— Juste ciel, Florent ! Deviendrais-tu le deuxième mouton noir de cette famille ?

Les deux frères pouffèrent. Le benjamin s'empourpra brièvement, le regard plongeant vers le sol une ou deux secondes. Soudain, l'infime part de mystère que Liam pressentait chez lui rejaillit. Il n'eut pas le temps de s'appesantir sur le sujet que Jehan, les lèvres peintes en marron, s'offusquait :

— Père ? Les moutons noirs existent-ils vraiment ? Je n'en ai jamais vu !

Des larmes de joie perlèrent aux coins de leurs yeux. Jehan croisa ses petits bras sur son veston bleu marine, boudeur. Il détestait quand les adultes se moquaient de son ignorance.

Liam fut le premier à se reprendre. Un chapeau melon sombre et aux finitions qu'il devinait parfaites surmontait des cheveux de jais parsemés de nombreux fils argentés. William Roy, du haut de son mètre quatre-vingt-sept, dépassait la foule et dardait sur lui un regard incendiaire.

Liam leva son verre de citronnade devant lui, comme s'il lui portait un toast, et passa un bras sur le dossier de son épouse, à sa droite. Dans un bel ensemble, Constance, Florent et Jehan tournèrent la tête vers le patriarche des Roy. L'enfant ne savait qui contempler, mais Florent perdit son sourire et Constance se figea d'effroi avant de soutenir bravement le regard de son beau-père. William Roy lui renvoyait l'image d'un aigle prêt à fondre sur sa proie. Elle ne l'avait jamais perçu si menaçant, même la matinée où il l'avait mise à la porte.

— Je ferais bien d'y aller, marmonna Florent.

— Viens séjourner à Lyon, proposa Constance spontanément sans le vouvoyer. Nous avons une chambre d'amis depuis peu.

Florent opina, les lèvres pincées. Liam se leva à son tour pour lui donner l'accolade.

— Au plaisir de te chercher à la gare, petit frère.

Florent sourit, silencieux. Il releva son chapeau à l'adresse de Constance, puis de Jehan.

La famille attablée le regarda disparaître dans la foule.

— Cette glace est délicieuse, déclara Jehan, sa bouderie oubliée.

Ses parents lui sourirent brièvement. Constance glissa sa main sur la cuisse de Liam pour la lui presser. Il répondit d'une caresse sur son épaule.

— Ce n'était pas si pire que cela, commença Constance.

— Rien ne peut arriver de réellement affreux lorsque nous sommes ensemble.

Liam se pencha amoureusement vers son épouse. Constance déposa un chaste baiser sur ses lèvres avant de plonger dans ses prunelles. Autour d'eux, des murmures désapprobateurs s'élevèrent, qu'ils ignorèrent royalement.

Ils s'aimaient et avaient choisi de vivre leur amour au grand jour.

Vous avez aimé votre lecture ?

Laissez un commentaire sur votre site d'achat ! Chaque étoile est source de soutien.

Merci !

Vous pouvez aussi m'écrire à
ileana.metivier@hotmail.com

Mot aux lecteurs et aux lectrices

Vous tenez entre vos mains le fruit de cinq ans de recherches historiques. Faire le tri entre idées reçues et réalité n'a pas été simple, et pourtant ! ces enseignements m'ont passionnée.

Lorsque j'ai lu le traitement que l'on réservait aux personnes gauchères (qui a perduré encore des dizaines d'années après la fin de ce roman), j'ai su que je devais l'évoquer. Quand il a été temps de construire le personnage de Louise, protagoniste secondaire mais si important, il m'a été inconcevable de ne pas mentionner les bains intimes vinaigrés. Vous vous en doutez sûrement, mais ce n'est qu'un infime détail à propos de la vie des prostituées au début du XXe siècle. Idem pour les conditions de vie déplorables des institutrices et des instituteurs.

Mes recherches, nourries de documentaires, de livres et d'articles ont donc progressivement étoffé mes intrigues et mes personnages. J'ai été surprise des « coïncidences », par exemple le traité de libre-échange entre la France et le Royaume-Uni, qui tombait à pic dans la chronologie de mon récit ! Ces petits « cadeaux » m'ont permis d'avancer et d'ancrer ma fiction dans un contexte géopolitique réel.

Je ne prétendrais pas être devenue une « pro » de cette période fascinante qu'est la Belle Époque, mais j'ai pris plaisir à y plonger et à retranscrire l'ambiance de ces années.

Liam et Constance ont attendu longtemps dans mon imagination, calmes, mais impatients de vivre leur histoire.

J'espère que ces personnages, leur volonté et leur courage de se libérer des carcans de leur époque vous inspireront pour concrétiser vos rêves et contribuer à une cause plus grande. La lutte pour l'égalité est encore d'actualité. Faisons en sorte que ce merveilleux concept soit une réalité.

À bientôt,

Iléana

Remerciements

Je remercie infiniment mes bêta-lectrices de toujours, des autrices de talent et des amies de longue date : Margaux, Nisa, Amélie Prève et Mylène Ormerod.

Merci à Sophie Zimmermann, l'œil neuf de ma team de relectrices ! Une belle rencontre issue de notre passion pour l'écriture.

Sandra, je te remercie une fois de plus de me suivre dans ce nouveau roman. Merci pour tes corrections avisées et tes commentaires qui ne manquent jamais d'alléger cette partie ardue de l'édition ! S'il reste des coquilles dans ce texte, j'en assume l'entière responsabilité !

Déjà parus

<u>Romans :</u>
Seconde Chance (contemporain)
L'Éveil (contemporain/développement personnel)
Terre noyée, tome 1 : *L'Élite*
Terre noyée, tome 2 : *Les Veilleurs*
Terre noyée, tome 3 : *Les Rosaliens* (dystopie/fantastique)

<u>Nouvelles en lecture libre :</u>
La maison abandonnée (contemporain)
« Baume au cœur », dans le recueil *L'Indé Panda 4* (contemporain)
« Je te vois », dans le recueil *Sur le fil* du collectif Pulp Ink (contemporain/ésotérisme)
« Baume au cœur – version longue », dans le recueil *Des auteurs auto-édités se mobilisent contre le harcèlement de rue* (contemporain)
Perceptions (contemporain/ésotérisme)
« La prochaine sera nôtre », dans le recueil *L'Indé Panda 12* (contemporain/ésotérisme)

Pour connaître les dernières infos, suivez-moi sur Instagram et Facebook @IleanaMetivierAuteure ou en vous inscrivant à ma newsletter sur mon site :

<u>www.ileana-metivier-auteur.com</u>

Le mot de Sandra Vuissoz

Quelle joie d'avoir pu corriger ce superbe roman ! J'espère que sa lecture vous aura procuré autant de plaisir que j'ai pu en ressentir lors de mes corrections. J'ai complètement été happée par le réalisme et le travail documentaire effectué. Splendide !

Aussi je profite de ce petit encart qui m'est gentiment laissé pour vous glisser que si vous cherchez une correctrice, vous pouvez m'écrire à mon adresse mail : sandra.vuissoz@hotmail.com

Bonne continuation dans vos lectures !

Sandra

Extrait du premier chapitre de *L'Éveil*

Aëlle

— La vache ! s'exclama Nèdji, horrifié, en découvrant mon mollet droit.

D'une main, il tenait mon jean retroussé sur mon genou. Tout son corps tendait vers l'arrière, comme pour s'éloigner le plus possible de ma plaie cuisante.

La blessure me brûlait toujours autant, mais au moins, elle ne saignait plus. Je n'avais pas desserré la mâchoire tant je souffrais. Et même si j'avais pu l'évaluer succinctement et me rendre compte que ce n'était pas grave, une boule d'angoisse me comprimait toujours la cage thoracique. Cette manif' restait de loin la plus violente que j'ai connue.

— On aurait dû rentrer chez moi plus tôt pour te soigner…

Je croisai les magnifiques yeux noirs en amande de mon meilleur ami et y lus toute son inquiétude. Il oubliait que l'on tentait de rejoindre l'appartement où il vivait avec sa mère lorsque les flics nous ont nassés[11] sur la place.

— T'en fais pas, je ne vais pas perdre ma jambe !

Je lui lançai un petit sourire pour le rassurer, mais il garda son sérieux, son attention de nouveau fixée sur ma lésion. Le plot de la grenade lacrymogène, d'un bon sept centimètres de long sur au moins deux de large, m'avait non seulement brûlée, mais aussi coupée. Je ne pensais pas avoir besoin de points de suture, mais les chairs demeuraient tout de même bien ouvertes sur une petite partie du côté droit de mon mollet. Une nouvelle cicatrice me guettait, et celle-ci deviendrait assurément inesthétique.

---

[11] Une nasse, au sens figuré, est un piège. Dans le texte, ce verbe est un néologisme. Il désigne un encerclement de policiers dans un lieu plus ou moins réduit.

Je soupirai de dégoût et me laissai aller en arrière sur le canapé inconfortable. Je ne réalisais pas encore l'ampleur de la situation. Je découvrais mon gouvernement et les forces de l'ordre capables d'actes d'une violence inouïe et d'une désinformation scandaleuse pour mater une rébellion légitime. Mais j'étais encore trop sous le choc pour y réfléchir.

Nèdji retroussa mon jean au-dessus de mon genou afin de pouvoir se servir de ses deux mains. Par mesure de précaution, je retins le tissu.

Nous sommes restés encerclés par les CRS, à nous faire allumer par de la lacrymo et des coups de matraque pendant presque une heure. Quand nous avons enfin pu regagner l'appartement de mon meilleur ami, mon pantalon s'était complètement collé contre ma plaie à cause du sang coagulé et des tissus carbonisés. Les gaz m'avaient tellement fait pleurer que je n'avais plus eu une larme à verser malgré la douleur déchirante lorsqu'il l'avait, avec toutes les précautions du monde, décollé.

— T'es prête ? me demanda-t-il doucement sans oser me regarder.

Je vis sa pomme d'Adam tressauter d'anxiété.

— Vas-y, je ne suis pas douillette, répondis-je en me crispant.

Les traits de son joli visage ovale se chiffonnèrent un instant, puis il vaporisa généreusement la Biseptine. Un gémissement de douleur m'échappa lorsqu'il tamponna la blessure. Elle se rouvrit et le sang chaud coula le long de mon tibia et de ma cheville.

— Putain… Sales flics de merde… marmonna Nèdji, une moue colérique sur ses lèvres fines.

Il y colla un pansement composé de plusieurs compresses superposées, et mon cœur commença à se calmer. J'essuyai les deux larmes de souffrance d'un revers de main… trop tard. Je venais d'étaler la lacrymo, restée accrochée sur mon visage et mes mains.

— Merde ! m'exclamai-je avec force en me redressant.

J'en avais marre de toute cette douleur ! La vive sensation de brûlure m'empêcha d'ouvrir les paupières. Mon ami glissa un bras autour de ma taille et m'aida à me relever, puis me guida vers sa salle de bain.

Ses doigts calleux à force de vivre dans la nature presque tous les week-ends glissèrent dans mes boucles courtes pour les mouiller. En appui sur une seule jambe, la tête penchée sous son robinet, l'eau ruisselant de lacrymo sur mon visage et pénétrant mes narines, j'étouffai un rire nerveux. La pression redescendait enfin, et ça me faisait du bien.

Son corps sec et musculeux se pressa contre moi pour atteindre le shampoing posé sur le rebord de la baignoire.

— Y'a rien de drôle, Aëlle, ronchonna-t-il en se redressant.

Il arrêta l'eau et entreprit de me frictionner vigoureusement le cuir chevelu. Apparemment, il ne parvenait pas encore à faire diminuer le stress intense des dernières heures.

Nèdji et moi nous connaissions depuis presque trois ans, depuis la seconde. Les rentrées ne se passaient jamais bien pour moi, en particulier depuis la sixième, lorsque j'avais réintégré le système de l'Éducation Nationale. Le rythme effréné et la tonne de devoirs m'avaient miné le moral et le physique. Je ne comprenais pas la compétition entre les élèves, toujours présente et sous-jacente à chaque exercice. J'avais effectué toute ma maternelle et ma primaire dans une école Montessori. Un lieu où chacun et chacune assimilaient les connaissances à son rythme, sans aucune compétition ni aucune note, parce que l'intelligence demeure unique et qu'il est donc impossible de l'évaluer justement. L'apprentissage était un jeu. J'ai appris à compter avec des boules de neige et en construisant des bonshommes. Grâce à cette méthode, j'ai lu à quatre ans, mais j'ai effectué mes premières additions à sept. Tous et toutes n'étaient que respect et bienveillance.

En arrivant en sixième, dans une classe de trente préados alors que je n'avais connu que des groupes de dix avec deux enseignants, j'ai rapidement compris la chance que j'avais eue et comme il me serait pénible de poursuivre mes études de cycle secondaire dans une telle ambiance.

Les élèves se révélaient cruels, d'autant que je me trouvais bien plus en avance et dégourdie que la plupart d'entre eux, et beaucoup plus épanouie, aussi. En réalité, ce n'était pas réellement de la méchanceté, ils répétaient simplement le formatage reçu par l'école et leur éducation : soit le plus fort ou la plus forte ; bien que l'emploi du féminin fasse affreusement défaut ; car la reconnaissance de la Société, et donc des personnes qui la composent, passe par là. Et pour être le plus fort, il n'y a qu'un moyen : écraser les autres.

J'ai mis plusieurs années à m'adapter et à enfin me faire des amis, mais cela ne m'a pas gênée. Lorsque j'ai rencontré Nèdji, j'ai su qu'au fond, ce système ne lui correspondait absolument pas, tout comme moi et mes quelques potes. Ses longs cheveux noirs et bouclés balayaient sans cesse ses épaules, déjà arrondies par l'effort physique. Son menton et son front volontaire suggéraient un sacré caractère, et en effet, il ne lui a pas fallu deux jours pour se battre avec un garçon arrogant qui l'a traité de *sale Arabe*. Je les ai séparés et l'ai entrainé plus loin le temps qu'il se calme. À partir de cet instant, nous ne nous sommes plus quittés. Et je me suis très souvent retrouvée au milieu de bagarres, à esquiver – sans toujours réussir – des coups de poing. Je l'ai soigné si souvent que sa mère a prévu une trousse à pharmacie bien garnie, toujours disponible dans leur petit appartement du centre-ville, à quelques rues du lycée.

[…]

[Les 200 premières pages sont en lecture gratuite sur mon site www.ileana-metivier-auteur.com]

www.ingramcontent.com/pod-product-compliance
Lightning Source LLC
LaVergne TN
LVHW050545200726
843508LV00010B/1537